GOLDMANN SCHOTT

OPERN DER WELT

W0245551

Bisher erschienen:

Ludwig van Beethoven, Fidelio
Wolfgang Amadeus Mozart, die Zauberflöte
Wolfgang Amadeus Mozart, Figaros Hochzeit
Georges Bizet, Carmen
Giuseppe Verdi, Aida
Richard Wagner, Der Fliegende Holländer
Giuseppe Verdi, Rigoletto
Giacomo Puccini, La Bohème
Wolfgang Amadeus Mozart, Die Entführung aus dem Serail
Richard Strauss, Der Rosenkavalier

Weitere Bände in Vorbereitung

Jacques Offenbach

Hoffmanns Erzählungen

In der Originalsprache
(Französisch mit deutscher Fassung)

Dieser Opernführer wurde
verfaßt und herausgegeben von
Kurt Pahlen
unter Mitarbeit von Rosemarie König

Originalausgabe

Wilhelm Goldmann Verlag

Musikverlag B. SCHOTT'S Söhne

Libretti: Die deutsche und die französische Fassung wurden
nach verschiedenen Quellen gestaltet.
Abdruck der Notenbeispiele: Mit Genehmigung von E. F.
Peters Musikverlag, Frankfurt/New York/ London.
Die Arientexte auf den Seiten 63, 113, 127
wurden mit Genehmigung des Verlages Ahn und Simrock
abgedruckt.
Die Discographie wurde von Herrn Albert Thalmann, Bern,
Schweiz (unter Verwendung des Bielefelder Katalogs-K)
zusammengestellt.
Bildquellennachweis S. 288

Rosemarie König und Albert Thalmann (Discographie)
danke ich an dieser Stelle herzlich für ihre wertvolle
Mitarbeit.

Kurt Pahlen

Made in Germany · 7/80 · 1. Auflage · 118
© 1980 by Wilhelm Goldmann Verlag, München
Umschlaggestaltung: Atelier Adolf & Angelika Bachmann,
München
Satz: Johann Gaßner, München
Druck: Presse-Druck, Augsburg
Verlagsnummer: 33039
Redaktion: Gerda Weiss
Herstellerische Betreuung: Gisela Ernst
ISBN 3-442-33039-4

Inhalt

Jacques Offenbach 1819–1880
(Aufnahme: H. Graf, Berlin, um 1865)

Zur Aufführung

TITEL

»Hoffmanns Erzählungen«
(»Les Contes d'Hoffmann«)

BEZEICHNUNG

Fantastische Oper in 3 Akten, mit einem Vorspiel und
Nachspiel (oder: in 5 Akten) von Jules Barbier nach dem
gleichnamigen Bühnenstück von Michel Carré und
Jules Barbier.
Originalsprache: französisch
Musik von Jacques Offenbach

PERSONENVERZEICHNIS

Olympia Giulietta Antonia Stella	Sopran
Hoffmann	Tenor
Niklaus	Mezzosopran
Lindorf Coppelius, (Coppélius) Dapertutto Mirakel, (Miracle)	Bariton
Andreas Cochenille Pitichinaccio* Franz, (Frantz)	Tenor
Nathanael, (Nathanël), Student	Tenor
Hermann, Student	Bariton
Crespel	Baß

* ausgesprochen: Pitikinatscho

Antonias Mutter	Alt oder Mezzosopran
Spalanzani	Tenor
Schlemihl, (Schlemil)	Baß

Studenten, Gäste, Diener usw.

SCHAUPLATZ UND ZEIT

Vor- und Nachspiel in der Weinstube einer deutschen Stadt, die drei mittleren Bilder in verschiedenen anderen Städten; der eine (Giulietta-Akt) in Venedig. Zu Lebzeiten des deutschen Dichters E. T. A. Hoffmann, etwa zu Beginn des 19. Jahrhunderts.

Kompletter Text
mit
musikalischen Erläuterungen

Ein kurzes Vorspiel des Orchesters leitet das Werk ein. Es ist keine jener »Potpourri-Ouvertüren«, in denen wichtige Melodien vorweggenommen werden; man könnte sie – »Maestoso« überschrieben – am ehesten für pompös oder feierlich halten und gewissermaßen »neutral« dem Inhalt der Oper gegenüber. Es sind volltönende Akkorde in Fortissimo, die Spannung schaffen (was ja der Grundgedanke der Einleitungen in den ersten Zeiten der Oper war):

(1)

ERSTER AKT
In Luthers Keller

Das Innere einer altdeutschen Schenkstube. Geschlossene Wände. Im Hintergrunde rechts eine große Tür, die auf die Straße führt. Links ein vergittertes Fenster mit kleinen Scheiben. In der Mitte des Hintergrundes eine große Vertiefung. Eine Anzahl von kleinen Fässern, symmetrisch geordnet um ein großes Faß. Ringsum und auf den kleinen Fässern Weinflaschen in allen Formen aufgeschichtet und rangiert. Rechts gegenüber eine alte Schwarzwälderuhr, neben derselben eine kleine im Getäfel versteckte Tür. Das Getäfel von Holz erstreckt sich in Manneshöhe über die ganze Dekoration. Hin und wieder Tische, Stühle und Bänke.

Es ist Nacht. Ein Strahl des Mondes bringt durch das vergitterte Fenster.

PREMIER ACTE
La Taverne de maître Luther.

Intérieur d'une taverne allemande. Au fond, à droite, en pan coupé, grande porte donnant sur la rue. A gauche, en pan coupé, une fenêtre à petits vitraux. Dans le milieu un large enfoncement rempli de tonneaux symétriquement rangés autour d'un tonneau colossal surmonté d'un petit Bacchus tenant une banderole qui porte cet exergue: Au Tonneau de Nuremberg. Au-dessus des tonneaux s'étagent des rayons garnis de flacons de toutes formes. Devant le grand tonneau un petit comptoir. Portes latérales, sur le premier plan, à gauche, un grand poêle; à droite, une horloge de bois et une petite porte cachée dans la boiserie. Cette boiserie s'étend sur la muraille, tout autour de la salle à la hauteur d'homme. Çà et là, des tables et des bancs.

Il fait nuit; la scène est éclairée par un rayon de lune.

Ein Chor unsichtbarer Geister schließt unmittelbar an: Er huscht gleichsam vorüber, in sehr schnellem Zeitmaß (Allegro vivace, ³⁄₈-Takt), durchwegs leise und sehr leise gehalten. Ein eher singspielhaftes, liebenswürdiges Stück, in dem von der bald einsetzenden Dämonie des Werkes noch nicht viel zu spüren ist. Es sind ja noch nicht die Geister von Liebe und Tod, sondern nur die von Wein und Bier, die hier ein wenig spuken.

Dieser Auftritt der Muse – in gesprochenen Versen – ist bei sehr vielen Aufführungen fortgelassen worden, wodurch das Nachspiel, in dem der Muse entscheidende Bedeutung zukommt, dann an Wirkung verliert, ja nicht recht motiviert erscheint.

Unsichtbarer Chor:

DIE GEISTER DES BIERES
UND DES WEINES
Glu, glu, glu, ich bin der
Wein.
Glu, glu, glu, ich bin das
Bier. Ah!
Glu, glu, glu, den Menschen
unsere Gunst wir schenken.
Wir befreien die Herzen
von Liebesnot und Schmer-
zen.
Glu, glu, glu.

Die Muse:

Die Wahrheit, heißt's, kam
aus dem Brunnen.
Ich, die Muse, mit Verlaub,
ich komme aus
dem Faß zu jedermann von
Ehr', der trinkt
kein schales Naß. Genug –
ich brauch' nicht
weiter zu erklären mich.

Hier ist's, wo beim Qualm
der Pfeifen,
beim Wein diesen Keller
noch heute
endlos die Träume durch-
streifen –
hier, wo mir Hoffmann sich
weihte.

Sie steht auf der Bühne, man
jubelt ihr zu.
Vom göttlichen Mozart ent-
leiht ihr Gesang
den trügenden Glanz, die
verzehrende Glut,
mit denen sie Hoffmann zur
Liebe einst zwang.

Chœur invisible:

LES ESPRITS DU VIN ET
DE LA BIÈRE
Glou! glou! glou! je suis le
vin.
Glou! glou! glou! je suis la
bière. Ah!
Glou! glou! glou! nous
sommes
les amis des hommes;
nous chassons d'ici langueur
et souci, etc.
Glou! glou! glou!

La Muse:

La vérité, dit-on, sortait d'un
puits: – la Muse
si vous le permettez, sortira
d'un tonneau,
s'en remettant du soin de
trouver son excuse,
à tous les gens de bien qui
ne boivent pas d'eau.

C'est là que, parmi la fumée
et le vin vieux des noirs
celliers,
naissent les rêves par
milliers;
là que d'Hoffmann je fus
aimée!

Elle est sur scène; un peuple
l'acclame;
le divin Mozart prête à ses
accents
ce foyer menteur, cette
ardente flamme,
qui d'Hoffmann jadis
embrasa les sens,

Mit einer sehr charakteristischen Tonfolge tritt nun Lindorf auf, der »Bösewicht« des Stückes, der teuflische Gegenspieler Hoffmanns in vielen Gestalten. Sein musikalisches Thema

(2)

darf als eine Art »Leitmotiv« angesehen werden, das auch verschiedene seiner späteren Inkarnationen begleiten wird.

Das Motiv geht, wo keine Prosadialoge gesprochen werden, sofort in ein Rezitativ über, das die Szene um einiges rafft und kürzt und der Rolle des Dieners Andreas weniger Entfaltungsmöglichkeiten gibt.

Mich quält diese Liebe, er
soll ihr entsagen,
gehören soll er mir allein.
Helft, Flaschen und Fässer,
laßt's uns wagen:
Euer Rausch gebe ihm Ver-
gessen ein.
(Die Lichter gehen an.)
*Lindorf (tritt ein, gereizt zu
Andres):* Rat Lindorf, zum
Teufel! Du kennst nicht den
Rat Lindorf?

Andres: Nein!
Lindorf: Sei's drum. Du bist
der Diener Stellas?
Andres: Ja.
Lindorf: Und kommt sie nicht
aus Mailand?
Andres: Ja.
Lindorf: Ist sie verliebt?

*Andres (streckt fordernd die
Hand aus, immer zuversicht-
licher):* Ja.
Lindorf: In Hoffmann?
Andres: Ja.
Lindorf: Gib mir diesen Brief.
*(Andres händigt den Brief aus
und erhält dafür zehn Taler.)*
Da! und geh zum Teufel!

*Andres (enttäuscht, im Weg-
gehen):* Ja.
Lindorf: Mal sehen, ob die
Herrin auch so einsilbig ist
wie der Diener. Aha, ein
Schlüssel. *(Er öffnet den
Brief.)* »Lieber Hoffmann,
ich erwarte dich in zwei

Je veux qu'il répudie un
amour qui m'outrage
et m'appartienne tout entier!
Vous, flacons et tonneaux,
secondez mon ouvrage;
votre ivresse fait oublier.

(Les lumières s'allument.)
*Lindorf (à Andres, avec irrita-
tion, comme il fait son
entrée):* Le conseiller Lindorf, parbleu! Tu ne connais
pas le conseiller Lindorf!

Andres: Non!
Lindorf: Ainsi, tu appartiens à
la Stella?
Andres: Oui.
Lindorf: Ne vient-elle pas de
Milan?
Andres: Oui.
Lindorf: Aime-t-elle
quelqu'un?

*Andres (tendant la main pour
quémander, de plus en plus
optimiste):* Oui.
Lindorf: Hoffmann?
Andres: Oui.
Lindorf: Donne-moi cette
lettre. *(Andres remet la lettre
et reçoit dix thalers en
échange.)* Tiens! et va-t-en
au diable!

Andres (déçu: en s'en allant):
Oui.
Lindorf: Voyons si la maîtresse
est aussi monosyllabique
que le valet. Tiens! une clef.
(Il décachète la lettre.) »Cher
Hoffmann, je t'attends dans
deux heures, après la repré-

Hier münden Prosa oder Rezitativ in Lindorfs Lied, in dem er seine Absicht ausdrückt, anstelle Hoffmanns – dem Stellas Liebesbrief gilt – ihre Gunst zu erringen und die ihrem Auftritt als Donna Anna in Mozarts »Don Giovanni« folgenden Stunden in eine Liebesnacht zu verwandeln.

Die Musik ist von Leidenschaft erfüllt, der teuflische Charakter Lindorfs kommt an einigen Stellen ahnungsweise zum Durchbruch. Einer wirklich dämonischen Realistik steht die Strophenform entgegen, die, wie vieles andere, Offenbach aus der älteren (zumindest vorwagnerischen) Oper übernimmt. Stärker vielleicht als die Dämonie ist die Bösartigkeit Lindorfs hier musikalisch gezeichnet; aber auch sie entbehrt der Realistik und könnte stilistisch in der frühen Romantik – bei Weber und Marschner etwa – eingeordnet werden.

Stunden, nach der Aufführung. Ich liebe dich. Stella.«
O, diese Frauen! Ha! ha! ha!
Nein, daraus wird nichts,
liebe Primadonna, und in
zwei Stunden ist es der Rat
Lindorf, der behutsam die
Tür zu deinem duftenden
Gemach öffnet.

In der Rolle des schmachtenden Schwärmers
versage ich kläglich zumeist,
doch hab' ich gar teuflischen Geist,
gar teuflischen Geist.

Die Augen schießen Blitze hell,
und wo ich erscheinen mag,
ist was vom Satan um mich her,
das wirkt auf alle Nerven schnell
wie ein elektrischer Schlag.
Durch die Nerven gelang ich ins Herz hinein,
triumphiere durch Angst allein.

Ja, liebe Primadonna,
ist man wie Ihr vollendet schön,
so ist der Poet zu verschmähn,
der Poet!

In Euer Gemach voll von Düften
will ich hinein – wird's

sentation. Je t'aime, Stella«
Ha, ha, ha! – Oh! les femmes!
Non, cela ne sera pas, chère
prima donna, et dans deux
heures, c'est le conseiller
Lindorf qui ouvrira discrètement la porte de votre boudoir parfumé.

Dans les rôles d'amoureux langoureux
je sais que je suis pitoyable;
mais j'ai de l'esprit comme un diable,
comme un diable!

Mes yeux lancent des éclairs,
j'ai dans tout le physique
un aspect satanique
qui produit sur les nerfs
l'effet d'une pile électrique,
par les nerfs
j'arrive au cœur,
je triomphe par la peur.

Oui, chère prima donna,
quand on a
la beauté parfaite
on doit dedaigner un poète,
un poète!

De ce boudoir parfumé,
que le diable m'emporte
si je n'ouvre pas la porte!

Im benachbarten Opernhaus scheint der 1. Akt des eben dort gespielten »Don Giovanni« Mozarts zu Ende gegangen zu sein. Man vernimmt fernen Applaus und Beifallsrufe, unter diesen immer wieder den Namen der Primadonna: Stella.

Die Weinstube beginnt sich zu füllen. Der Wirt Luther läuft aufgeregt umher; auch für diese Szene sind zwei Fassungen vorhanden: in Prosa und mit (gesungenen) Rezitativen.

mißlingen,
dann soll mich die Hölle ver-
schlingen.

Mein Rivale geliebt,
und nicht ich – doch was
soll's?
Doch was soll's?
Sollt' es einen Einwand
geben –
ich bin alt, doch voller
Leben.

Lindorf (sieht auf seine Uhr):
Zwei Stunden noch vor mir;
hab ich richtig vernommen,
wird Hoffmann heute hieher
mit seiner Freunde Schar
zu plaudern und zu trinken
kommen;
überwachen wir ihn bis zum
Moment des Stelldicheins.

*Luther (mit seinen Kellnern tritt
auf):*
Hurtig! schnelle! Nützet die
Stunde,
bringt Krüge, Becher,
Lampen auch.
Nach dem Applaus ist's
Trinken Brauch!
Die Becher kreisen in der
Runde
der großen Sängerin zu Ehr!
Kommt Burschen, richtet
alles her!

*(Die Kellner beeilen sich, alles
zum Empfang der Gäste zu
ordnen.)*

*(Die Eingangstür im Hinter-
grund wird aufgerissen. Natha-*

Mon rival est aimé,
je ne le suis pas, que
m'importe?
Que m'importe?
Sans parler du positif,
je suis vieux, mais je suis vif!

Lindorf (regarde sa montre):
Deux heures devant moi!...
Si j'ai bonne mémoire,
C'est dans ce cabaret,
qu'avec de jeunes fous
Hoffmann vient deviser et
boire!
Surveillons-le jusqu'au
moment du rendez-vous!

*Luther (entrant, suivi de ses
garçons):*
Vite! vite! qu'on se remue!

Les brocs! les chopes, les
quinquets!
Les toasts vont suivre les
bouquets
Et souhaiter la bienvenue
A cet astre du firmament!
Vivement, garçons,
vivement!

*(Les garçons achèvent de pré-
parer la salle.)*

*(La porte du fond s'ouvre: Na-
thanaël, Hermann et une troupe*

Mit dem übermütig lärmenden Eintritt der Studenten nimmt die Musik feste Form an (bzw. setzt sie nach der Prosa ein), und Offenbach gestaltet die folgende Szene zu einem glänzenden Genrebild voll sprühender Rhythmen und eingängiger Melodik, in die sich der (Männer-)Chor und einige aus ihnen herausragende Solisten (Hermann, Nathanael) teilen. Der Refrain ist zu einer bekannten Trinkweise geworden:

(3)

nael, Hermann und Studenten treten turbulent und fröhlich auf.)

Hermann, Nathanael,
  Studenten:
  Juvallera! Herr Luther,
  wir sind da! Hallodria!
  He, bring uns Bier und
  frischen Wein,
  schenk ein! Schenk ein!
  Nun fülle bis zum Rand
  die blanken Becher,
  Bier oder Wein,
  das gilt uns alles gleich, das
  gilt uns alles gleich.
  Gott Bachus winket Euch,
  Ihr frohen Zecher
  bis morgen frühe währt sein
  lustig Reich!
  Schenk ein! Ob Bier, ob
  Feuerwein!
Hermann:
  Luther, dem kann man
  trauen,
  Viv' la Compagneia!
Studenten:
  Viv' la Compagneia!
Hermann:
  Morgen wird er verhauen,
  Vive la va!

Studenten:
  Vive la va!
  Schenk ein! Schenk ein!
Luther:
  Schon da, ihr Herrn! So Bier,
  wie Wein!
Hermann:
  Seine Keller stehn uns offen,
  Viv' la Compagneia!

d'étudiants entrent gaiement en scène.)

Hermann, Nathanaël,
  Etudiants:
  Drig, drig, drig, maître
  Luther!
  Tison d'enfer!
  A nous ta bière,
  à nous ton vin!
  Jusqu'au matin
  remplis mon verre,
  jusqu'au matin
  remplis les pots d'étain!
  Du vin! du vin!

Hermann:
  Luther est un brave homme;
  tire lan laïre!

Etudiants:
  Tire lan laïre!
Hermann:
  C'est demain qu'on
  l'assomme!
  Tire lan la!
Etudiants:
  Tire lan la!
  Du vin! du vin!
Luther:
  Voilà, voilà, messieurs,
  voilà!
Hermann:
  Sa cave est d'un bon drille,
  tire lan laïre!

Studenten:
Viv' la Compagneia!

Hermann:
Morgen sind sie
ausgesoffen!
Vive la va!

Studenten:
Vive la va!
Schenk ein! Schenk ein!

Luther:
Schon da, ihr Herrn. So Bier,
wie Wein!

Nathanael:
Ehr' seinem Weib gebühret!
Viv' la Compagneia!

Nathanael, Studenten:
Viv' la Compagneia!

Nathanael:
Morgen wird sie entführet!
Vive la va!

Nathanael, Studenten:
Vive la va!

Alle:
Ehr' seinem Weib gebühret!
Viv' la Compagneia,
Vive la va!
Morgen wird sie entführet,
Viv' la Compagneia,
Vive la va!
Schenk ein! Schenk ein!
(Bechergerassel)

Luther:
Schon da, ihr Herrn, schon
da!

Alle:
Bis morgen früh
füll mir das Glas,
Bis morgen früh

Etudiants:
Tire lan laïre!

Hermann:
C'est demain qu'on la pille.
Tire lan la!

Etudiants:
Tire lan la!
Du vin! du vin!

Luther:
Voilà, voilà, messieurs,
voilà!

Nathanaël:
Sa femme est fille d'Ève,
tire lan laïre!

Nathanaël, Etudiants:
Tire lan laïre!

Nathanaël:
C'est demain qu'on l'enlève!
Tire lan la!

Nathanaël, Etudiants:
Tire lan la!

Tous:
Sa femme est fille d'Ève,
Tire fan laïre,
Tire lan la!
C'est demain qu'on l'enlève,
Tire lan laïre,
Tire lan la!
Du vin! Du vin!
(Bruit de gobelets)

Luther:
Voilà, voilà, messieurs,
voilà!

Tous:
Jusqu'au matin
Remplis mon verre!
Jusqu'au matin

*Nach dem letzten jubelnden Refrain der ausgelassenen Stu-
dentenschar geht die Musik in ein ziemlich dicht begleitetes
Rezitativ über, mit schnellen Wechselreden Nathanaels und
Hermanns, sowie einem der Menge unbeachtet bleibenden Einwurf Lindorfs.*

schenk uns den Zinnkrug
voll!
Schenk ein! Schenk ein!

Nathanael:
Ihr Freunde, sie ist, bei Gott,
die Schönste aller Schönen!
Sie macht uns Mozarts Werk
erst klar;
Stimme, Vortrag superb!
Alles lauscht ihren Tönen!
Die Natur wollt als Grazie
sie krönen,
die Kunst reicht den Lorbeer
ihr dar!
Gelt' ihr der erste Toast,
den wir bringen.
Es lebe Stella hoch!

Alle: Es lebe Stella hoch!

Nathanael:
Nur Hoffmann fehlt! Wo
weilt er noch,
um würdig diesen Stern
ersten Ranges zu besingen?
Luther, dicke Tonne,
was fingst du mit Hoffmann
an?

Hermann:
Er liegt krank von deinem
Weine!
Du allein bist schuld daran!
Gib ihn zurück!

Alle: Gib ihn zurück!

Lindorf (für sich): Ei! Brech'
dir's Genick!

Nathanael:
Potz Blitz!
Schaff ihn zur Stelle,
denn sonst geht es dir noch
schlimm!

Remplis les pots d'étain!
A nous ton vin!

Nathanaël:
Vive Dieu! mes amis, la belle
créature!
Comme au chef-d'œuvre de
Mozart
Elle prête l'accent d'une
voix ferme et sûre!
C'est la grâce de la nature,
Et c'est le triomphe de l'art!
Que mon premier toast soit
pour elle!
Je bois à la Stella!

Tous: Vivat! à la Stella!

Nathanaël:
Comment Hoffmann n'est-il
pas là
Pour fêter avec nous cette
étoile nouvelle!
Eh! Luther... ma grosse
tonne!
Qu'as-tu fait de notre Hoffmann?

Hermann:
C'est ton vin qui l'empoi-
sonne!
Tu l'as tué, foi d'Hermann!

Tous: Rends-nous Hoffmann!

Lindorf (à part): Au diable
Hoffmann!

Nathanaël:
Morbleu! qu'on nous
l'apporte
ou ton dernier jour a lui!

Mit großem Jubel wird Hoffmanns und Niklaus' Eintritt begrüßt. Lindorf verdoppelt nun seine Aufmerksamkeit; der Augenblick, sich des Rivalen zu entledigen, rückt näher.

Mit einer liebenswürdigen Melodie tritt der Dichter in den Freundeskreis, der ihm und seinem Lieblingsgefährten Niklaus schnell einen Ehrenplatz einräumt und sie mit Gläsern und Pfeifen versorgt.

Nach dem Grund seines schlechten Aussehens befragt, antwortet Niklaus gutgelaunt mit dem berühmten Zitat aus »Don Giovanni«, dem von ihm textlich der Situation angepaßten Stoßseufzer Leporellos »Notte e giorno faticar«. (»Keine Ruh bei Tag und Nacht«.) Ein Lachsturm antwortet ihm, aber Hoffmann schneidet ihn mit einer autoritären Handbewegung ab. Nur das Orchester wiederholt leise noch mehrmals die Mozartsche Phrase und variiert sie leicht.

Im Rezitativ, das mit starkem Sinn für Dramatik entwickelt ist, geht es weiter.

Luther:
    Da tritt er über die Schwelle,
    und Niklaus ist bei ihm!
Alle:
    Vivat! Vivat! er ist da!
Lindorf: Behalten wir ihn im
    Auge!
*Hoffmann (mit düsterer Miene,
    von Niklaus begleitet,
    eintretend):* Ihr Freunde!
    Guten Tag!
Niklaus: Guten Tag!
Hoffmann: Einen Schemel!
    einen Becher! eine Pfeife!
Niklaus: Verzeiht, mein Herr,
    wenn ich nicht stör',
    trink', rauch' und sitze ich
    wie Ihr!...
    Mit Verlaub!
Nathanael: Ganz recht!
Hermann, Studenten: 's ist Platz
    für alle zwei, ja, Platz für alle
    zwei!
*(Hoffmann und Niklaus setzen
sich; Hoffmann stützt den Kopf
    in beide Hände.)*
Niklaus (trällert):
    Notte e giorno mal
    dormir...
Hoffmann: Zum Teufel,
    schweig!
Niklaus: Ja, mein Meister!
Hermann: Oho! Woher die
    schlechte Laune?
Nathanael:
    Bist ja kaum zu erkennen!
    Was ist dir denn begegnet?

Hoffmann:
    Eine tote Blume, ach!

Luther:
    Messieurs, il ouvre la porte,
    et Niklaus est avec lui!
Tous:
    Vivat! vivat! c'est lui!
Lindorf: Veillons sur lui!

*Hoffmann (entrant avec Nik-
    laus, l'air mélancolique):*
    Bonjour, amis!

Niklaus: Bonjour!
Hoffmann: Un tabouret! un
    verre! Une pipe!
Niklaus: Pardon, seigneur!
    sans vous déplaire, je bois,
    fume et m'assieds comme
    vous! ... part à deux!
Nathanaël: C'est juste!
Hermann, Etudiants: Place à
    tous les deux, si, place à tous
    les deux!
*(Hoffmann et Niklaus s'as-
soient; Hoffmann se prend la
    tête entre les mains.)*
Niklaus (fredonnant):
    Notte e giorno mal
    dormir ...
Hoffmann: Tais-toi, par le
    diable!
Niklaus: Oui, mon maître.
Hermann: Oh! oh! d'où vient
    cet air fâché?
Nathanaël:
    C'est à ne pas te reconnaître,
    Sur quelle herbe as-tu donc
    marché?

Hoffmann:
    Hélas! sur une herbe

(Diese Stelle ist in manchen Fassungen gestrichen. Sie ist aber nicht überflüssig, da sie zeigt, daß Hoffmann schon während des ersten Opernaktes in erinnerungsträchtige Träumereien verfallen war, die er nun fortzuwischen sucht.)

Die Freundesschar fordert ein Lied von ihm, verspricht, ihn dabei zu begleiten. Etwas Lustiges! Das Rattenlied?

Verwelkt in dem nördlichen
Frost...
Niklaus:
Und vor der Türe ein Kerl,
der betrunken dort schlief.
Hoffmann:
's ist wahr, wie ich den sah,
bekam ich Lust zu trinken
und, so wie er, in der Gosse
zu liegen.

Hermann: Unter dem Kopf?
Hoffmann: Die Steine!
Nathanael: Und über dir?
Hoffmann: Den Himmel!
Nathanael: Und zugedeckt?
Hermann: Vom Regen!
Hermann: Hoffmann, was fehlt
dir denn?
Hoffmann:
Nichts! Doch heut Abend,
dort auf dem Theater...
Alle: Nun denn?
Hoffmann:
...glaubt ich sie wieder zu
sehn –
Genug! Wozu reiß ich auf
die veraltete Wunde?
Kurz ist das Dasein! Drum
fröhlich gelebt in den Tag:
immer trinken, singen und
lachen, genießen die
Stunde...
folgt auch die Träne nach!
Nathanael:
Laß doch die Grillen! Trink
und sing!
Chorus machen wir!
Alle: Chorus machen wir!
Hoffmann: Gut!

morte au souffle glacé du
nord!
Niklaus:
Et là, près de cette porte,
sur un ivrogne qui dort!
Hoffmann:
C'est vrai! Ce coquin-là,
pardieu! m'a fait envie!
À boire! à boire!... Et
comme lui, couchons dans
le ruisseau.
Hermann: Sans oreiller?
Hoffmann: La pierre!
Nathanaël: Et sans rideau?
Hoffmann: Le ciel!
Nathanaël: Sans couvre-pied?
Hoffmann: La pluie!
Hermann: As-tu le cauchemar,
Hoffmann?
Hoffmann:
Non, mais ce soir,
Tout à l'heure, au théâtre...
Tous: Eh bien?
Hoffmann:
J'ai cru revoir...
Baste!... à quoi bon rouvrir
une vieille blessure?

La vie est courte!... Il faut
l'égayer en chemin.
Il faut boire, chanter et rire
à l'aventure,

Sauf à pleurer demain!
Nathanaël:
Chante donc le premier,
sans qu'on te le demande;
Nous ferons chorus.
Tous: Nous ferons chorus!
Hoffmann: Soit!

29

Nein, Nathanael schlägt die Geschichte vom Zwerg Klein-Zach oder Klein-Zack vor. Hoffmann stimmt zu.

Und schon setzt das Orchester mit der Einleitung zu einem coupletartigen Lied ein, und Hoffmann intoniert die erste Strophe, munter, wie man eine alte vergnügliche Geschichte erzählt, zum Zeitvertreib und ohne die Gefühle zu strapazieren. Fröhlich sekundiert ihm der Chor der Kameraden:

(4)

Nathanael: Etwas Lustiges.

Hermann: Das Lied von der Ratte.

Nathanael:
    Nein, davon hab' ich genug.
    Was wir gern hören, ist die
    Legende von Kleinzack.

Studenten: Ist die Legende von Kleinzack!

Hoffmann: Gut, von Kleinzack!
    Es war einmal am Hofe von Eisenack

Studenten: Am Hofe von Eisenack!

Hoffmann:
    Ein kleiner Zwerg,
    der nannte sich Kleinzack!

Studenten: Der nannte sich Kleinzack!

Hoffmann:
    Auf dem Kopf trug er den Kalpak
    und die Beine, die gingen klick, klack!
    Klick – klack! Klick – klack!
    Das war, das war Kleinzack!

Studenten:
    Klick – klack!

Hoffmann:
    Klick – klack!

Alle:
    Das war, das war Kleinzack!

Hoffmann:
    Den Buckel so groß wie ein Bauch trug er huckepack

Studenten: Den trug er huckepack.

Nathanaël: Quelque chose de gai.

Hermann: La chanson du rat!

Nathanaël:
    Non! moi, j'en suis fatigué.
    Ce qu'il nous faut, c'est la légende
    de Kleinzach.

Etudiants: C'est la légende de Kleinzach!

Hoffmann: Va pour Kleinzach!

    Il était une fois à la cour d'Eisenach!

Etudiants: A la cour d'Eisenach!

Hoffmann:
    Un petit avorton
    qui se nommait Kleinzach!

Etudiants: Qui se nommait Kleinzach!

Hoffmann:
    Il était coiffé d'un colbac,
    et ses jambes elles faisaient

    clic clac!
    Clic clac! clic clac!
    Voilà, voilà Kleinzach

Etudiants:
    Clic clac!

Hoffmann:
    Clic clac!

Tous:
    Voilà, voilà Kleinzach!

Hoffmann:
    Il avait une bosse en guise d'estomac!

Etudiants: En guise d'estomac!

Ebenso lustig fängt die zweite Strophe an, aber sie gedeiht nicht weit. Nun, da Hoffmann Gesichtszüge aus der Erinnerung zu beschreiben beginnt, scheinen seine Gedanken sich zu verwirren: Klein-Zacks groteskes Zwergenbild weicht einer immer mehr von sinnlichem Zauber überglänzten Vision...

Ist es Stella, die verloren geglaubte Geliebte? Sind es Frauen seines früheren Lebens, die unglücklich Begehrten, die ihm tragisch Entrissenen, Olympia, Giulietta, Antonia? Klein-Zacks muntere Ballade, spöttisch, überlegen, geht in wachsender Erregung in das Traumbild einer wundervollen Frau über. Hoffmanns Pulse fliegen, seine Stimme gewinnt an liebestrunkenem Ausdruck, er steht verwandelt, Luthers Weinkeller, die Freunde sind vergessen, versunken.

Hoffmann:
Die Spinnenbeinchen
hingen wie aus einem
Sack.
Studenten: Ganz wie aus einem
Sack.
Hoffmann:
Die Nase war schwarz von
Tabak,
und sein Schädel, der ging
krick-krack!
Krick-krack, krick-krack!
Das war, das war Kleinzack!
Studenten: Krick-krack!
Hoffmann:
Krick-krack!
Alle:
Das war, das war Kleinzack!
Hoffmann:
Dann: die Züge des
Gesichtes...
*(Er hält inne und scheint in
Träumerei zu versinken.)*
*Studenten (als Hoffmann leiser
wird und zögert):*
dann: die Züge des
Gesichtes...?
Hoffmann:
Dann: die Züge des
Gesichtes...
(erhebt sich wie verklärt)
Ach! Dies Gesicht war
wunderschön!
Ich sehe sie, schön wie der
junge Tag,
ich folgte ihren Spuren, und
verließ, liebestrunken, das
Elternhaus, die Heimat,
durchstreifte das Tal und des
Waldes Revier.

Hoffmann:
Ses pieds ramifiés sem-
blaient sortir d'un sac!

Etudiants: Semblaient sortir
d'un sac!
Hoffmann:
Son nez était noir de tabac,

et sa tête faisait cric crac!

Cric crac, cric crac!
Voilà, voilà Kleinzach!
Etudiants: Cric crac!
Hoffmann:
Cric crac!
Tous:
Voilà, voilà Kleinzach!
Hoffmann:
Quant aux traits de sa
figure ...
*(Il semble s'absorber peu à peu
dans son rêve.)*
Etudiants:
Quant aux traits de sa
figure ...

Hoffmann:
Quant aux traits de sa
figure ...
   (Il se lève.)
Ah! sa figure était char-
mante! Je la vois,
belle comme le jour où,
courant après elle,
je quittai comme un fou la
maison paternelle
et m'enfuis à travers les
vallons et les bois!

Wir erleben einen der großen Augenblicke des Musiktheaters, eine unaufhaltsame Steigerung, eine Ekstase, wie sie zu schildern nur ganz wenige, zu zählende Male auf der Opernbühne gelang:

(Fortsetzung des Notenbeispiels S. 36)

Ihre dunklen Haare lieblich
in Locken flossen
um den Schwanenhals, wie
von Alabaster gegossen.
Die Augen, des offnen
Himmels klares Bild,
sie sahen umher, der Blick
rein und mild,
und wie im Ebenmaß die
zarten Glieder schwebten,
fühlt' ich mich liebent-
brannt,
und meine Pulse bebten.
Ach, ihrer Stimme
Ton, der Himmelslieder
singt, mit ewigem
Echo mir im Herzen wider-
klingt!

Ses cheveux en torsades
sombres
sur son col élégant jetaient
leurs chaudes ombres.
Ses yeux, enveloppés d'azur,
promenaient autour d'elle
un regard frais et pur
et, comme notre char
emportait sans secousse
nos cœurs et nos amours, sa
voix vibrante et douce
aux cieux qui l'écoutaient
jetait ce chant vainqueur
dont l'éternel écho résonne
dans mon cœur!

(5)

Verwundert sitzen die Kameraden rundum, rufen Hoffmann an, als er mit einem fast nach Aufschrei klingenden, erschütternden Bekenntnis geendet hat.

Der Dichter kehrt, mühsam zuerst, in die Wirklichkeit zurück. Aber er will sein Geheimnis nicht preisgeben, lenkt rasch wieder hin zu Klein-Zack und fährt, sich zur Munterkeit zwingend, mit der letzten Strophe des Liedes fort.

Und beruhigt, als sei nun alles wieder im Geleise, sekundiert der ausgelassene Chor.

Nathanael:
  Oh, bizarres Gehirn!
  Wen, Teufel, meinst du
  denn?
  Kleinzack?
Hoffmann:
  Kleinzack...?
  Ich sprach von ihr!
Nathanael: Von wem?
*Hoffmann (aus seinem Traum
  erwachend):*
  Nein! Von niemand! Nichts!
  Verwirrt war mein Sinn. –
  Nichts!
  Und Kleinzack taugt viel
  mehr,
  wenn er auch noch häßlicher
  wär'!
  Und trank er zuviel Genever
  und Arrak...
Studenten: Viel Genever und
  Arrak!
Hoffmann:
  dann sah er nicht flattern im
  Wind die Schöße vom
  Frack.
Studenten: Die Schöße von
  seinem Frack!
Hoffmann:
  Wie die Segel auf einem
  Wrack,

Nathanaël:
  O bizarre cervelle!
  Qui diable peints-tu-là!

  Kleinzach?
Hoffmann:
  Kleinzach?
  Je parle d'elle!
Nathanaël: Qui?
Hoffmann (revenant sur terre):

  Non! personne! rien! mon
  esprit se troublait!
  Rien!... Et Kleinzach vaut
  mieux, tout difforme qu'il
  est!

  Quand il avait trop du de
  genièvre ou d'arack...
Etudiants: De genièvre ou
  d'arack!
Hoffmann:
  ... il fallait voir flotter les
  deux pans de son frac!

Etudiants: Les deux pans de
  son frac...
Hoffmann:
  ... comme des herbes dans
  un lac,

Jubelnder Beifall der Freunde lohnt Hoffmanns Lied. Doch in der Seele des Dichters ist ein Schatten seiner Vision hängen geblieben. Nur eines verspricht Hilfe gegen die Gespenster der Vergangenheit: noch mehr Alkohol!

Johlend gehen die Studenten mit der Wiederholung ihres früheren Trinkliedes auf Hoffmanns Wunsch ein.

Und das Monstrum, das
schrie: Flick-flack!
Flick-flack! Flick-flack!
Das war, das war Kleinzack!
Studenten: Flick-flack!
Hoffmann: Flick – flack!
Alle: Das war, das war
Kleinzack!
Hoffmann:
Pfui ... Dieses Bier ist
abscheulich,
zündet den Punsch an!
Studenten: Zündet den Punsch
an!
Hoffmann: Zechen wir!
Studenten: Zechen wir!
Hoffmann: Und die Betrunken-
sten sollen unterm Tische
liegen!
Studenten:
Und die Betrunkensten
sollen unterm Tische liegen!
Luther, dem kann man
trauen,
Viv' la Compagneia! Vive la
va!
Morgen wird er verhauen!
Viv' la Compagneia!
Vive la va!
Seine Keller stehn uns offen!
Viv' la Compagneia!
Vive la va!
Morgen sind sie ausge-
soffen!
Viv' la Compagneia!
Vive la va!
(Die Lichter werden gelöscht.)
Niklaus:
Zur rechten Zeit! Das nenne
ich doch faktisch

et le monstre faisait
flic flac!
Flic flac! flic flac!
Voilà, voilà Kleinzach!
Etudiants: Flic flac!
Hoffmann: Flic flac!
Tous: Voilà, voilà Kleinzach!

Hoffmann:
Peuh! ... cette bière est
détestable!
Allumons le punch!
Etudiants: Allumons le punch!

Hoffmann: Grisons-nous!
Etudiants: Grisons-nous!
Hoffmann: Et que les plus fous
roulent sous la table!

Etudiants:
Et que les plus fous,
Roulent sous la table!
Luther est un brave homme,

Tire lanlaïre,
Tire lan la,
C'est demain qu'on
l'assomme,
Tire lan laïre,
Tire lan la,
Sa cave est d'un bon drille.
Tire lan laïre,
Tire lan la,
C'est demain qu'on la pille,
Tire lan laïre,
Tire lan la.
(Les lumières s'éteindent)
Niklaus:
À la bonne heure, au moins!
voilà que l'on se pique

39

Inmitten der übermütigen Stimmung kommt die Rede noch einmal auf Hoffmanns Lieben. Vehement weist der Dichter jeden Schimmer eines solchen Gefühls von sich.

Da mischt sich, zum ersten Mal offen, Lindorf ein. Das Rezitativ, in dem die beiden Rivalen einander nun immer heftiger gegenüberstehen, ermöglicht bei sparsamer Orchesterbegleitung eine sehr ausdrucksstarke Deklamation. Dann wird auch die Instrumentalbegleitung dichter, es kommt zu kleinen ariosen Bildungen: das Duell, das Hoffmann und Lindorf mit immer schärfer werdenden Worten austragen, ist musikalisch glänzend ausgedeutet.

gesunden Sinn und wahrlich
praktisch!
Hol der Teufel die schmachtenden Herzen!

Nathanael:
Eins ist gewiß, mein Freund,
du bist verliebt.

Hoffmann: Ich verliebt? Der
Teufel soll mich holen,
wenn je ich's bin!

Lindorf:
Das nenn ich Unverschämt-
heit ...
so etwas verschwört man
nicht.

Hoffmann: Wie beliebt?
(Lindorf erkennend)
Wenn man vom Teufel
spricht,
schon sieht man seine
Hörner!

Niklaus: Verzeiht: die Perücke,
keusches Geschenk einer
allerliebsten Ehefrau!

Studenten:
Hab Achtung und lach nicht
über den Gemahl,
denn wir kommen leicht in
denselben Fall!

Hoffmann (graziös):
Und wie ist Euer Teufelei
hereingekommen, werter
Unheilsrabe?

*Lindorf (sich erhebend mit der
gleichen Grazie):*
Wie Euer Trunkenheit,
durch diese Tür,
wertester Giftbecher Ihr!

de raison et de sens pratique!
Peste soit des cœurs
langoureux!

Nathanaël:
Gageons qu'Hoffmann est
amoureux!

Hoffmann:
Amoureux ... Le diable
m'emporte
si jamais je le deviens ...

Lindorf:
Eh! eh! eh! l'impertinence
est forte ...
Il ne faut jurer de rien.

Hoffmann: Plaît-il?
(reconnaissant Lindorf)
Quand on parle du diable,
on en voit les cornes!

Niklaus: Pardon.
La perruque! chaste don
d'une épouse trop aimable!

Etudiants:
Respect aux maris! Ne les
raillons pas!
Nous serons un jour dans le
même cas!

Hoffmann (gracieusement):
Et par où votre diablerie
est-elle entrée ici,
cher oiseau de malheur?

*Lindorf (se levant et avec la
même grâce):*
Par la porte, aussi bien que
votre ivrognerie,
chère ciguë en fleur!

41

Hoffmann:
Bin ich, teurer Teufels-
braten,
in die Flasche jetzt geraten
wie Anselmus einst durch
Zauber?

Lindorf:
Ihr verkennt mich; das ist
Lüge,
sauren Wein füllt man in
Krüge,
hochverehrter Worte-
klauber.

Hoffmann:
Drum, und irrte ich mich
nicht,
füllt Ihr damit Euern Bauch.

Lindorf:
Teuerster Spelunkenwicht,
was ich trinke, zahl' ich
auch.

Hoffmann:
Mit dem Gelde, das Ihr
selber
mir geraubt, Herr Geierfraß?

Lindorf:
Falls ein mittelloser
Künstler
jemals was von Wert besaß!

Hoffmann (hebt sein Glas):
Auf die Gattin diesen Toast,
diabolischer Geselle!

Lindorf (erwidert ihm):
Daran stirbt sie, seid getrost,
Herr Entlaufener der Hölle!

Hoffmann: Diabolischer
Geselle.

Hoffmann:
Comme Anselmus, rare
merveille,
venez-vous me mettre en
bouteille,
cher auteur de mes maux?

Lindorf:
Vous me prenez pour une
bûche,
la piquette se met en cruche,
cher diseur de bons mots!

Hoffmann:
C'est donc, si la chose est
vraie,
que vous en buvez, cher pot?

Lindorf:
Si je la bois, je la paie,
cher orateur de tripot!

Hoffmann:
Avec l'argent qu'à
moi-même
vous me volez, cher
vautour?

Lindorf:
En admettant qu'un bohème
soit valable, cher amour!

Hoffmann (levant son verre):
À madame votre femme,
cher suppôt de Lucifer!

Lindorf (faisant de même):
Elle en mourra, sur mon
âme,
cher échappé de l'Enfer!

Hoffmann: Cher suppôt de
Lucifer!

Niklaus tritt ironisch, aber beruhigend zwischen die beiden Kämpfer, der Studentenchor unterstützt seine Worte.

Hoffmann wendet sich den Freunden zu, sucht die ungewöhn-liche Situation zu erklären: entlarvt Lindorf als den unbegreiflichen Feind – dessen dämonisch-teuflische Herkunft er höchstens ahnen, aber nicht kennen kann –, dem er in entscheidenden Augenblicken seines Lebens stets in geheimnisvoller Weise begegnet. Lindorf pariert die Attacken, zieht alles ins Lächerliche, verhöhnt Hoffmanns Liebesfähigkeit.

Lindorf: Herr Entlaufener der
  Hölle.
        (Sie trinken.)
Niklaus:
  Nur ein Tausch von Höflich-
  keiten.
  Ganz so ist's, wenn tief im
  Wald
  zwei Schäfer sich um
  Geliebte streiten
  und ein anderes Liebeslied
  erschallt!
Niklaus, Studenten:
  Und ein anderes Liebeslied
  erschallt!
Hoffmann:
  In der Tat, mir droht Pech,
  ich gestehe:
  (zeigt auf Lindorf)
  Wenn ich den gegenüber mir
  sehe,
  was mir begegnete, übel und
  schlimm,
  ein jedes Unglück kam von
  ihm!
  Wenn im Spiel er mir
  zusieht, verlier ich...
Lindorf:
  Vielleicht ist das Spiel Euch
  zu schwierig! Ja, ...
Hoffmann:
  Wenn ich trinke, daneben
  es geht! –
Lindorf:
  Weil das Trinken Ihr nicht
  versteht.
Hoffmann:
  Wenn ich liebe...

Lindorf: Cher échappé de
  l'Enfer!
        (Ils boivent.)
Niklaus:
  Simple échange de
  politesses!
  C'est ainsi qu'à l'ombre des
  bois
  de deux bergers pour leurs
  maîtresses
  alternaient les chants et les
  voix!
Niklaus, Etudiants:
  Alternaient les chants et les
  voix!
Hoffmann:
  Je vous dis, moi, qu'un
  malheur me menace!
  (montrant Lindorf du doigt)
  Je ne l'ai pas rencontré face
  à face
  qu'il ne m'en soit arrivé
  quelqu'ennui!
  Tout mauvais sort me vient
  de lui!
  Si je joue, il me fait perdre!

Lindorf:
  Bon! Il faut croire que vous
  jouez mal!
Hoffmann:
  Si je bois, j'avale de travers!

Lindorf:
  Vous ne savez pas boire!

Hoffmann:
  Si j'aime ...

Nathanael legt sich ins Mittel, versucht abzulenken mit Hinweisen auf Freunde und deren Geliebte.

Doch Hoffmann ist verbittert; ohne wesentlich die Stimme zu heben, spottet er über diese Frauen: die Unschuldsvolle, die seelenlose Puppe, die Kurtisane ohne Herz, – fühlt er sich getroffen durch diese zufällige Zusammenstellung, die zugleich die seiner drei Geliebten war?

War es eine einzige Geliebte, wie die Freunde wähnen? Waren es nicht drei mit einer einzigen Seele, wie in immer neuer Inkarnation? Er gerät ins Sinnieren, die Musik wird dichter, melodischer, das Rezitativ, der fast gesprochene Gesang geht in straffer gebildete Weisen über. Drei Liebesepisoden seines Lebens erstehen vor seiner schmerzlichen Erinnerung.

Lindorf:
Ha! ha! ha! der Herr sind
zuweilen verliebt?
Hoffmann:
Mein Herr...
Nathanael:
Du brauchst dich doch
dessen
fürwahr nicht zu schämen;
Freund Wilhelm, wie du ihn
da siehst,
er brennt für Leonore und
findet sie göttlich.
Auch Hermann liebt sein
Gretchen,
und ich richte mich
zugrunde für Fausta.
Hoffmann (zu Wilhelm):
Ja, Leonore, die Virtuosin!
(zu Hermann):
Ja, Gretchen, die Puppe
ohne Geist und Herz!
(zu Nathanael):
Und deine Fausta, du
Armer, die Kurtisane
mit der Stirne wie von Erz!
Hermann:
Du betrachtest deine
Geliebte als Kleinod,
während die unsern du so
verachtest!
Hoffmann: Meine Geliebte?
(für sich)
Stella, du!
drei Frauen im nämlichen
Weibe,
drei Seelen in einer einzigen
Seele!
Künstlerin, Puppe und
Kurtisane!

Lindorf:
Ha! ha! ha! monsieur aime
donc quelquefois?
Hoffmann:
Après?
Nathanaël:
Il ne faut pas en rougir,
j'imagine.
Notre ami Wilhelm que
voilà

brûle pour Léonore et la
trouve divine;
Hermann aime Gretchen;

et moi je me ruine
pour la Fausta!
Hoffmann (à Wilhelm):
Oui, Léonore, ta virtuose!
(à Hermann):
Oui, Gretchen, ta poupée
inerte, au cœur glacé!
(à Nathanaël):
Et ta Fausta, pauvre insensé!
la courtisane au front
d'airain!
Hermann:
Ta maîtresse est donc un
trésor
que tu méprises tant les
nôtres?
Hoffmann: Ma maîtresse?
(à part)
Oui, Stella!
Trois femmes dans la même
femme!
Trois âmes dans une seule
âme!
Artiste, jeune fille, et courtisane!...

*Soll er sie erzählen? Begeistert stimmen die Studenten zu:
möge »Don Giovanni« im nachbarlichen Theater ohne sie
weitergehen, sie wollen dem einmaligen Erlebnis lauschen:
Hoffmanns Erzählungen.*

Meine Geliebte?
Nein! Sagt besser: Drei
Geliebte,
Drei Zauberinnen im näm-
lichen Weibe,
die sich in meine Tage
teilten.
Wollt Ihr die Geschichten
dieser wahnwitzigen Liebe?

Alle: Ja, ja, ja!

Niklaus: Was sagst du da von
drei Geliebten?

Hoffmann:
Rauche zu!
Eh' noch die Pfeife ausge-
brannt und neu entzündet,
wirst du mich ohne Zweifel
verstehn;

(scherzend)
indes mein Herz gefesselt,
mein Aug fast erblindet,
du der Einzge, der klar-
gesehn!

Luther (eintretend):
Meine Herrn, der zweite Akt
schon beginnt!

Nathanael und Studenten:
Meinetwegen!
Unsre mindeste Sorge ist das
heut!

Lindorf (für sich):
Wenn er erzählt, bleib ich
zugegen;
bis die Oper ist aus, hab ich
zu hören Zeit.

Ma maîtresse? non pas! dites
mieux,
trois maîtresses,
trio charmant d'enchan-
teresses
qui se partagèrent mes jours!
Voulez-vous le récit de ces
folles amours?

Etudiants: Oui, oui, oui!

Niklaus:
Que parles-tu de trois
maîtresses?

Hoffmann:
Fume! ...
Avant que cette pipe éteinte
se rallume
Tu m'auras sans doute
compris,
O toi qui dans ce drame où
mon cœur se consume
(railleur)
Du bon sens emportas le
prix!

*(Tous les étudiants vont re-
prendre leurs places.)*

Luther (rentrant en scène):
Messieurs, on va lever le
rideau.

Nathanaël et Etudiants:
Qu'il se lève!
C'est là notre moindre souci!

Lindorf (à part):
Avant que l'opéra s'achève,
j'ai le temps d'écouter aussi.

*Und der Dichter beginnt, wie entrückt: Die erste jener Frauen,
von denen er berichten muß, hieß Olympia:*

(6)

Studenten:
Hört ihn an! Herrlich läßt
sich's trinken,
wenn dabei Liebesträume
winken,
und wir sehen dabei in Ruh'
dem blauen Dunst aus der
Pfeife zu.

Niklaus:
Und wir sehen dabei in Ruh'
dem blauen Dunst aus der
Pfeife zu.

Hoffmann: Ich beginne!

Niklaus: Silentium!

Studenten: Silentium!

Lindorf (für sich): In einer
Stunde, hoff ich, liegt er
betrunken da.

Hoffmann:
Der Name meiner ersten
war: Olympia!

Etudiants:
Écoutons! Il est doux de
boire
au récit d'une folle histoire,
en suivant le nuage clair
que la pipe jette dans l'air,
etc.

Niklaus:
En suivant le nuage, le
nuage, le nuage dans l'air.

Hoffmann: Je commence.

Niklaus: Silence!

Etudiants: Silence!

Lindorf (à part): Dans une
heure, j'espère,
ils seront à quia!

Hoffmann:
Le nom de la première était
Olympia!

*Ein pompöses Zwischenspiel leitet vom Vorspiel in die erste
der Erzählungen Hoffmanns über. Ein festliches Stück im
Menuettrhythmus (Dreivierteltakt, A-Dur) scheint uns musikalisch in Hoffmanns Zeit zurückführen zu wollen; es weist die
traditionelle Gliederung in drei Abschnitte auf. Einem ersten
Thema (das hier 10 Takte umfaßt) in der Haupttonart folgt
(in der Dominante, E-Dur) ein zweites – leichter, graziöser –,
das 8 Takte lang ist, bevor es zur Reprise (Wiederholung)
des ersten Teiles kommt.*

(Fortsetzung des Notenbeispiels S. 54)

52

ZWEITER AKT

In Spalanzanis physikalischem Kabinett. Reich ausgestattetes physikalisches Kabinett. Im Hintergrunde eine Galerie, die durch große Türvorhänge abgeschlossen ist. Auf beiden Seiten Türöffnungen, ebenfalls mit Vorhängen bedeckt. Die Bühne ist mit Wachskerzen beleuchtet.

ACTE DEUXIÉME

Un riche cabinet de physicien donnant sur une galerie dont les portes sont closes par des tapisseries; portes latérales fermées également par des portières. Le théâtre est éclairé par des bougies.

(7)

*Der Beginn dieses Bildes folgt entweder der Originalfassung,
die gesprochene Dialoge hatte, oder der (auf deutschen Bühnen
lange Zeit hindurch bevorzugten) Version mit den Rezitativen
von Ernest Guiraud.
Begreiflicherweise ist die Dialogfassung ausführlicher (da
das gesprochene Wort schneller ist als das gesungene), besonders die psychologisch feinere Charakterisierung kommt in
ihr differenzierter zum Ausdruck.*

Spalanzani (hat den Vorhang rechts in die Höhe gehoben):
Da! Ja, sie schläft! So klug,
so sittig und so schön.
Durch sie gewinn ich wieder
die fünfhundert Dukaten,
um die der Jude
Elias mich gebracht.
Bleibt nur noch Coppelius.
Wie ist der Mensch so schlecht!
Ich fürchte seinen bösen Einfluß,
um schnödes Geld beruft er sich laut auf seine Vaterschaft!
Teufelsjunge!
doch zum Glück ist er weit!
(Hoffmann tritt auf.)
(zu Hoffmann):
Ah, guten Tag! sehr erfreut.
Hoffmann:
Ich komme wohl zu frühe?
Spalanzani:
O ich bitte, mein Schüler!

Spalanzani (seul, il tient la portière de droite soulevée):
Là! dors en paix. Eh! Eh! ...
sage, modeste et belle,
je rentrerai par elle
dans les cinq ducats que la banqueroute
du juif Élias me coûte!
Reste Coppélius dont la duplicité
pour avoir de moi quelque somme,
peut réclamer des droits à la paternité,
Diable d'homme! ...
Il est loin, par bonheur!
(Hoffmann entre)
(á Hoffmann):
Ah! bonjour ... enchanté! ...
Hoffmann:
Je viens trop tôt, peut-être?
Spalanzani:
Comment donc, un élève ...

Hier setzt in der Dialogfassung die Musik wieder ein (die in der Rezitativversion nie ausgesetzt hatte). Doch der Anfang gehört noch dem Sprechgesang; die Stimme Hoffmanns geht zur lyrischen Melodie erst über, als er den Vorhang lüftet und die schlummernde Olympia erblickt. Das zärtliche Liebes-

Hoffmann:
Unwürdig solchen Meisters!
Spalanzani:
Wie bescheiden seid Ihr
doch!
Nicht der Dichtkunst mehr
ergeben,
wollt ihr der Physik nur
leben!
Als Professor grüß ich Euch
noch!
Bald seht Ihr meine Tochter,
wie ein Engel so schön!
(feierlich)
Ein Triumph der Physik für-
wahr!
Olympia ist mir teuer gar.
Hoffmann (für sich):
Was hat denn die Physik mit
seiner Tochter zu tun?
Spalanzani (rufend):
Heda! Komm, Cochenille!
(Cochenille erscheint)
Geh, mach alles bereit!
Cochenille (stotternd):
Auch den Champagner?
Spalanzani:
Ja!
Komm!
(zu Hoffmann)
Gleich mein Lieber, bin ich
wieder da!
*(Spalanzani und Cochenille
gehen ab.)*
Hoffmann (allein):
Wohlan, nur Mut und Ver-
trauen,
bald hoff ich, mich als
Gelehrter zu schauen.
Ich muß mich drehen nach

Hoffmann:
Indigne de son maître.
Spalanzani:
Trop modeste, en vérité!
Plus de vers, plus de
musique,
Et vous serez en physique
Professeur de faculté.
Vous connaîtrez ma fille, un
sourire angélique,

(solennel!)
La physique est tout, mon
cher!
Olympia vaut très cher! ...
Hoffmann (à part):
Quel rapport la physique
a-t-elle avec sa fille?
Spalanzani (appelant):
Holà! hé! ... Cochenille!
(Cochenille paraît.)
Fais allumer partout...
Cochenille (bégayant):
Et... le champagne.
Spalanzani:
Attends!
Suis-moi.
(à Hoffmann)
Pardon, mon cher, je reviens
dans l'instant.
(Ils sortent.)
Hoffmann (seul):
Allons! Courage et
confiance.
Je deviens un puits de
science.
Il faut tourner selon le vent.

gefühl, das ihn überwältigt, ist in zartesten Orchesterfarben
– hohen Streichern – ausgedrückt, die sich zur Melodik einer
Arie sammeln.
Das Stück weist zwei gleichgebaute Strophen auf, die sich
gesanglich und orchestral in stetem Anwachsen steigern und
in einem effektvollen, langgehaltenen hohen Ton gipfeln.

Die ersten Sätze des eintretenden Niklaus sind, rezitativartig,
nur von kurzen Orchesterakkorden unterstrichen; melodiöser,
intensiver antwortet ihm Hoffmann.

dem Wind,
die zu besitzen, die ich liebe.
Ich weiß, bald find ich noch
in mir
Talent zu einem Physikus.
Sie ist da! Wenn ich's
wagte...
(Er hebt sacht einen der Vor-
hänge, die die Türen ver-
decken.)
Sie ist es! Sie schlummert!
Oh, welche Anmut in den
Zügen!
Zusammen sein, mit dir zu
teilen alle Freuden.
Oh welche Wonne!
Zu teilen mit dir, ach, selbst
des Lebens Leiden, des
Lebens Leiden,
mit dir zu teilen jedes
Geschick.
Laß meiner Flamme Glühen
erwecken dich zumal,
ach laß neu dein Herz
erblühn,
verklärt vom Liebesstrahl.
Oh Hochgefühl, das unsere
Herzen heiß durchdringt,
oh, welche Wonne!
Oh himmlischer Wahn, sein
ganzes Wesen
in einem Kusse aufzulösen!
Niklaus (tritt auf):
Fürwahr, dacht ich' es doch,
dich treff ich endlich hier.
Hoffmann: Still!
Niklaus: Warum? – Aha! Weil
die schöne Olympia hier ver-
weilt. Bewundre ungestört!

Pour mériter celle que
j'aime,
je saurai trouver en moi-
même
l'étoffe d'un savant ...
Elle est là ... Si j'osais!

(soulevant doucement le
rideau qui dissimule l'une
des portes)
C'est elle!
Elle sommeille! ... Qu'elle
est belle!
Ah! vivre deux! N'avoir
qu'une même espérance,
un même souvenir!
Partager le bonheur,
partager la souffrance,
oui, la souffrance!
Partager l'avenir!
Laisse, laisse ma flamme
verser en toi le jour!
Ah! laisse éclore ton âme
aux rayons de l'amour!
Foyer divin! Soleil dont
l'ardeur nous pénètre
et nous vient embraser!
Ineffable délire où l'on sent
tout son être, oui, tout son
être,
se fondre en un baiser.

Niklaus (faisant son entrée):
Pardieu! J'étais bien sûr de
te trouver ici!
Hoffmann: Chut!
Niklaus: Pourquoi? C'est là
que respire
la belle Olympia? Va, mon
enfant! Admire!

Die Tonsprache der beiden Freunde ist feinsinnig unterschie-
den: Niklaus behandelt die »Affaire« seines Freundes Hoff-
mann lächelnd, ein klein wenig spöttisch, – er weiß ja, daß
Olympia keine lebende Frau, sondern eine auf Grund physi-
kalischer Kunstgriffe gestaltete, sehr lebensechte Puppe ist.
Hoffmann hingegen weiß es nicht, will es wohl nicht wissen,
will die Andeutungen Niklaus' (und sogar des »Herstellers«
Spalanzani) nicht verstehen, will verliebt sein in das Engels-
gesicht, in das sanftmütige Wesen Olympias. So singt er
leidenschaftlich, innig, von Gefühlen überwältigt.

Niklaus stimmt ein übermütiges Lied an, um den Freund aus
seinem Wahn zu erwecken.

Hoffmann:
Ein Engel ist's!
Mein Herz gehöret ihr allein!

Niklaus: So schau sie doch erst näher an.

Hoffmann: Ein Herz, das liebt, ist leicht wohl zu ergründen.

Niklaus: Nach einem Blick durchs Fenster nur!

Hoffmann:
Ja, ein Blick reicht wohl aus,
Und man steht in Glut!

Niklaus: Ha, welche Glut! –
Weiß sie denn schon,
daß du sie liebst?

Hoffmann: Nein!

Niklaus: Schreib ihr doch!

Hoffmann: Ich wag es nicht!

Niklaus: Armer Freund!
Sprich mit ihr!

Hoffmann: Die Gefahr ist nicht minder.

Niklaus:
Nun, so sing ihr was vor!
Wenn dir das leichter fällt.

Hoffmann:
Signor Spalanzani, er liebt nicht die Musik.

Niklaus:
Ja, ich weiß, er schwärmt nur für Physik
Er hat 'ne Puppe von Tragant,
stets mit dem Fächer in der Hand,
von Kupfer einen Hahn daneben.
die singen beide stundenlang,

Hoffmann:
C'est un ange!
Oui, je l'adore!

Niklaus: Attends à la connaître mieux!

Hoffmann: L'âme qu'on aime est aisée à connaître!

Niklaus: Quoi? d'un regard? par la fenêtre?

Hoffmann:
Il suffit d'un regard pour embrasser les cieux!

Niklaus: Quelle chaleur! Au moins sait-elle que tu l'aimes?

Hoffmann: Non!

Niklaus: Écris-lui!

Hoffmann: Je n'ose pas.

Niklaus: Pauvre agneau! Parle-lui!

Hoffmann: Les dangers sont les mêmes.

Niklaus:
Alors, chante, morbleu! pour sortir d'un tel pas!

Hoffmann:
Monsieur Spalanzani n'aime pas musique.

Niklaus:
Oui, je sais! Tout pour la physique!
Une poupée aux yeux d'émail
jouait au mieux de l'éventail

auprès d'un petit coq en cuivre;
tous deux chantaient à l'unisson

Fast unwillig unterbricht ihn Hoffmann, doch Niklaus stimmt gutgelaunt und in immer deutlicheren Anspielungen auf den Puppencharakter Olympias eine zweite Strophe an.

Mit dem Thema, das die »Bösewichte« dieser Oper charakterisiert (Nr. 2) tritt Coppelius ein, die – nach Lindorf – zweite Verkörperung des teuflischen Gegenspielers Hoffmanns, die uns begegnet (Dapertutto und Dr. Mirakel werden noch folgen, bevor der »Böse« im Nachspiel wieder die Maske Lindorfs annimmt).

Von dieser Szene gibt es wiederum die beiden Fassungen: Prosa oder Rezitativ. Wiederum ist die erste die ausführlichere, schärfer charakterisierte.

das gibt 'nen wunderlichen
Klang,
als wären wirklich sie am
Leben.

Hoffmann:
Was soll's? Was für ein toller
Sang?

Niklaus:
Der kleine Vogel frank und
frei,
krächzt lustig seinen
Hahnenschrei
und schüttelt dreimal stolz
den Kragen
durch Räder fein und
meisterlich
senkt sie die Augen minnig-
lich:
»Ich liebe dich!« hört man
sie sagen.

*Coppelius (erscheint mit einem
Sack auf dem Rücken):*
Ich bin's, Coppelius! Leise
nur und vorsichtig!
(Hoffmann erblickend)
Ein Mann!

Niklaus (sich umdrehend): Ha!

Coppelius:
Und was ist's, was er so starr
betrachtet?
*(über Hoffmanns Schulter
blickend)*
Unsere Olympia, ganz recht!

Niklaus (für sich): Unsre
Olympia?

Coppelius (zu Hoffmann):
Wie wunderlich.

d'une merveilleuse façon,
dansaient, caquetaient, semblaient vivre.

Hoffmann:
Plaît-il? Pourquoi cette
chanson?

Niklaus:
Ah! le petit coq luisant et vif
avec un air rébarbatif,

tournait par trois fois sur
lui-même;
par un rouage ingénieux,

la poupée, en roulant les
yeux,
soupirait et disait: Je t'aime!

*Coppélius (comme il entre en
scène, un sac au dos):*
C'est moi, Coppélius.
Doucement, prenons garde!
(apercevant Hoffmann)
Quelqu'un...

Niklaus (se retournant): Hein!...

Coppélius:
Qu'est-ce donc que ce monsieur regarde?
*(regardant par-dessus
l'épaule d'Hoffmann)*
Notre Olympia!... fort
bien...

Niklaus (à part): Leur
Olympia?

Coppélius (à Hoffmann):
Jeune homme,

Hier setzt in der Prosafassung die Musik wieder ein (die in der Rezitativversion nicht ausgesetzt hat und nun direkt in das Lied des Coppelius mündet).
In marktschreierischem Ton preist Coppelius seine Brillen an, in der Melodik und dem Rhythmus liegt ein wenig »leichte Mus«, obwohl die Dämonie der Person gut zum Ausdruck kommt.

(lauter)
He, mein Herr!
Er hört wohl schlecht!
*(ihn leise auf die Achsel
klopfend)*
Mein Herr!
Hoffmann: Was gibt's?
Coppelius:
Ich nenne mich
Coppelius! Ein guter Freund
von Meister Spalanzani!
    (Hoffmann grüßt ihn.)
Sehet da: Barometer,
Hygrometer
Thermometer.
Mit Rabatt, doch gegen bar,

Ihr kauft gewiß von dieser
War'!
*(Er breitet am Boden seinen
mit Operngläsern und Brillen
gefüllten Sack aus.)*
Hier diese Brillen zeigen
schwärzer wie die Nacht!
Die wieder zeigen weiß wie
Kreide.
Je nachdem Ihr sie wählt,
diese beiden,
wird schöner, häßlicher
ein Gegenstand gemacht.
Habe Brillen, die jeden toten
Gegenstand im Nu beleben.
Ihr Glanz dringt leuchtend
durch, und man sieht das
Innerste der Seele!
Auch den Seelenlosen
geben sie Seele, neues
Leben;
ganz entzückt wird ihr Blick.

(Elevant la voix.)
Eh! monsieur!
Il n'entend rien!
*(voyant qu'Hoffmann ne répond
pas, lui frappant sur l'épaule)*
Monsieur!
Hoffmann: Plaît-il?
Coppélius:
Je me nomme
Coppélius, un ami
De monsieur Spalanzani.
    (Hoffmann le salue.)
Voyez ces baromètres
Hygromètres,
Thermomètres,
Au rabais, mais au
comptant.
Voyez, vous en serez
content.
*(Vidant à terre son sac rempli
de lorgnons, lunettes et
lorgnettes.)*
Chacun de ces lorgnons rend
noir comme le jais,
Ou blanc comme l'hermine,
Assombrit,
Illumine,
Éclaire, ou flétrit
Les objets.

J'ai des yeux, de vrais yeux,
des yeux vivants, des yeux
de flamme,
des yeux merveilleux
qui vont jusque au fond de
l'âme
et qui même en bien des cas
en peuvent prêter une à ceux
qui n'en ont pas.

Auch diese Szene kennt wieder die beiden recht unterschied-lichen Fassungen. Doch wird hier klar, daß die musikalische wesentlich mehr ist als ein bloßes Rezitativ, also ein Sprech-gesang mit kurzen, akkordischen Orchesterstützen; es kommt zu melodischen Bildungen von beachtlichem Ausdruck und rhythmischem Fluß.

Zum Zwecke der Charakterisierung der Personen allerdings ist die Prosafassung stärker; sie erlaubt dramatische Frei-heiten in der Darstellung, die bei tempogebundenem Gesang nie gegeben sind –, und tempogebunden ist ja selbst das Rezitativ bis zu einem beträchtlichen Maße.

Glaubt mir, dieser Brillen Kraft
jedem Körper Schönheit verschafft.
Wer sie hat, ist Herr der Welt – ja!
Will man sehen ins Herz einer Frau,
ob gut sie oder schlecht,
das sieht man genau,
doch ziehst du's vor, zu sehen nur Reinheit dort,
wo schuldig sie? – Ganz nach Eurem Wunsch
könnt Ihr alles seh'n.
Da, nehmt die Augen, voller Leben, voller Feuer.
Sie kennen jede Seele, nehmt sie, nehmt!

Hoffmann:
Sprichst du auch wahr?
Coppelius:
Seht selbst!
Hoffmann:
Zeige!
Coppelius:
Drei Dukaten!
Hoffmann (hebt den Vorhang rechts und sieht hinein):
Großer Gott! Himmelsgewalt!
Welche Grazie aus diesem Blick mir strahlt!
Coppelius: Drei Dukaten!
Hoffmann: Mein Engel, bist du's selbst?
Coppelius (läßt den Vorhang fallen): Drei Dukaten!

J'ai des yeux, de vrais yeux vivants,
des yeux de flamme.
J'ai des yeux,
de beaux yeux!
Oui!
Veux-tu voir le cœur d'une femme?
S'il est pur ou s'il est infâme!
Ou bien préfères-tu le voir,
le voir tout blanc quand il est noir?
Prends et tu verras
ce que tu voudras.

Prenez mes yeux, mes yeux vivants,
mes yeux de flamme,
mes yeux qui percent l'âme.
Prenez mes yeux!

Hoffmann:
Dis-tu vrai?
Coppélius:
Voyez!
Hoffmann:
Donne!
Coppélius:
Trois ducats!
Hoffmann (soulevant la portière et regardant):
Dieu puissant! quelle grâce rayonne
sur son front!
Coppélius: Trois ducats.
Hoffmann: Cher ange, est-ce bien toi?
Coppélius (faisant retomber la portière): Trois ducats!

Hoffmann:
Warum raubst du mir den Anblick
voller Liebe und Glück?
(Niklaus gibt Coppelius die Dukaten.)
Spalanzani (tritt auf, sich die Hände reibend; Coppelius erblickend): Wie! Ihr!
Coppelius: Der teure Meister!
Spalanzani:
Zum Teufel!
's war doch abgemacht…
Coppelius: Habt Ihr's schriftlich?
Spalanzani: Doch…
Coppelius:
Chimäre!
Es regnet Geld Euch über Nacht;
alles teil ich mit Euch!
Spalanzani: Bin denn nicht ich der Vater Olympias?

Coppelius: Hab ich nicht ihre Augen gemacht?
Spalanzani: Nur leis'!
(für sich)
Ihre Augen! Warum hab ich sein Geheimnis nicht erraten? Doch ein Ausweg! Halt!
(laut)
Wollt Ihr noch verdienen fünfhundert Dukaten? So übertragt mir durch eine Schrift
ihre Augen und ihre ganze Person!

Hoffmann:
Ah! pourquoi me ravir cette image
De bonheur et d'amour?
(Niklaus donne les ducats à Coppélius.)
Spalanzani (entrant en se frottant les mains, puis apercevant Coppélius): Hein! Vous?
Coppélius: Ce cher maître!…
Spalanzani:
Morbleu!
Il était convenu…
Coppélius: Rien d'écrit…

Spalanzani: Mais…
Coppélius:
Chimère!…
L'argent sur vous pleuvra dans peu,
je veux tout partager.
Spalanzani: Ne suis-je pas le père
d'Olympia?
Coppélius: Pardon, elle a mes yeux.
Spalanzani: Plus bas!…
(à part)
Bien lui prend que j'ignore son secret. Mais j'y pense, oui!

(haut)
Voulez-vous encore cinq cents ducats? qu'un écrit de vous m'abandonne

ses yeux, ainsi que toute sa personne,

(Diese ganze Szene existiert in beiden Fassungen. Sie ist in der sogenannten Rezitativfassung reich ausgestaltet, wie in einer »durchkomponierten« Oper; sie enthält sogar – bei der heuchlerischen Umarmung der beiden Todfeinde Spalanzani und Coppelius – kurze duettartige Phrasen.)

Und ihr kriegt Euer Geld
durch den Juden Elias
wohlgezählt.
Coppelius: Durch Elias?
Spalanzani: 'ne solide Firma!
Hoffmann (leise zu Niklaus):
Was mögen die da unter-
handeln?
Coppelius (schreibt): Gut!
Abgemacht!
*Spalanzani (sie tauschen die
Papiere aus):*
Abgemacht!
O teurer Freund!
(Sie umarmen sich.)
Coppelius: O teurer Freund!
Spalanzani (für sich):
Geh du nur zu
und such dir dein Geld.
Coppelius:
A propos! Ein Gedanke!
Vermählet doch Olympia!
(deutet auf Hoffmann)
Dieser junge Tölpel da
verlangt von Euch sie, wie
es scheint!
Spalanzani (ihn umarmend):
O teurer Freund!
Coppelius (gleiches Spiel):
O teurer Freund!
(geht lachend ab)
Spalanzani (zu Hoffmann):
's geht nichts über Physik!
Hoffmann:
Was hat er nur? Schon zum
zweiten Male!
*Cochenille (erscheint im Hinter-
grund):*

et voici votre argent sur le
juif Elias.
Coppélius: Elias?
Spalanzani: Une maison sûre.
Hoffmann (bas, à Niklaus):
Quel marche peuvent-ils
conclure?
*Coppélius (écrit sur ses
tablettes):* Allons, c'est dit.
*Spalanzani (Ils échangent leurs
papiers):*
Donnant, donnant!
Ce cher ami!
(Ils s'embrassent.)
Coppélius: Ce cher ami!
Spalanzani (à part):
Va, maintenant!
Va te faire payer!
Coppélius:
A propos, une idée,
Mariez donc Olympia!
(montrant Hoffmann)
Le jeune fou que voilà
Ne vous l'a donc pas
demandée?
Spalanzani (l'embrassant):
Ce cher ami!
Coppélius (même jeu): Ce cher
ami.
(Il sort en ricanant.)
Spalanzani (à Hoffmann):
La physique, mon cher! …
Hoffmann:
Ah! … C'est une manie.

*Cochenille (paraissant au
fond):*

Das aus dem Vorspiel zu diesem Bild bekannte Menuett-Thema erklingt nun festlich und wird dieses Mal vom gemischten Chor der geladenen Gäste froh und erwartungsvoll angestimmt.

(8)

72

Die Gesellschaft ist da, schon versammelt in dem Saale!	Monsieur, voilà toute la compagnie.

Gäste:

Kein andrer Hausherr im
Land
fein und charmant, seinen
Gästen so erscheint.
Wie dieser Saal hier
erglänzet,
blumenbekränzet, alles
findet man vereint.
Wollt Ihr, Herr Spalanzani,
uns Eure Tochter
präsentieren?
Sie wird geschildert so fein,
ja, man sagt, sie sei gemacht,
um alle Herzen zu
verführen.
Das Mahl nimmt man später
ein,
erst soll sie sich produzieren.
Kein andrer Hausherr im
Land,
fein und charmant.

Les Invités:

Non, aucun hôte, vraiment,
non, mais vraiment,
ne reçoit plus richement!
Par le goût, sa maison brille!
Tout s'y trouve réuni.
Ça, monsieur Spalanzani,
présentez-nous votre fille.
On la dit faite à ravir,
aimable, exempte de vices.
Nous comptons nous
rafraîchir
après quelques exercices.
Non, aucun hôte vraiment,
non, mais
vraiment ne reçoit plus
richement!

Bei der Vorstellung Olympias bricht der bis dahin gemessen feierliche Chor in eine neue Melodie aus: »echter« Offenbach, könnte man sagen, denn hier vereinen sich spritziger Schwung, Geist, befeuernder Rhythmus, wie man sie von ihm sein Leben lang gewohnt war und erwartete.

Stolz über den Beifall, den Olympia bei den Gästen findet, kündigt Spalanzani an, Olympia werde eine Arie zum besten geben. Niklaus spricht höhnisch von »Kunststücken« doch Hoffmann zeigt sich verliebter als zuvor.

Spalanzani (nähert sich mit Cochenille der Tür rechts):

Sie werden zufrieden sein,
meine Herren.
Einen Augenblick!

Niklaus:
Nun endlich sollen wir sie
in der Nähe schauen,
dies Wunderwerk, die
Zierde aller Frauen.

Hoffmann:
Nur stille, denn sie kommt!

Spalanzani (führt Olympia herein. Cochenille folgt ihnen. Allgemeine Neugierde.):
Ihr Damen und Herren, ich
stell Euch hiermit vor
meine Tochter Olympia!

Gäste:
Wie reizend! Wie reizend!
Wie leuchtend ist ihr Aug'!
Sehr hübsch und schlank die Taille,
das Kleid von feinster Seide,
nichts fehlt ihr, wie wir seh'n.
Sie ist wahrhaftig schön.

Hoffmann:
Oh himmlisches Entzücken!

Niklaus:
Es ist kaum auszudrücken!

Spalanzani (zu Olympia):
Ha, dein Erfolg ist groß!

Niklaus:
Ihr Aussehen ist famos!

Spalanzani:
Ihr Damen und ihr Herrn!
Stolz auf Ihren Beifall
und allzeit bestrebt,

Spalanzani (tout en se dirigeant vers la porte de droite en compagnie de Cochenille):
Vous serez satisfaits,
messieurs; dans un moment.

Niklaus:
Enfin, nous allons voir de
près cette merveille,
cette merveille sans pareille!

Hoffmann:
Silence! La voici!

Entrée de Spalanzani (conduisant Olympia. Cochenille les suit. Curiosité générale.):
Mesdames et messieurs,
je vous présente
ma fille Olympia.

Les Invités:
Charmante! Charmante!
Elle a de très beaux yeux!
Sa taille est fort bien prise!
Voyez comme elle est mise!
Il ne lui manque rien!
Vraiment, elle est très bien!

Hoffmann:
Ah! qu'elle est adorable!

Niklaus:
Charmante, incomparable!

Spalanzani (à Olympia):
Quel succès est le tien!

Niklaus:
Vraiment elle est très bien.

Spalanzani:
Mesdames et messieurs,
fière de vos bravos,
et surtout impatiente

Spalanzani schlägt als Begleitinstrument die Gitarre vor, das Cembalo (Klavier) oder die Harfe; und bei dieser bleibt es. Cochenille, die groteske Gestalt des Werkes (die ebenfalls – so wie die dämonische – in verschiedenen Verkörperungen durch das ganze Stück geht) ruft in höchstem begeisterten Falsett nach der Harfe, eine überaus tiefe, geheimnisvoll unsichtbare Stimme antwortet ihm wie ein unwirkliches Echo.

Hoffmann fiebert vor Erwartung, Niklaus macht sich über seine Leidenschaft lustig, Spalanzani ermahnt seine Tochter, ruhig zu bleiben und Olympia antwortet mit einem zweimaligen kurzen, völlig mechanischen »Ja«.

Ruhe tritt ein, als Cochenille die Harfe hat. Spalanzani schickt sich an, auf ihr seine »Tochter« zu begleiten. (Es hat auch Inszenierungen gegeben, in denen Olympia sich selbst auf der Harfe begleitet.)

ihn neu zu gewinnen,
wird Olympia noch die
geringste Ihrer Launen
befriedigen,
und wenn Sie befehlen, ...

Niklaus (beiseite):
sich mit weiteren Kunst-
stückchen produzieren.

Spalanzani:
... Ihnen eine große Arie
vortragen und
– ein seltenes Talent! – sich
dazu begleiten lassen,
am Klavier oder mit Gitarre
oder mit Harfe – ganz nach
Wunsch.

Cochenille: Mit Harfe!
*Eine tiefe Stimme (als Echo aus
der Kulisse):* Mit Harfe!

Spalanzani: Sehr wohl!
Cochenille, geh schnell und
bring die Harfe für meine
Tochter.

*(Cochenille verschwindet im
Zimmer Olympias.)*

Hoffmann: Ich werd' sie hören,
oh Glück!

Niklaus: Verrückte Leidenschaft!

Spalanzani (zu Olympia): Sei
nur nicht aufgeregt, mein
liebes Kind!

Olympia: Ja, ja!

*Cochenille (kommt mit der
Harfe zurück):* Bitte sehr!

Spalanzani:
Ihr Herrn, nun gebet acht!

Cochenille:
G-gebet acht!

d'en conquérir de nouveaux,
ma fille, obéissant à vos
moindres caprices,
va, s'il vous plaît...

Niklaus (à part):
Passer à d'autres exercises.

Spalanzani:
... vous chanter un grand air,
en suivant de la voix,
talent rare!
le clavecin ou la guitare,
ou la harpe, à votre choix!

Cochenille: La harpe!
*Une voix basse (faisant écho
dans les coulisses):* La harpe!

Spalanzani: Fort bien!
Cochenille, va vite nous
chercher la harpe de ma fille!

*(Cochenille disparaît dans la
chambre d'Olympia.)*

Hoffmann: Je vais l'entendre
... O joie!

Niklaus: O folle passion!

Spalanzani (à Olympia):
Maîtrise ton émotion, mon
enfant!

Olympia: Oui! Oui!

*Cochenille (revenant avec la
harpe):* Voilà!

Spalanzani:
Messieurs, attention!

Cochenille:
A ... attention!

Nach einem Vorspiel von Flöte und Harfe setzt der hohe Koloratursopran Olympias mit einem der berühmtesten Glanzstücke des Stimmfachs ein:

(9)

Der bravurösen Stimmakrobatik haftet – natürlich in voller Absicht – etwas »Mechanisches«, Automatenhaftes, an. Und wie um ja keinen Zweifel am Puppenwesen Olympias zu las-

Gäste:
Gebet acht! – Gebet acht!
Olympia (von Spalanzani auf
der Harfe begleitet):

Phöbus stolz im
Sonnenwagen,
Nachtigall im grünen Trieb,

alle jungen Mädchen sagen,
alle jungen Mädchen sagen
von Lieb!
Ach, sie sprechen von Lieb!
Ach!
Ja, das sind des Liedes
Klagen,
so singt auch Olympia.
Ach!
Gäste: Das ist das Lied
Olympias.
Olympia:
Alles, was da singt, hallt
wider,
Echos, Seufzer ringsumher,
jedes Herz schlägt höher,
zittert vor Liebe!
Ach, es erschauert vor
Liebe!
Seht, das ist das hübsche
Liedchen,
ist das Lied Olympias.
Ach!...

Les Invités:
Attention, attention.
Olympia (Spalanzani l'acom-
pagne à la harpe.):

Les-oiseaux-dans-la-char-
mille-
dans-les-cieux-l'astre-du-
jour
tout-parle-à-la-jeune-fille
tout-parle-à-la-jeune-fille-
d'amour!
Ah-tout-parle-d'amour!
Ah-Voilà-la-chanson-
gentille-

la-chanson-d'Olympia!
Ah!...
Les Invités: C'est la chanson
d'Olympia.
Olympia:
Tout-ce-qui-chante-
résonne-
et-soupire-tour-à-tour-
émeut-son-cœur-qui-
frissonne-d'amour!
Ah-frissonne-d'amour!
Ah-voilà-
la-chanson-mignonne-
la-chanson-d'Olympia.
Ah!...

*sen, greift Offenbach zu dem szenisch und musikalisch wir-
kungsvollen Trick, ihr mitten in der Arie gewissermaßen
»den Atem ausgehen zu lassen: Erschrocken eilen Spalanzani
und Cochenille hinzu, um sie von neuem »aufzuziehen«,
wobei ihren drehenden Handbewegungen im Rücken Olympias
das Geräusch eines Mechanismus beigegeben ist.*

*Die Arie besteht aus zwei musikalisch gleich gebauten Stro-
phen; die Mehrzahl der Sängerinnen verzichtet aber nicht
darauf, beim zweiten Male noch wirkungsvollere Wendungen,
mehr Triller und Spitzentöne einzubauen. Was bei anderen
Opern aus stilistischen Gründen verpönt ist (oder sein sollte),
hier findet das Vorgehen eine gewisse Rechtfertigung; denn
Spalanzani hat der Puppe Olympia ein Höchstmaß an Vir-
tuosität zugedacht, und Offenbach hat in die Noten nicht
mehr Schwierigkeiten hineinschreiben wollen, als der Allge-
meinheit der Koloratursängerinnen erreichbar ist. Wer mehr
kann, sollte es hier zeigen dürfen.*

*Noch berauscht von dem Rhythmus der Arie und der Stimme,
nähert Hoffmann sich Olympia. Spalanzani zieht, vom Dichter
unbemerkt, ihr Uhrwerk nochmals auf und läßt sie dann mit
Hoffmann alleine.*

Gäste: Das ist das Lied
   Olympias.
Hoffmann (zu Niklaus): Ach,
   welch ein Gesang!
Niklaus: Diese Skalen!
*(Cochenille trägt die Harfe fort.
Alle umringen Olympia, die mit
einer Bewegung erst der rechten,
dann der linken Hand dankt.
Hoffmann ist außer sich vor Ent-
zücken. Ein Lakai flüstert Spa-
lanzani etwas ins Ohr.)*

Spalanzani:
   Meine Herren, reichen Sie
   den Damen bitte die Hand.
   Das Souper wartet schon.
Gäste:
   Das Souper, das Souper!
   Ausgezeichnet!
Spalanzani:
   Wenn Sie zuvor nicht
   wünschen zu tanzen.
Gäste:
   Nein, nein, erst das Souper!
   Wunderbar!
   Danach erst wird getanzt.
Spalanzani: Ganz nach
   Belieben.
*Hoffmann (nähert sich
   Olympia):* Darf ich's wagen?
Spalanzani:
   Sie ist ein wenig müde,
   Geduld bis zum Ball. *(Er
   berührt Olympia an der
   Schulter.)*
Olympia: Ja, ja!
Spalanzani:
   Ihr hört selbst.
   Bis dahin wollt Ihr mir

Les Invités: C'est la chanson
   d'Olympia.
Hoffmann (à Niklaus): Ah!
   mon ami! quel accent!
Niklaus: Quelles gammes!
*(Cochenille emporte la harpe.
Tous font cercle autour d'Olympia qui remercie, d'abord de la
main droite, et puis de la main
gauche. Hoffmann est transpor-
té d'ivresse. Un valet de pied
chuchote quelque chose à
l'oreille de Spalanzani.)*

Spalanzani:
   Allons, messieurs!
   la main aux dames!
   Le souper nous attend!
Les Invités:
   Le souper! Le souper! Bon
   cela!
Spalanzani:
   A moins qu'on ne préfère
   danser d'abord!
Les Invités:
   Non! non! le souper! bonne
   affaire,
   ensuite on dansera.
Spalanzani: Comme il vous
   plaira!
*Hoffmann (s'approchant
   d'Olympia):* Oserai-je?
Spalanzani:
   Elle est un peu lasse;
   attendez le bal. *(Il touche
   l'épaule d'Olympia.)*

Olympia: Oui, oui.
Spalanzani:
   Vous voyez, jusque-là
   voulez-vous me faire la grâce

Nun geht der bewegte, schwebende Sechsachteltakt von Olympias Arie zu Ende. Niklaus macht sich lustig, daß Olympia nicht zum Souper ginge. Alle, außer Hoffmann und Olympia, gehen in das Nebengemach, wobei das Menuett noch einmal mit vollem Chor und Orchester erklingt. Immer leiser werdend, geht es zuletzt in eine neue, zärtliche Melodie Hoffmanns über.

Fast unbegleitet vom Orchester, findet Hoffmann nur schwer aus seiner starken inneren Bewegung, nun mit der »Geliebten« allein zu sein, zurück.

erweisen die Güte,
Gesellschaft zu leisten
meiner Olympia?
Hoffmann: Welch ein Glück!
Spalanzani (für sich): Nun, ich
bin neugierig *(heimlich
lachend),* was er ihr
vorsingen wird!
Niklaus: Sie soupiert nicht?
Spalanzani: Nein!
Niklaus: Wie poetisch!
*(Spalanzani tritt hinter Olym-
pia, Geräusch eines Uhrwerks.
Niklaus fährt mit einem Ruck
herum.)*
Niklaus: Was ist's?
Spalanzani: Nichts! Die
Physik, jawohl, mein Herr,
die Physik!
Cochenille: D-das Souper ist
b-bereitet.
*(Spalanzani führt Olympia zu
einem Sessel und setzt sie hin.)*
Gäste:
Das Souper ist bereitet.
Kein andrer Hausherr im
Land,
fein und charmant,
seinen Gästen so erscheint,
*(Spalanzani begleitet seine
Gäste in das Speisezimmer.)*
Hoffmann (endlich allein):
Ach, endlich sind sie fort!
Ich atme freier!
Allein mit dir, allein,
was hab' ich alles dir zu
sagen!
Olympia, laß mich deiner
Stimme lauschen,

de tenir compagnie à mon
Olympia?

Hoffmann: O bonheur!
*Spalanzani (à part; riant sous
cape):*
Nous verrons ce qu'il lui
chantera!
Niklaus: Elle ne soupe pas?
Spalanzani: Non, non, non!
Niklaus: Ame poétique!
*(Spalanzani passe derrière
Olympia. Bruit d'un ressort.
Niklaus se retourne brusque-
ment.)*
Niklaus: Plaît-il?
Spalanzani: Rien! la physique!
ah! monsieur! la physique.

Cochenille: Le-e souper vous-
ous attend.
*(Spalanzani conduit Olympia
vers un siège et la fait s'asseoir.)*
Les Invités:
Le souper nous attend!
Non, aucun hôte vraiment,
non, mais vraiment
ne reçoit plus richement!

*(Spalanzani accompagne ses in-
vités dans la salle à manger.)*
Hoffmann (une fois seul):
Ils se sont éloignés enfin!
Ah! je respire!
Seuls! seuls tous deux!
Que j'ai de choses à te dire.

O mon Olympia, laisse-moi
t'admirer!

*So oft er, in zärtlicher Annäherung, ihre Schulter berührt,
singt Olympia das einzige Wort, dessen sie fähig ist: »Ja!
Ja!« Berauscht glaubt Hoffmann sich geliebt: Das Orchester
leitet zu der Arie über, die er bei ihrem Anblick gesungen
hatte – zu Beginn des Aktes –, und die nun zu einem glühenden Liebesgeständnis wird.*

(Fortsetzung des Notenbeispiels S. 86)

an deines Auges Zauber
mich berauschen.
(Er berührt ihre Schulter.)

Olympia: Ja, ja!
Hoffmann:
  Ist es nicht ein Traum, vom
  Fieber eingegeben?
  Ich hörte einen Seufzer von
  deinen Lippen schweben!
  (berührt wieder ihre Schulter)

Olympia: Ja, ja!
Hoffmann:
  Süß' Geständnis aus deinem
  Rosenmund,
  du bist nun mein, geschlos-
  sen ist der Herzensbund!
  Ach, fühlst du nicht mit mir
  diese himmlische Freude
  der großen, ewigen Liebe?
  Fühlt du unsere Herzen auf
  zum Himmel sich
  schwingen
  in einem einz'gen Schlag?
  Laß meine Liebesgluten
  erwecken dich zumal.
  Ach, laß mir dein Herz
  erblühn,
  verklärt vom Liebesstrahl!

De ton regard charmant
laisse-moi m'enivrer!
*(Il lui touche légèrement
l'épaule.)*

Olympia: Oui, oui.
Hoffmann:
  N'est-ce pas un rêve enfanté
  par la fièvre?
  J'ai cru voir un soupir
  s'échapper de ta lèvre!
  *(Il lui touche à nouveau
  l'èpaule.)*

Olympia: Oui, oui.
Hoffmann:
  Doux aveu, gage de nos
  amours,
  tu m'appartiens, nos cœurs
  sont unis pour toujours!
  Ah! comprends-tu, dis-moi,
  cette joie éternelle
  des cœurs silencieux?
  Vivants, n'être qu'une âme,
  et du même coup d'aile
  nous élancer aux cieux!

  Laisse, laisse ma flamme
  verser en toi le jour!
  Oh! laise éclore ton âme aux
  rayons de l'amour!

(10)

Der innige Händedruck, den er mit Olympia tauscht, setzt deren Mechanismus in Bewegung, sie springt auf und läuft wie verwirrt durch das Zimmer. Das Orchester begleitet diese Szene mit einer sehr schnellen Bewegung, hin- und hereilenden Streicherläufen, die auch Hoffmanns Verwirrung ausdrücken.

Niklaus tritt ein und will den Freund ernüchtern. Aber seine Worte fallen ins Leere, Hoffmann berichtet ihm, in begeistertem Ausbruch, von der »Liebesszene«, die ihm Gewißheit gegeben, in seinen Gefühlen verstanden worden zu sein.

(Er drückt ihr die Hand mit Leidenschaft. Olympia, wie von einem Uhrwerk in Gang gesetzt, erhebt sich, eilt in verschiedenen Richtungen umher und verschwindet schließlich durch eine der verhängten Türen, ohne die Vorhänge mit der Hand zurückzuschlagen. Hoffmann folgt ihr verwirrt und versucht sie zu beschwichtigen.)

Du entfliehst, was hab' ich getan?
Wie? Keine Antwort mir?
Sprich doch. Bist du beleidigt,
ach, folgen muß ich dir!

(Als Hoffmann gerade Olympia durch die Tür folgen will, kehrt Niklaus zurück und ruft ihm zu.)
Niklaus:
Holla! Zähme deinen Eifer!

Man trinkt, und du bist nicht dabei!

(Il lui presse ardemment la main. Comme mise en mouvement par un ressort, Olympia se lève aussitôt et se précipite de tous côtés, pour sortir finalement par l'une des nombreuses portes aux rideaux épais sans repousser les rideaux de la main. Hoffmann, stupéfait, la suit en lui faisant des remontrances d'un bout à l'autre de ces évolutions.)
Tu me fuis? qu'ai-je fait?

Tu ne me réponds pas?
Parle! T'ai-je irritée? Ah! je suivrai tes pas!

(Comme Hoffmann se prepare à suivre Olympia par la porte, Niklaus reparaît et l'apostrophe.)
Niklaus:
Eh! morbleu! modère ton zèle!

Veux-tu qu'on se grise sans toi?

Niklaus wird deutlicher. Im Sprechgesang teilt er dem Freund nun die Bedenken mit: Alle Welt sei überzeugt, daß Olympia nicht lebe, nie gelebt habe. Doch Hoffmann will nichts hören; nur das Gefühl, geliebt zu sein, erfüllt ihn. Begeistert geht er mit dem Freund ab.

Aus Hoffmanns Liebesekstase leitet das Orchester brüsk zu anderen Tönen über, düsteren, unheimlichen, Böses kündenden: Coppelius, von Spalanzani betrogen, ist zurückgekehrt und schwört fürchterliche Rache. Harte, schneidende Blechbläser-Akkorde dringen in den Festestrubel, der sofort wieder, mit einem zierlichen Walzer, einen neuen Höhepunkt erreicht. Die Gäste sind aus dem Speisesaal zurückgekehrt und formieren sich zum Tanz:

(Fortsetzung des Notenbeispiels S. 90)

Hoffmann:
Niklaus, ich bin geliebt!
Geliebt von ihr, oh Gott!

Niklaus: Meiner Treu, wüßtest
du, was die Leute von deiner
Schönen sagen!
Hoffmann: Was kann man
sagen? Sprich!
Niklaus: Daß sie nicht lebt!
Hoffmann: Oh, lächerlich!
Niklaus: Und daß sie nie gelebt
hat!
Hoffmann: Mein Freund,
ich bin geliebt!
Geliebt von ihr, oh Gott!
*(Er stürzt davon, Niklaus
folgt ihm.)*
*Coppelius (kommt wütend
zurück):*
Oh, Schelm! Du Dieb, ich
bin ruiniert!
Die Bank Elias hat falliert.
Bestohlen! Ich! Doch wart',
mir wird's gelingen,
an dir mich gleich zu rächen,
– jemand umzubringen!
*(Die Gäste treten wieder ein.
Coppelius versteckt sich im Zim-
mer Olympias. Die Musiker be-
ginnen mit einem Walzer, zu des-
sen Klängen die Gäste in den
Tanz übergehen.)*
Spalanzani: Die Tänzer sind
da!
*Cochenille (bei der Wiederkehr
des Hauptthemas):* Das ist
das Ritornell!
Hoffmann: Schon ruft uns der
Walzer! Schnell!

Hoffmann:
Niklaus! ... je suis aimé
d'elle!
Aimé, Dieu puissant!
Niklaus: Par ma foi,
si tu savais ce qu'on dit de
ta belle!
Hoffmann: Que peut-on dire?
Quoi?
Niklaus: Qu'elle est morte.
Hoffmann: Dieu juste!
Niklaus: Ou ne fut pas en vie.

Hoffmann:
Niklaus, je suis aimé d'elle!
aimé! Dieu puissant!
*(Il sort précipitamment;
Niklaus le suit.)*
Coppélius (revenant, furieux):

Voleur! brigand! quelle
déroute!
Elias a fait banqueroute!
Va, je saurai trouver le
moment opportun
pour me venger ... Volé!
moi ... Je tuerai quelqu'un.
*(Les invités entrent de nouveau.
Coppélius se cache dans la
chambre d'Olympia. Les musi-
ciens commencent à jouer une
valse, au son de laquelle les
invités se mettent à danser.)*
Spalanzani: Voici les valseurs.

*Cochenille (comme se fait enten-
dre à nouveau l'air principal):*
Voici la ritournelle!
Hoffmann: C'est la valse qui
nous appelle.

(11)

Mit diesem Walzer reiht Offenbach sich unter die erfogreich-
sten Komponisten dieses Genres ein; er hat seine Eignung
hierfür längst – ein Leben lang! – bewiesen, aber er schien
in anderen Tänzen (Galopp, Cancan usw.) stärker zu sein.
Dieser »süße« Walzer erinnert an andere französische Komponisten, an Adam, an Gounod (»Faust«!), weniger an die
Wiener Dynastie der Sträuße, deren Walzer – wie könnte
man es ausdrücken? – weniger »parfümiert« wirken, eine
andere Lebensauffassung widerspiegeln.

Spalanzani *(führt Olympia zu Hoffmann):*
Reich die Hand diesem Herrn da, mein Kind!
(Als er ihre Hand ergreift, Geräusch eines Uhrwerks.)
Nun geh'!
Olympia: Ja, ja!
(Hoffmann und Olympia entfernen sich tanzend nach rechts.)

Spalanzani *(conduisant Olympia vers Hoffmann):*
Prends la main de monsieur, mon enfant.
(Il lui prend la main: bruit d'un ressort.)
Allons!
Olympia: Oui, oui.
(Hoffmann et Olympia sortent à droite tout en valsant.)

Zur Walzermelodie des gleichsam dahingleitenden Orchesters tritt der Chor, der Olympias Grazie im Tanz bewundert.

Der Walzer wird immer schneller, Spalanzani immer nervöser: Er kennt die Grenzen von Olympias Mechanismus. Aber niemand ist imstande, das sich wie toll drehende Paar aufzuhalten. Auch Niklaus versucht es vergebens. Das Orchester wird immer stürmischer und rasender.
Hoffmann stürzt gegen eine Säule und sinkt auf ein Sofa; er ist heil, nur seine Brille, die er von Coppelius erworben und die ihm Olympia noch natürlicher gezeigt hatte, ist zerbrochen.

Nun sucht Spalanzani seine »Tochter« aufzuhalten, die in immer waghalsigere, schnellere Koloraturen ausbricht. Zuletzt gelingt es, sie in ihr Gemach abzuführen.

Gäste:
   Wie sie zierlich
   sich manierlich
   im Tanze dreht!
   Das Wunder seht!
   Raum ihr gebet!
   Wie sie schwebet,
   hin von der Stell'
   so blitzeschnell!

(Während des Vorhergehenden sind Olympia und Hoffman in verschiedenen Richtungen über die Bühne getanzt und dabei in eine ungewöhnlich schnelle Drehung geraten.)

Die Stimme Hoffmanns (hinter den Kulissen, mit dem Mut der Verzweiflung): Olympia!

Spalanzani: Haltet sie auf!

Gäste: Wer von uns hält sie wohl auf?

Niklaus: Sie wird ihm den Kopf zerschmettern!

(In immer rasendere Drehung geraten, erscheint das Paar noch einmal. Niklaus geht vor, um sie anzuhalten, erhält einen heftigen Stoß, dreht sich drei-, viermal um sich selbst und fällt auf ein in der Nähe stehendes Sofa.)

   Ha! tausend Teufel!

Gäste: Donnerwetter!

Spalanzani (stürzt vorwärts): Halt!

(berührt die Schulter Olympias; sie bleibt mit einem Schlage stehen. Hoffmann, völlig betäubt,

Les Invités:
   Elle danse!
   en cadence!
   C'est merveilleux,
   prodigieux!
   Place! place!
   Elle passe,
   elle fend l'air
   comme un éclair!

(Pendant tout ce qui précède, Olympia et Hoffmann ont plusieurs fois traversé la scène en tous sens, tournant sur aux-mêmes à une vitesse extraordinaire.)

La voix d'Hoffmann (de la coulisse, avec la fureur du désespoir): Olympia!

Spalanzani: Qu'on les arrête!

Les Invités: Qui de nous les arrêtera?

Niklaus: Elle va lui casser la tête!

(Tournoyant toujours follement, le couple apparaît une fois encore. Niklaus s'avance pour les arrêter. Violemment bousculé, il tourne trois ou quatre fois sur lui-même, avant de s'effondrer sur un canapé tout proche.)

   Eh! mille diables!

Les Invités: Patatra!

Spalanzani (se précipitant à son tour en avant): Halte-là!

(Il touche lépaule d'Olympia; elle s'arrête net. Hoffmann, complètement étourdi, s'effondre sur

*läßt sich in ein Sofa fallen. Spa-
lanzani wendet sich an die
Gäste.)*

Bitte sehr!
(zu Olympia)
Genug, genug, meine
Tochter.
Olympia: Ja!
Spalanzani: Hör auf zu tanzen.

Olympia: Ja.
Spalanzani:
Genug, genug, meine
Tochter.
Du, Cochenille,
führe sie fort.
Cochenille (zu Olympia): G-geh
doch! G-geh doch! Geh!
Olympia:
Ja, Ah!...
...Ah! Ah!
Gäste:
Was meint man wohl? Ich
find':
Ein exquisites Kind,
und wahrhaft fehlerlos!
Sie ist famos!
*(Olympia kehrt in ihr Zimmer
zurück, von Cochenille beglei-
tet.)*
*Niklaus (untersucht
Hoffmann):* Ist er tot?
Spalanzani:
Nein! Nur Mut!
Seine Brille nur ist zerstört.
Sein Bewußtsein wieder-
kehrt.
Gäste:
Wie leid er uns tut!

*un canapé. Spalanzani s'adresse
aus invités.)*

Voilà.
(à Olympia)
Assez, assez, ma fille.
Olympia: Oui.
Spalanzani: Il ne faut plus
valser.
Olympia: Oui.
Spalanzani:
Assez, assez, ma fille.
Toi, Cochenille,
reconduis-la.
Cochenille (à Olympia):
Va-a donc! Va-a donc! Va!
Olympia:
Oui. Ah!...
...Ah! Ah!
Les Invités:
Que voulez-vous qu'on dise?

C'est une fille exquise!
Il ne lui manque rien!
Elle est très bien!
*(Olympia rentre dans sa cham-
bre, accompagnée de Coche-
nille.)*
*Niklaus (examinant Hoff-
mann:* Est-il mort?
Spalanzani:
Non! en somme,
son lorgnon seul est en
débris.
Il reprend ses esprits.
Les Invités:
Pauvre jeune homme!

*Doch dort bereitet der versteckte Coppelius ihrem »Leben«
ein Ende, zerschlägt ihren Mechanismus in tausend Scherben.*

*Zu spät eilt Hoffmann hinzu: Während Spalanzani und
Coppelius einander auf das ärgste beschimpfen, erkennt der
zusammenbrechende Hoffmann verzweifelt, daß er einen Auto-
maten geliebt hat.*

Niklaus:
    Sein Bewußtsein wieder-
    kehrt.
Gäste:
    Wie leid er uns tut!
*(Man hört aus der Richtung von
Olympias Zimmer ein Geräusch,
als ob ein Räderwerk zertrüm-
mert würde.)*
*Die Stimme Cochenilles (aus der
    Kulisse):* Ah!
*Spalanzani (zu Cochenille, der
    in hellem Entsetzen herein-
    stürzt):* Was?
Cochenille: Der Mann mit den
    Brillen! ... Dort!
Spalanzani: Allmächtiger
    Himmel! Olympia!
Hoffmann: Olympia!
Spalanzani: Ah! Himmel und
    Hölle! Sie ist zerbrochen!
Hoffmann: Zerbrochen!
*Coppelius (kommt aus Olym-
    pias Zimmer):*
    Ha! ha! ha! ha! ja ... zer-
    schmettert!
*Hoffmann stürzt in Olympias
Zimmer; Spalanzani und Cop-
pelius packen sich bei der
Kehle.)*
Spalanzani: Du Lump!
Coppelius: Du Dieb!
Spalanzani: Du Schuft!
Coppelius: Du Strolch!
Spalanzani: Bandit!
Coppelius: Pirat!
*Hoffmann (kommt wieder,
    bleich und verstört):*
    Ein Automat! ein Automat!
    (sinkt auf einen Stuhl nieder.

Niklaus:
    Il reprend ses esprits.

Les Invités:
    Pauvre jeune homme!
*(On entend, venant du côté de la
chambre d'Olympia, un bruit de
rouages mis en pièces.)*

*La voix de Cochenille (sortant
    du coulisse):* Ah!
*Spalanzani (à Cochenille, qui
    entre en courant, complète-
    ment bouleversé):* Quoi?
Cochenille: L'homme aux
    lunettes! ... Là!
Spalanzani: Miséricorde!
    Olympia!
Hoffmann: Olympia!
Spalanzani: Ah! terre et cieux!
    Elle est cassée!
Hoffmann: Cassée!
*Coppélius (sortant de la
    chambre d'Olympia):*
    Ha! ha! ha! ha! oui ...
    Fracassée!
*(Hoffmann se précipite dans la
chambre d'Olympia; Spalan-
zani et Coppélius s'empoignent
    à la gorge.)*
Spalanzani: Gredin!
Coppélius: Voleur!
Spalanzani: Brigand!
Coppélius: Païen!
Spalanzani: Bandit!
Coppélius: Pirate!
*Hoffmann (raparaissant, pâle et
    bouleversé):*
    Un automate! un automate!
    (Il s'affaise sur une chaise.

Unter Spottchören und in größter Verwirrung schließt der Akt.

Niklaus beruhigt ihn mit Mühe).	*Niklaus s'efforce de l'apaiser.)*
Gäste:	*Les Invités:*
Ha! Die Bombe ist geraten! Er liebt' einen Automaten! usw.	Ha! ha! ha! la bombe éclate! Il aimait un automate! etc.
(Alle äußern in ausgiebiger Wiederholung die gleichen Empfindungen immer aufgeregter bis zum Ende des 2. Aktes.)	*(Tous répètent à satiété les mêmes sentiments, en s'exaltant de plus en plus jusqu'à la fin du second acte.)*

(An dieser Stelle möchten wir unsere Leser nochmals darauf aufmerksam machen, daß es über die Reihenfolge der drei zentralen Akte dieser Oper – also der drei Erzählungen Hoffmanns – Meinungsverschiedenheiten gibt; zwar ist die Olympia-Szene als erste unbestritten, aber ob die Episode Giuliettas oder die Antonias an zweiter Stelle steht, ist Diskussionspunkt. Näheres darüber im Kapitel der »Geschichte«; hier halten wir uns, ohne Partei ergreifen zu wollen, an die Tradition.)

Der venezianische Akt, dessen weibliche Hauptgestalt die Kurtisane Giulietta ist, beginnt mit dem Prunkstück der Partitur: der »Barcarole«, einer der populärsten Melodien der Welt. In ihr ist die sinnliche Atmosphäre der südlichen Nacht, das leise Rauschen des Wassers in Venedigs Canale Grande, das Sehnen der Menschen, ihre Träume und Spiele des Glücks und der Liebe so wundervoll eingefangen, daß man kaum verstehen will, wie dieses Stück je zu einem anderen Werk gehört haben kann.

Und doch ist es so: Die Barcarole stand, dreißig Jahre vorher, in Offenbachs für Wien komponierter Oper »Die Rheinnixen«. Nur weil sie durchfiel und ihr Komponist die Melodie liebte, »rettete« er sie in sein letztes Opernwerk, für die sie – wenn man an solches glaubt – in Wahrheit bestimmt schien.

Eine lange Einleitung bereitet die Stimmung meisterhaft vor, – ein wenig wie Johann Strauß (Sohn) es in der »Schönen blauen Donau« macht: Das leise Dahinziehen des Wassers und der Liebesstunden ist darin enthalten. Dann – es ist die große Stunde für die Sängerin des Niklaus! – zwei weiche Frauenstimmen, ein stimmungsvoller Summchor im Hintergrund, eine Mischung zartester Orchesterklänge (mit der Harfe im Vordergrund und dem leisen Zupfen der Saiteninstrumente im wiegenden Rhythmus.)

(Notenbeispiel S. 102)

DRITTER AKT

(Bei Fassungen, die den Anto-
nia-Akt vor dem Giulietta-Akt
spielen, siehe Seite 137.)

ACTE TROISIÈME

Im Palaste Giuliettas in Vene-
dig. Festlich geschmückte Gale-
rie eines Palastes, mit der Aus-
sicht auf den Canal Grande. Bö-
schung nach abwärts. Balustra-
den, Treppen, Säulen, Fackel-
halter, Lüstres, Kissen, Blumen
etc. Rechts in der ersten Cou-
lisse eine Flügeltür. Auf beiden
Seiten gegen den Hintergrund zu
Arkaden, die zu anderen Gale-
rien führen.

Die Gäste Giuliettas in Gruppen
teils stehend, teils malerisch auf
Ruhekissen hingestreckt; glän-
zendes belebtes Bild.

A Venise. Galerie de fête dans
un palais donnant sur le grand
canal. Eau praticable au fond
pour les gondoles. Balustrade,
escaliers, colonnes lampadai-
res, lustres, coussins, fleurs. Por-
tes latérales sur le premier plan,
plus loin de larges portes ou
arcades en pans coupés, condui-
sant à d'autres galeries.

Les hôtes de Giulietta sont grou-
pés debout ou étendus sur des
coussins. Tableau brillant et
animé.

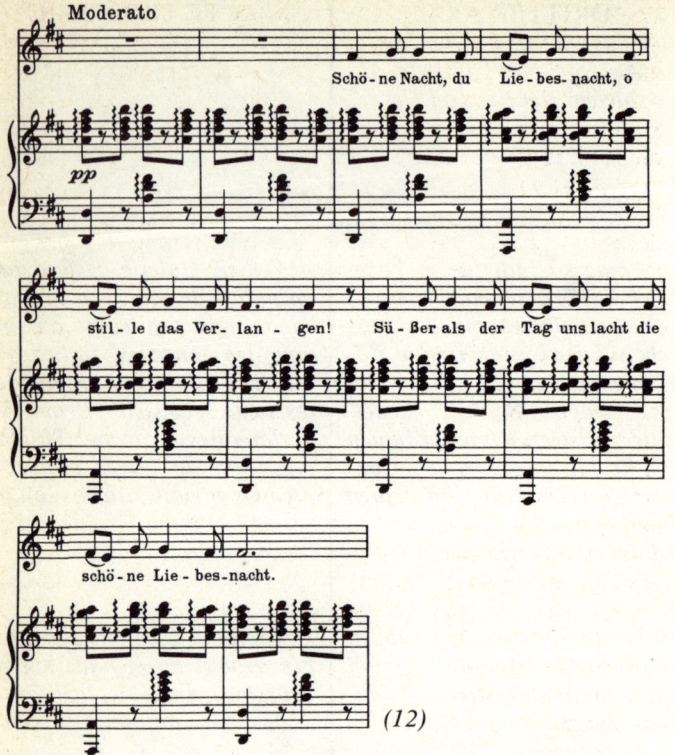

Moderato

Schö- ne Nacht, du Lie-bes- nacht, o

stil- le das Ver- lan — gen! Sü- ßer als der Tag uns lacht die

schö- ne Lie- bes- nacht.

(12)

(Von hier an und bis zu Hoffmanns Arie gehen die verschiedenen Fassungen weit auseinander; es ist nicht nur der Unterschied zwischen der Prosa- und Rezitativfassung – wie schon mehrfach erwähnt–, sondern es gibt sogar Differenzen im Handlungsablauf.
Die Prosafassung bringt hier schon den Antagonismus zwischen Hoffmann und Schlemihl (der später zum Zweikampf führen wird), in der Rezitativfassung folgt ziemlich unvermittelt Hoffmanns Arie der Lebenslust.)
Giuliettas Aufforderung zu einem Lied (in der Prosafassung) beantwortet Hoffmann mit der äußerst schwungvollen Arie um die Sinnenlust, bei der der Chor der Gäste wirkungsvoll sekundiert:

(Notenbeispiel S. 104)

Niklaus:
Schöne Nacht, du Liebes-
nacht,
o stille das Verlangen!
Süßer als der Tag uns lacht
die schöne Liebesnacht.

Giulietta, Niklaus:
Flüchtig eilt die Zeit, unwie-
derbringlich unsrer Liebe,
fern von diesem lausch'gen
Ort entweicht die flücht'ge
Zeit.
Zephire, lind und sacht,
die uns kosend umfangen,
Zephire haben sacht
sanfte Küsse gebracht,
Ach!
Schöne Nacht, du Liebes-
nacht,
o stille das Verlangen!
Süßer als der Tag uns lacht
die schöne Liebesnacht.

Gäste: Ah!
Giulietta, Niklaus: Ah! Ah!
*(Giulietta und Niklaus kommen
langsam von der Galerie im Hintergrund.)*

Hoffmann:
Genug! Nicht süße Tändelei
kann mein Herz bezwingen.
Mich fesselt der Reiz der
Schönheit, die berauscht,
Liebeslust, kein Schmach-
ten und kein Seufzen,
mit lachendem Munde höret
laut ihr sie singen!

Niklaus:
Belle nuit, ô nuit d'amour,
souris à nos ivresses,
nuit plus douce que le jour,
ô belle nuit d'amour!

Giulietta, Niklaus:
Le temps fuit et sans retour
emporte nos tendresses!
Loin de cet heureux séjour,
le temps fuit sans retour.

Zéphyrs embrasés,
versez-nous vos caresses;
zéphyrs embrasés,
versez-nous vos baisers,
Ah!
Belle nuit, ô nuit d'amour,

souris à nos ivresses,
nuit plus douce que le jour,
ô belle nuit d'amour!

Les Invités: Ah!
Giulietta, Niklaus: Ah! Ah!
*(Giulietta et Niklaus entrent en
scène, venant lentement de la
galerie du fond.)*

Hoffmann:
Et moi, ce n'est pas là, par-
dieu! ce qui m'enchante!
Aux pieds de la beauté qui
nous vient enivrer
Le plaisir doit-il soupirer?
Non! ... Le rire à la bouche,
écoutez comme il chante!

(13)

Die Arie hat, wie so viele Gesangsnummern dieser Oper, zwei völlig gleichgebaute Strophen, wodurch das Werk seine Ver-

Die Liebe für's Leben ist nur
ein Wahn.
Gäste: Ein Wahn!
Hoffmann: Nur Sinnenlust
trägt uns hinan, hinan.
Gäste: Hinan!
Hoffmann:
Entflammt sei Euer Herz
von heißem Begehren,
vom Fieber toller Genüsse
laßt euch verzehren!
Das Liebesglück, es währt
nicht lang, ah!
Zum Teufel Seufzer und
Klagen
um ein Frauenherz;
uns gilt nur frohes Behagen
mit Lust und Scherz!
Ein Stündchen Seligkeit,
der Himmel gewährt's, ah!
Gäste:
Zum Teufel Seufzer und
Klagen um ein Frauenherz;
uns gilt nur frohes Behagen
mit Lust und Scherz!
Ja, ein Stündchen … Der
Himmel gewährt's.
Hoffmann:
Der Himmel die Schönheit
gebar so hell,
Gäste: So hell!
Hoffmann:
Doch in euch steckt, ihr
Herzen von Stein, die Höll'!

Gäste: Die Höll'!
Hoffmann:
Ja, tolle Liebeslust
im Genusse schäume!
Die Seufzer banger Brust:

Amis! l'amour tendre et
rêveur, erreur!
Les Invités: Erreur!
Hoffmann: L'amour dans le
bruit et le vin, divin!
Les Invités: Divin!
Hoffmann:
Que d'un brûlant désir
votre cœur s'enflamme!
Aux fièvres du plaisir
consumez votre âme!
Transports d'amour,
durez un jour! Ah!
Au diable celui qui pleure,
pour deux beaux yeux;
a nous l'ivresse meilleure
des chants joyeux!
Vivons une heure
dans les cieux! Ah!

Les Invités:
Au diable celui qui pleure,
pour deux beaux yeux!
À nous l'ivresse meilleure
des chants joyeux!
Oui, vivons dans les cieux!

Hoffmann:
Le ciel te prête sa clarté,
beauté.
Les Invités: Beauté!
Hoffmann:
Mais vous cachez, ô cœurs
de fer,
l'enfer!
Les Invités: L'enfer!
Hoffmann:
Bonheur du paradis,
où l'amour convie,
serments, espoirs maudits,

wandtschaft mit Spieloper und Opéra Comique betont. Mag es inhaltlich eine »große romantische Oper« sein, mögen weite Strecken völlig diesem Charakter entsprechen, in der Grundanlage bleiben »Hoffmanns Erzählungen« doch einem etwas »leichteren« Genre verpflichtet (was natürlich nicht das mindeste mit Qualität zu tun hat). Diese Arie Hoffmanns trägt deutlich Liedcharakter, ja man könnte sie sogar beinahe (was ebenfalls nichts mit Qualität zu tun hat) als kunstvoll ausgebautes Couplet bezeichnen. Auf jeden Fall ist hier der Singspielcharakter eindeutig –, um so stärker wird nachher der Übergang zu Dramatik, Dämonie und Tragik wirken.

(Auch nach diesem Lied gibt es Differenzen von Fassung zu Fassung, die nicht im einzelnen behandelt seien, da sie am großen Gang der Handlung nichts Wesentliches ändern.)

nur eitle Träume!
Von fern gegrüßt,
ein Band geküßt:
nur Lug und Trug! Ah!
Zum Teufel Seufzer und
Klagen,
um ein Frauenherz;
uns gilt nur frohes Behagen
mit Lust und Scherz!
Ein Stündchen Seligkeit,
der Himmel, gewährt's, ah!

Gäste:
Zum Teufel Seufzer und
Klagen,
um ein Frauenherz;
uns gilt nur frohes Behagen
mit Lust und Scherz
Ja, ein Stündchen ... Der
Himmel gewährt's.

Schlemihl (tritt auf):
Ich seh', man amüsiert sich
vortrefflich Madame,
seltsam fürwahr.

Giulietta:
Wie doch? Ich hab sie ja
beweint drei Tage lang...

Pitichinaccio: Und eine Stunde

Schlemihl (zu Pitichinaccio):
Mißgeburt!

Pitichinaccio: Oho!

Giulietta (sie beruhigend):
Ruhig Freund!
Denn ein fremder Dichter ist
heut unser Gast.
(stellt Hoffmann vor)
Herr Hoffmann!

Schlemihl (in übler Laune):
Mein Herr!

Hoffmann (mit Ironie):
Mein Herr!

rêves de la vie!
O chastetés!
O puretés,
mentez! mentez! Ah!
Au diable celui qui pleure,
Pour deux beaux yeux
A nous l'ivresse meilleure
Des chants joyeux!
Vivons une heure
Dans les cieux!

Les Invités:
Au diable celui qui pleure,
Pour deux beaux yeux!
A nous l'ivresse meilleure
Des chants joyeux!
Oui, vivons dans les cieux!

Schlemil (entrant en scène):
Je vois qu'on est en fête. A
merveille, madame!

Giulietta:
Comment! ... Mais je vous
ai pleuré trois grands jours.

Pitichinaccio: Dame!

Schlemil (à Pitichinaccio):
Avorton!

Pitichinaccio: Holà!

Giulietta (les calmant):
Calmez-vous!
Nous avons un poète étran-
ger parmi nous.
(présentant Hoffmann)
Hoffmann!

Schlemil (de mauvaise grâce):
Monsieur!

Hoffmann (ironique):
Monsieur!

*(Diese Szene ist wiederum in verschiedenen Fassungen vor-
handen, wobei die Unterschiede nicht belanglos sind. Sie
betreffen den Gang der Handlung, die Anwesenheit der Personen usw.*
*In der Rezitativfassung kommt es zu einer Konfrontation
zwischen Schlemihl, dem Liebhaber Giuliettas, und Pitichinaccio, einer grotesk-lächerlichen Figur, die später noch eine
Rolle spielen soll. Die Rezitativfassung schafft mit kurzen
musikalichen Phrasen geschickt Übergänge, bezieht auch den
Chor zu einem raschen Einwurf ein. Die Dialogfassung ist
dramatisch reicher, im Handlungsablauf bewegter.)*

Giulietta (zu Schlemihl):
So lächeln Sie doch freund-
lich!
Und der mich liebt begleitet
mich zur Pharaobank!
Gäste:
Nur schnell zur Pharaobank!
*(Giulietta wendet sich zum Ab-
gehen, nachdem sie die Gesell-
schaft durch ein Zeichen einge-
laden, ihr in den Spielsaal zu
folgen. Hoffmann will Giulietta
die Hand reichen, Schlemihl tritt
rasch dazwischen.)*
*Schlemihl (ergreift Guiliettas
Hand, diese bemüht sich ihn
zu beruhigen):*
Pardon, mein Herr!
Giulietta:
Zum Spiel, ihr Herrn, zum
Spiel!
Gäste (sich eilig entfernend):

Zum Spiel! Zum Spiel!
*(alle ab, außer Hoffmann und
Niklaus)*
Niklaus (zu Hoffmann):
Ein Wort! Die Gondel steht
bereit; bei der ersten Torheit
entführ' ich dich ohne
Säumen!

Hoffmann:
Doch wie könnte mich hier
ein Traum wohl betrügen,
sehe ich solche Wirk-
lichkeit?
Liebt man denn eine
Kurtisane?

Giulietta (à Schlemil): Souriez-
nous, de grâce.
Et venez prendre place
Au pharaon!
Les Invités:
Vivat! Au pharaon!
*(Giulietta, après avoir invité du
geste tout le monde à la suivre
dans la salle de jeu, se dirige
vers la sortie. Hoffmann va pour
offrir sa main à Giulietta, Schlemil intervient vivement.)*

*Schlemil (prenant la main de
Giulietta qui essaie de le
calmer):* Morbleu!

Giulietta:
Au jeu, au jeu, messieurs!

*Les Invités (s'éloignant à la
hâte):*
Au jeu! au jeu! au jeu!
*(Tout le monde sort, moins
Niklaus et Hoffmann.)*
Niklaus (à Hoffmann):
Un mot! ... J'ai deux
chevaux sellés; au premier
rêve
dont se laisse affoler mon
Hoffmann, je l'enlève.
Hoffmann:
Et quels rêves, jamais, pour-
raient être enfantés
par de telles réalités?
Aime-t-on une courtisane?

(Auch hier Differenzen: In einer Fassung ziehen Hoffmann und Niklaus sich gemeinsam zurück, bevor Dapertutto in den Vordergrund tritt. In einer anderen geht nur Niklaus ab; Dapertutto hat einen längeren, bedeutungsvollen Dialog mit Hoffmann, den er – der teuflische Böse, den wir schon als Lindorf und Coppelius kennen – zu seinem nächsten Opfer ausersehen hat.)
Den Auftritt Dapertuttos begleitet (in allen Fassungen) das charakteristische Thema (Nr. 2) mit dem seltsamen, einem Hohngelächter ähnlichen Triller in den tiefsten Streichern. Wie immer die Handlung zu diesem Punkt geführt wird, hier steht ein weiteres Glanzstück der Partitur: die »Spiegelarie«. Wie die Barcarole ist auch sie nicht für »Hoffmanns Erzählungen« komponiert worden: sie stand (übrigens in der gleichen Tonart, E-Dur) in der Ouvertüre zu »Le voyage dans la lune« (»Die Reise auf den Mond«) einem früheren Werk, das Offenbach als »Opéra-Féerie« (etwa: Zauberoper) bezeichnet hatte. Ihre beschwörende Kraft scheint eigens für »Hoffmanns Erzählungen« geschaffen zu sein, – ganz gleichgültig, ob zu dieser Geister- oder Teufels-Beschwörung Dapertutto einen Diamanten verwendet oder einen Spiegel (»miroir«) und den Text dementsprechend gestaltet. Die Arie gehört zu den wirkungsvollsten Stücken des Bariton-Repertoires und den Lieblingsmelodien des Publikums aller Länder:

(Notenbeispiel S. 112)

Niklaus:
Du siehst doch, dieser
Schlemihl ...
Hoffmann:
Ich bin nicht Schlemihl!
Niklaus:
Hüte dich, der Teufel ist
gerissen!
(Dapertutto erscheint im Hinter-
grund.)
Hoffmann:
Wär er es auch, verfiel ich
diesem Wahn,
so sei es auch um mich
getan. – Nun fort!
Niklaus: Nun fort!
(Niklaus und Hoffmann
gehen ab.)

Dapertutto (allein):
Ja geht! Der Kampf mag
beginnen!
Die Augen Giuliettas sind
sichere Waffen,
sie haben bewirkt, daß
Schlemihl unterlag.
Meiner Treu, ich schwör's
beim Teufel!
Es geht dir wie Schlemihl.
Ich will, daß Giulietta dich
umgarne, und für ewig bist
du mein.
(Er zieht einen kleinen Spiegel
hervor und singt, ihn
bezaubernd.)

Niklaus:
Ce Schlemil, cependant ...

Hoffmann:
Je ne suis pas Schlemil.
Niklaus:
Prends-y garde, le diable est
malin.
(Dapertutto apparaît à l'arrière-
plan.)
Hoffmann:
Le fût-il s'il, me la fait aimer,
je consens qu'il me damne.
Allons!

Niklaus: Allons!
(Niklaus et Hoffmann
sortent)

Dapertutto (seul):
Allez! ... pour te livrer
combat

Les yeux de Giulietta sont
une arme certaine.
Il a fallu que Schlemil
succombât...
Foi de diable et de capitaine!
Tu feras comme lui.
Je veux que Giulietta
t'ensorcelle aujourd'hui.

(Tirant de son doigt une bague
où brille un gros diamant et
le faisant scintiller.)

(14)

Leuchte heller Spiegel mir
und blende ihn mit deinem Schein,
daß sein Herz gehöret ihr,
und sein Leben mir allein.
Wie der Falter, der sich fängt
in dem hell-leuchtenden Glanz
und die Flügel sich versengt,
ja, so blende ihn nun ganz;
und mein ist dann seine Seele!
Sein Herz muß er dir geben,
zerstört ist dann sein Leben.
Leuchte, heller Spiegel mir
....

Scintille, diamant – miroir
où se prend l'alouette,
scintille, diamant – fascine,
attire-la!
L'alouette ou la femme
à cet appât vainqueur
vont de l'aile ou du cœur –
l'une y laissesa vie et l'autre
y perd son âme. Ah!
Scintille, diamant, miroir où
se prend l'alouette,
scintille, diamant, attire-la,
attire-la!

*Nach der »Spiegelarie« (oder »Diamantenarie«) wird die
Diskrepanz unter den verschiedenen Fassungen so kraß, daß
man buchstäblich oftmals meint, nicht die gleiche Oper vor
sich zu haben. Schuld daran trägt einmal »der französische
Brauch, eine Oper so zu veröffentlichen, wie sie dem Urauf-
führungspublikum präsentiert worden war« (Fritz Oeser). »Gerade der Venedig-Akt war, als man ihn nun zwischen 2. und
3. Akt eingliederte, in desolatem Zustand ... mit dem ori-
ginären Konzept nicht mehr viel gemein...«.*

*Es bleibt uns daher hier nichts anderes übrig – um das
Buch für alle Besucher der Oper nützlich zu gestalten –,
als uns an die wenigen, von Offenbach vollendeten Musik-
stücke dieses Akts zu halten und die zahllosen Varianten
lediglich anzuführen.*

*Dapertutto fordert von Giulietta, sie solle ihm das Spiegel-
bild Hoffmanns verschaffen (nicht den Schatten, wie er ihn
im Falle Schlemihls verlangt und bekommen hatte). In einer
der Fassungen tritt Schlemihl hinzu, während nun Hoffmann
Giulietta seine Liebe erklärt. Eifersüchtig greift er zum Degen.
Dem waffenlosen Hoffmann stellt Dapertutto mit weltmänni-
scher Geste den seinen zur Verfügung.*

*In einer anderen Fassung folgt zuerst das große Liebesduett
zwischen Guilietta und Hoffmann, das Duell erst ganz am
Ende des Aktes.*

*Eine dritte Fassung weicht in den Spielsaal aus und läßt
Giulietta Hoffmann zurückhalten, als er alles verloren hat:
Sie gaukelt ihm Liebe vor, gibt sich für eine Gefangene
Schlemihls aus und nimmt ihm so das Dapertutto verspro-
chene Spiegelbild, als er in ihre heuchlerisch geöffneten
Arme sinkt.*

(Giulietta tritt auf und kommt wie geblendet auf den Diamant zu, den Dapertutto ihr entgegenstreckt.)

Dapertutto (steckt den Ring an Giuliettas Finger): Teurer Engel!

Giulietta:
Was verlangen Sie von Ihrer Sklavin?

Dapertutto:
Ja, du errietest mich;
du verstehst es meisterlich,
Männer zu verführen,
du reichtest jüngst mir gar
Schlemihlens Schatten dar.
Den eine Wunsch
hast du erfüllt, jetzt
schaff mir Hoffmanns
Spiegelbild
und zwar noch heut!

Giulietta: Sein Spiegelbild?

Dapertutto: Was hast du denn?
Bezweifelst du deiner
schönen Augen Macht?

Giulietta: Nein.

Dapertutto:
Weil dein Hoffmann anders
wohl gedacht
(mit Härte)
Ja, alles hört ich, denn ich
war auf der Lauer.
(mit Ironie)
Er trotzet dir, o glaube mir!

(Giulietta paraît et s'avance, comme fascinée, vers le diamant que Dapertutto tend vers elle.)

Dapertutto (passant la bague au doigt de Giulietta):
Cher ange!

Giulietta:
Qu'attendez-vous de votre servante?

Dapertutto:
Bien, tu m'as deviné,
à séduire les cœurs entre toutes savante,
tu m'as déjà donné
l'ombre de Schlemil! Je varie
mes plaisirs et te prie
de m'avoir aujourd'hui
le reflet d'Hoffmann!

Giulietta: Quoi! son reflet!

Dapertutto: Oui!
Son reflet! ... Tu doutes
De la puissance de tes yeux?

Giulietta: Non.

Dapertutto:
Qui sait? Ton Hoffmann rêve peut-être mieux
(Avec dureté.)
Oui, j'étais là, tout à l'heure, aux écoutes,
(Avec ironie.)
Il te défie...

Doch in allen Fassungen kommt es zum Liebesduett, das von Hoffmann glühend echt empfunden, von Giulietta hingegen nur »gespielt« ist. Es beginnt mit einem dramatischen Rezitativ, in dem Giulietta Hoffmann zur Flucht zu bewegen sucht – aus Angst vor Schlemihl, der ihn in seiner Eifersucht töten würde, wobei sie weiß, daß Hoffmann sie zu sehr liebt, um diesen Rat zur Rettung zu befolgen.

In der anderen erwähnten Fassung tötet Hoffmann zuerst Schlemihl im Zweikampf – worauf Guilietta nun diese Tat zum Vorwand nimmt, Hoffmann zur Flucht zu veranlassen, und doch sicher weiß, daß er nichts sehnlicher wünscht, als bei ihr zu bleiben:

(Notenbeispiel S. 118)

Giulietta:
  Ha! heut noch dient er als
  Spielzeug dir

  (Hoffmann tritt auf.)
Dapertutto: Er kommt!
  (Dapertutto küßt ihre Hand
  und entfernt sich.)
  (Hoffmann überschreitet die
  Bühne, grüßt Giulietta und
  macht Miene sich zu entfernen.)
Giulietta (zu Hoffmann):
  Sie wollen gehn?
Hoffmann (spöttisch):
  Hab alles verspielt.
Giulietta:
  Wie? Auch Sie?
  Ach, in Ihrem Aug kann ich
  lesen!
  Ach, Sie verachten mein
  Wesen!
  Schmähen mich wie jene!
  O gehn Sie! Hinweg!
Hoffmann:
  Ha, deine Tränen dich ver-
  raten!
  Ja, ich lieb dich, und gält es
  auch mein Leben.
Giulietta:
  Unglückseliger, du ahnst es
  sicher nicht,
  welche Gefahren dich an
  diesem Ort erwarten?

  Und dieses Herz dich auf
  ewig verliert,
  wenn du verweilest,
  daß noch heut abend
  Schlemihl in meinem Arm
  dich tötet.

Giulietta:
  Hoffmann? ... C'est bien!
  ... dès aujourd'hui
  J'en ferai mon jouet.
  (Hoffmann entre.)
Dapertutto: C'est lui!
  (Dapertutto sort après avoir
  baisé la main de Giulietta.)
  (Hoffmann traverse le théâtre,
  salue Giulietta et fait mine de
  s'éloigner.)
Giulietta (à Hoffmann):
  Vous me quittez?
Hoffmann (railleur):
  J'ai tout perdu ...
Giulietta:
  Quoi! ... vous aussi! ...
  Ah! vous me faites injure
  sans pitié, ne merci.
  Partez! ... Partez! ...

Hoffmann:
  Tes larmes t'ont trahie.
  Ah! je t'aime ... fût-ce au
  prix de ma vie.

Giulietta:
  Malheureux, tu ne com-
  prends donc pas
  qu'une heure, qu'un
  moment peuvent t'être
  funestes?
  Que mon amour te perd à
  jamais si tu restes?
  Que la mort peut ce soir
  t'arracher de mes bras?

(15)

Oh, bleibe nicht taub meinen Bitten,
mein Herz gehöret nur dir.
Nun fort von hier, ei schon morgen folg ich dir!

Hoffmann:
Ha! Wie in meiner Seel entbrennet süße Wonne!
Wie sanfter Himmelston mir deine Stimme klingt.
Ein zartes, heil'ges Feuer den Busen mir durchdringt,
dein Blick mir zugewandt, er leuchtet wie die Sonne
voll Anmut und Majestät!
Und ich fühle mit lieblichem Kosen,
wie dein Atem so duftig wie Rosen,
meine Lippen, mein entzücktes Auge umweht.
Ich fühl, wie dein Atem so duftig wie Rosen.

Giulietta:
Teurer Freund, teurer Freund, soll ich glauben, was du sagst?
Laß mich erproben dein liebendes Herz.
Hoffmann: Was willst du sagen?
Giulietta: So höre! Aber lache nicht über mich!
(Sie nimmt einen Spiegel vom Tisch.)
Was ich von dir erbitte, ist

Ne repousse pas ma prière;
ma vie est à toi toute entière.
Pars! pars!
demain je te promets
d'accompagner tes pas.

Hoffmann:
O Dieu! de quelle ivresse embrases-tu mon âme?
Comme un concert divin ta voix m'a pénétrée;
d'un feu doux et brûlant mon être est dévoré;
tes regards dans les miens ont épanché leur flamme
comme des astres radieux,
et je sens, ô ma bien-aimée,
passer ton haleine embaumée
sur mes lèvres et sur mes yeux,
passer ton haleine embaumée, etc.
O Dieu! de quelle ivresse embrases-tu mon âme?
Tes regards dans les miens ont épauché leur flamme!

Giulietta:
Aujourd'hui, cependant, affermis mon courage
en me laissant quelque chose de toi!

Hoffmann: Que veux-tu dire?

Giulietta: Ecoute, et ne ris pas de moi.
(Elle prend un miroir sur la table.)
Ce que je veux de toi c'est

Ob von Giuliettas Seite fingiert oder möglicherweise doch von seiner Glut berührt und schließlich mitgerissen: Das Duett weist leidenschaftliche Phrasen voll drängender Melodik auf, stimmliche Ekstasen und berauschende Harmonien des überaus schwungvollen Orchesters. Es stellt eine der packendsten Musiknummern der Partitur dar.

Das Duett weist mehrere Teile auf. Nach dem ersten, dessen Notenbild wir gebracht haben und der eigentlich eine Liebesarie Hoffmanns darstellt, folgt ein zweiter Teil, in dem Giulietta als Liebesbeweis Hoffmanns Spiegelbild fordert.
Und schließlich vereinen sich die beiden Stimmen in einem letzten, von mitreißendem Schwung getragenen Teil, dessen Einsätze kanonisch gehalten sind: Hoffmann wiederholt jede der Melodiephrasen Giuliettas:

(Fortsetzung des Notenbeispiels S. 122)

dein getreues Bildnis,
dein liebes Angesicht,
deinen Blick, dein ganzes Wesen,
gib mir dein Spiegelbild, das so traut mit meinem hier sich eint.

Hoffmann:
Ach, was sagst du? Das ist ja Wahnsinn!

Giulietta:
Nein! Denn es kann sich trennen
von dem blinkenden Glase
und es schließt sich für ewig tief in mein Herz.

Hoffmann: In dein Herz?

Giulietta:
In mein Herz!
Geliebter, hör mein innig Flehen,
erfülle meinen Wunsch!

Hoffmann: Du willst es so?

Guilietta:
Ja, ich will's, ob für toll du mich hältst,
ich verlang es, ich will's.
Ja, wenn in Lieb du mir ergeben ...

Hoffmann:
S'ist Wahnsinn, der mich macht erbeben!

Giulietta:
... verlang ich Eines nur von dir ...

Hoffmann:
Wie seltsam doch erscheint es mir.

la fidèle image
qui reproduit tes traits, ton regard, ton visage,
ce reflet que tu vois sur le mien se pencher.

Hoffmann:
Quoi! mon reflet? quelle folie!

Giulietta:
Non! car il peut se détacher de la glace polie
pour venir tout entier dans mon cœur se cacher.

Hoffmann:
Dans ton cœur?

Giulietta:
Dans mon cœur. C'est moi qui t'en supplie,
Hoffmann, comble mes vœux!

Hoffmann: Tu le veux?

Giulietta:
Je le veux, sagesse ou folie,
je l'attends, je le veux.
Si ta présence m'est ravie,...

Hoffmann:
Extase: ivresse inassouvie!

Giulietta:
... je veux garder de toi ...

Hoffmann:
Etrange et doux effroi!

(16)

Giulietta:
... dein Bild, dein Herz und
dein Leben!

Hoffmann:
Mein Bild, mein Herz...
mein Leben!

Giulietta:
Geliebter,
gib es mir!

Hoffmann:
Gehört nur dir, auf ewig dir,
ja dir.

Giulietta:
Dein Bild, o gib es mir...

Hoffmann:
Ja dir! ...

Giulietta:
Dein Bild...

Hoffmann:
Ja dir!

Giulietta:
... o gib es mir. Ach!

Hoffmann:
... gehört ewig dir! Ach!

Beide:
Welch ein Sehnen, unend-
lich Sehnen,
füllt dies Herz, erfüllt dies
Herz.
Heute noch fließen heiße
Tränen,
morgen himmelwärts! usw.

Giulietta:
O bleibe nicht taub meinen
Bitten;
mein Herz gehöret nur dir;
dein Spiegelbild, o gib es
mir!

Hoffmann:
Ich fühl, die Pulse beben,

Giulietta:
... ton reflet, ton âme et
ta vie!

Hoffmann:
Mon reflet, mon âme ...
... et ma vie!

Giulietta:
Ami, ...
... donne-les moi!

Hoffmann:
À toi, à toi, toujours à toi!

Giulietta:
Ton reflet, donne-le moi!

Hoffmann:
À toi!

Giulietta:
Mon cœur ...

Hoffmann:
À toi!

Giulietta:
... l'attend de toi! Ah!

Hoffmann:
Oui, à toi! Ah!

Tous les deux:
Aujourd'hui les larmes,
mais demain les cieux,
Aujourd'hui les larmes, etc.

Giulietta:
Ne repousse pas ma prière!
Ma vie est à toi tout entière!
Ton reflet donne-le moi!

Hoffmann:
Etrange et doux effroi!

(Der nebenstehende Text ist lediglich eine der vielen hier möglichen Versionen, die teils in Prosa, teils im Sprechgesang zu Orchesterbegleitung abrollen.)

wie seltsam scheint sie mir;
mein Herz und mein Leben
gehören ewig dir!
Giulietta:
Ach! Hoffmann, erfülle
dies, mein Begehr!
Hoffmann: Giulietta!
Giulietta: Dein Spiegelbild!
Hoffmann: Wie, du willst?
Giulietta:
Ja, das ist mein Begehr. Ach!
Immer mehr!

Hoffmann:
Welche Torheit ist dein
Begehr. Ach!
(Schlemihl mit Niklaus, Daper-
tutto, Pitichinaccio und einigen
Gästen tritt ein.)
Giulietta (lebhaft): Schlemihl!
Schlemihl:
Dacht ich es doch: sie bei-
sammen!
(geht zurück und wendet sich
an die Gäste)
O kommt, ihr Herren, o
kommt;
gewiß Herrn Hoffmann ist
zu danken,
daß Giulietta allein uns ließ.
(Ironisches Lachen)
Hoffmann (fast gesprochen):
Mein Herr!
Giulietta (zu Hoffmann):
O stille ...
(leise)
Er hat den Schlüssel zu
meinem Zimmer!
Pitichinaccio (zu Schlemihl):
Töten wir ihn!

Ivresse inassouvie!
Mon âme et ma vie à toi
toujours à toi!
Giulietta:
Hoffmann! Hoffmann,
comble mes vœux!
Hoffmann: Giulietta!
Giulietta: Ton reflet!
Hoffmann: Tu le veux?
Giulietta:
Je le veux! ...
... je l'attends! je le veux!
Ah!
Hoffmann: Quelle folie?
Tu le veux? Ah!

(Schlemil entre suivi de Niklaus,
Dapertutto, Pitichinaccio et
quelques autres invités.)
Giulietta (vivement): Schlemil!
Schlemil:
J'en étais sûr! Ensemble!

(Il remonte, s'adressant aux
invités.)
Venez, messieurs, venez,
C'est pour Hoffmann, à ce
qu'il semble,
Que nous sommes
abandonnés.
(Rires ironiques.)
Hoffmann (presque parlé):
Monsieur!
Giulietta (zu Hoffmann):
Silence!
(bas)
Je t'aime, il a ma clef.

Pitichinaccio (à Schlemil):
Tuons-le.

*(Verschieden angeordnet ist auch die dringende Bitte Niklaus',
der Hoffmann in Gefahr weiß und ihn zur Flucht auf bereit-
gestellten Pferden veranlassen will –, wobei eine Gondel wohl
bessere Dienste leisten würde.)*

*Und hier muß von einer der seltsamsten Verwirrungen gespro-
chen werden. In vielen Aufführungen ist vor dem Schluß
dieses Aktes noch ein »Septett« zu hören, das seinen Namen
übrigens zu Unrecht führt: Es sind nur sechs Solisten vorhanden (Giulietta, Niklaus, Hoffmann, Pitichinaccio, Dapertutto und – der in dieser Fassung noch nicht getötete –
Schlemihl), wobei wohl als siebenter Partner der Chor gemeint ist.*

*Es steht nicht fest, ob dieses Stück überhaupt von Offen-
bach stammt. Es zeigt einen an die Barcarole anklingenden
Rhythmus, weist aber mehr als eine Stelle auf, die auf eine
fremde Zutat schließen läßt.*

Schlemihl: Nur Geduld!

Dapertutto (nähert sich Hoff-
mann):
  Sind Sie heut aber blaß!

Hoffmann: Ich?

Dapertutto (ihm einen Spiegel
reichend):
  So sehn Sie selbst!

Hoffmann (erschrocken in den
Spiegel schauend): Gott!

Niklaus (zu Hoffmann): Nun?

Hoffmann (mit Entsetzen):

  Mein Spiegelbild!
  Mein Spiegelbild verloren!

Niklaus (zeigt ironisch auf
Giulietta):
  Für Madame!

Alle außer Hoffmann und Nik-
laus (lachen mit unterdrückter
Stimme):
  Ha! Ha! Ha! Seht wie er
  erschrickt!

Niklaus:
  Komm, fliehn wir diesen
  Ort, wo du verlierst deine
  Seele.

Hoffmann (außer sich):
  Nein! Nein! Ich liebe sie!
  Laß mich hier.
  O Gott! Mein Herz erliegt
  aufs neue!
  Ihr Reiz umgarnet mir den
  Sinn.
  Unselge Lieb, die mich
  verzehret!
  Ach, der Ruhe Glück flieht
  meinen Geist.
  Diese Stirn, klar wie
  Morgenröte,

Schlemil: Patience.

Dapertutto (s'approchant
d'Hoffmann):
  Comme vous êtes pâle!

Hoffmann: Moi!

Dapertutto (lui présentant un
miroir):
  Voyez plutôt!

Hoffmann (stupéfait, en regar-
dant le miroir): Ciel!

Niklaus (à Hoffmann): Quoi?

Hoffmann (avec une sorte
d'effroi):
  Mon reflet!
  J'ai perdu mon reflet!

Niklaus (en montrant Giulietta
ironiquement):
  Pour madame.

Tous, moins Hoffmann et Nik-
laus (en riant, d'une voix étouf-
fée):
  Ha! ha! ha! voyez son effroi.

Niklaus:
  Ah! viens, fuyons ces lieux
  où tu perdras ton âme.

Hoffmann (éperdu):
  Non! non! je l'aime.
  Laisse-moi!
  Hélas! mon cœur s'égare
  encore,
  Mes sens se laissent
  embraser,
  Maudit l'amour qui me
  dévore,
  Ma raison ne peut s'apaiser.

  Sous ce front clair comme
  une aurore

Die meisten Fassungen kehren am Schluß des Venedig-Bildes noch einmal zur Barcarole zurück – begreiflicherweise, da sie, wie schon gesagt, musikalisch ein kaum zu überbietendes Stimmungselement für diese Szenerie darstellt. Ist Schlemihl nicht schon vorher gefallen, so findet sein Zweikampf mit Hoffmann hier statt: Es geht dann um den Schlüssel zu Giuliettas Schlafgemach, den Hoffmann in diesem Duell seinem Rivalen entreißen will. Die sanft wiegende Barcarole bildet einen dramatisch sehr wirkungsvollen Kontrast zu dem grausamen Drama, das sich vor ihrem Hintergrund abspielt.

birgt der Hölle Glut, die
mich berauscht.
Hasse sie, und ach, vergöttre
sie!
In ihrem Arm möcht ich
vergehen!
Ich träum' noch immer von
ihrem süßen Kuß!

Dapertutto:
Armer Narr! Liebst sie noch
immer,
glaubst, daß sie nur dich
umgarnt!
Die Schöne, hold wie
Morgenröte,
hat uns verkauft ihrer Küsse
Glut.

Giulietta:
Mein schöner Freund, wenn
ich dich auch liebe,
hab ich doch nicht das Herz
zu verschmähn
den Edelstein klar wie
Morgenröte,
der mich kostet nur einen
Kuß.
Denn ich bin Weib und
verehre
das alles, was vermag dein
Herz
noch mehr zu berauschen.
Poet, beruh'ge dich!

Schlemihl:
Dieser Poet, den ich
verachte,
schwelgte bald in ihrem
Kuß, hielt ich nicht hier,
um sie zu trennen, bieg-
samen, klingenden Stahl,
den ich wohl zu führen weiß.

L'enfer même vient me
griser.
Je la hais et je l'adore

Je veux mourir de son
baiser.

Dapertutto:
Pauvre Hoffmann, l'amour
encore
'Vainement vient
t'embraser;
Ta belle au regard d'aurore

Nous a vendu son baiser.

Giulietta:
Mon bel Hoffmann, je vous
adore,
Mais n'ai point l'âme à
refuser
Ce diamant aux feux
d'aurore
Qui ne me coûte qu'un
baiser.
Car je suis femme et j'adore

Ce qui me fait plus belle
encore
Pour vous griser.
Poète, il faut vous apaiser.

Schlemil:
Ce poète que j'abhorre

Aurait bientôt son baiser
Sans ce fer clair et sonore
Dont je sais fort bien user.
Un fol amour te dévore?

Völlig ungeklärt bleibt die Frage des Schlusses bei diesem Bild. In der Fassung, in der Hoffmann zu den Klängen der immer ferner auf die Kanäle entschwebenden Barcarole Schlemihl den Degen ins Herz stößt, reißt Niklaus den Freund – aus Angst vor Entdeckung der Tat und Verhaftung durch die Obrigkeit – mit sich fort.

Hoffmann wehrt sich dagegen und sieht verzweifelt, wie Giulietta mit Dapertutto und Pitichinaccio eine Gondel bestiegen hat, die eben vom Lande abstößt und in der die Kurtisane den mißgestalteten, widerlichen Zwerg Pitichinaccio umarmt.

Mein Freund, wir sprechen
uns noch,
und ich lösche gar bald
diese tör'ge Glut,
die dich verzehret.
Ja, ja, zittre!

Dapertutto:
Denn die Kokette vergöttert
nur sich selbst!
Ein Demant voll Feuer, der
noch vermag
zu verschönern sie und uns
zu berauschen,
ist wert ihr wohl einen Kuß.

Pitichinaccio:
Armer Narr, wenn du
glaubst,
daß man dich liebe

Niklaus und Gäste:
O Gott, sein Herz entflammt
sich wieder,
er ist berauscht aufs neu!
Der Liebe Glut ihn noch
verzehret,
sein Blick voll heißem
Flehen
sagt ihr, daß er sie liebe,
nichts, o Gott kann
beruhigen ihn.
Ihm brechen wird das Herz.

Giulietta:
Ah, meine Herren!
Sehn Sie diese Gondeln!
Es ist die Stunde der
Barkarolen
und des Abschieds. Auf
Wiedersehen!

Niklaus: Kommst du?
Hoffmann: Nein, noch nicht!

Je suis là pour t'apaiser.
Tu prétends que l'on t'adore,
C'est bon, nous allons
causer.

Dapertutto:
Car la coquette s'adore;
Un bijou qui peut encore
L'embellier et nous griser
Vaut bien pour elle un
baiser.

Pitichinaccio:
Pauvre Hoffmann, l'amour
encore,
vainement vient t'embraser.

Niklaus et les Invités:
Hélas! son cœur s'enflamme
encore!
Par elle il s'est laissé griser.
L'amour le brûle et le
dévore.
Rien ne pourra l'apaiser.
La perfide qu'il adore
Prend les cœurs pour les
briser.
Fuis la belle au front
d'aurore,
Car on meurt de son baiser.

Giulietta:
Écoutez, messieurs,
Voici les gondoles,
L'heure des barcarolles
Et celle des adieux!

Niklaus: Viens-tu?
Hoffmann: Pas encore.

In einer anderen Fassung stürzt Hoffmann mit dem Schlemihl abgenommenen Schlüssel wie trunken in die Schlafgemächer des Palastes, um in einem von ihnen endlich die ersehnte Giulietta zu umarmen. Sie sind alle leer. Niklaus will den Freund mit sich fortreißen, weil er ihn in höchster Gefahr weiß. Da sieht er draußen auf dem Canale Grande die Gondel mit Giulietta und dem hohnlachenden Dapertutto davonfahren und zeigt Hoffmann, wie eben die Kurtisane Pitichinaccio ins Boot zieht und umarmt.

Niklaus: Ich verstehe, aber ich wache!

(er entfernt sich)

Schlemihl: Worauf noch warten Sie?

Hoffmann: Daß Sie mir den Schlüssel aushändigen, den ich besitzen will.

Schlemihl: Diesen Schlüssel erhalten Sie nur mit meinem Leben!

Hoffmann: So nehme ich eines mit dem andern!

Schlemihl: Das werden wir sehen!

Dapertutto (zu Hoffmann): Sie haben keinen Degen! Nehmen Sie den meinen! *(gibt ihm seinen Degen)*

Hoffmann: Ich danke.

(Hoffmann und Schlemihl fechten. Nach einigen Gängen wird Schlemihl zu Tode verwundet und fällt. Hoffmann wirft den Degen weg, beugt sich über den Körper Schlemihls und nimmt einen Schlüssel, den dieser um den Hals trägt. Hoffmann, einen Augenblick unentschlossen, stürzt in das Gemach Giuliettas, Pitichinaccio betrachtet Schlemihl neugierig, überzeugt sich von seinem Tode und geht im Hintergrund ab. Dapertutto rafft ruhig seinen Degen auf und steckt ihn in die Scheide, dann geht er in den Hintergrund.)

Niklaus: Pourquoi? Bien, je comprends! adieu! Mais je veille sur toi. *(Il sort.)*

Schlemil: Qu'attendez-vous, monsieur?

Hoffmann: Que vous me donniez certaine clef que j'ai juré d'avoir.

Schlemil: Vous n'aurez cette clef, monsieur, qu'avec ma vie!

Hoffmann: J'aurai donc l'une et l'autre.

Schlemil: C'est ce qu'il faut voir! En garde!

Dapertutto: Vous n'avez pas d'épée *(lui présentant son épée),* prenez la mienne!

Hoffmann: Merci!

(Hoffmann et Schlemil se battent; après quelques passes, Schlemil est blessé à mort, et tombe. Hoffmann jette son épée, se penche sur le corps de Schlemil et lui prend une petite clef pendue à son cou. Hoffmann s'élance dans l'appartement de Giulietta. Pitichinaccio regarde Schlemil avec curiosité et s'assure qu'il est bien mort. Dapertutto ramasse tranquillement son épée et la remet au fourreau, puis il remonte vers la galerie...)

Eine dritte Version läßt Pitichinaccio Giulietta Gift in einen Becher Wein gießen; sterbend bricht sie in Hoffmans Armen zusammen.

Eine wirklich »authentische« Fassung gibt es wohl nicht. Bei der Uraufführung blieb ja dieser Venedig-Akt überhaupt fort; aber selbst diese wäre kein verläßlicher Maßstab gewesen, das Offenbach sie nicht mehr erlebte, ja nicht einmal mehr die Proben für sie abhalten und so seinen Willen kundtun konnte.

Auf jeden Fall endet auch diese Liebesepisode – wie die beiden anderen – mit der Niederlage Hoffmanns, mit dem Triumph seines teuflischen Widerparts, der es darauf ange-legt hat, ihm das Glück, die Seele und zuletzt – eines Tages – wohl auch das Leben zu nehmen.

Chor (hinter der Szene):
  Schöne Nacht, du
  Liebesnacht,
  o stille mein Verlangen!
  Süßer als der Tag uns lacht
  die schöne Liebesnacht!
(Giulietta erscheint in einer
  Gondel; im selben Augenblick
  kommt Hoffmann zurück.)
Hoffmann: Niemand dort!
Giulietta: Ha! Ha! Ha!
Dapertutto: Was tust du nun
  mit ihm?
Giulietta: Ich überlasse ihn dir!
Pitichinaccio (steigt in die
  Gondel): Mein Engel!
  (Giulietta umarmt ihn.)

Niklaus: Hoffmann!
  Hoffmann! Die Wache!
  (Er zieht Hoffmann mit sich.)

Chœur (dans la coulisse qui se
  termine au baisser du rideau):
  Belle nuit, ô nuit d'amour!
  Soùris à nos ivresses,
  Nuit plus douce que le jour,
  O belle nuit d'amour!
(Giulietta paraît dans une gon-
  dole; au même moment rentre
  Hoffmann.)
Hoffmann: Personne ...
Giulietta: Ha! Ha! Ha!
Dapertutto: Qu'en fais-tu
  maintenant?
Giulietta: Je te l'abandonne!
Pitichinaccio (entre dans la
  gondole): Cher ange!
(Giulietta le prend dans ses
  bras.)
Hoffmann: Misérable!
Niklaus: Hoffmann,
  Hoffmann! Les sbires!
  (Niklaus entraîne Hoff-
  mann.)

(Abgesehen von der denkbaren und manchmal praktizierten Umstellung der Akte – das Antoniabild an die zweite, das Giuliettabild an die dritte Stelle der »Erzählungen« – weist das tragischste der drei Bilder, das der jungen Sängerin Antonia, die relativ geringfügigsten Abweichungen [oder Verstümmelungen] in den verschiedenen Fassungen auf; besonders auch, weil dieser Akt durch eine fast durchlaufende Musik, also wenig Prosa oder Rezitativ, gekennzeichnet ist.)

Die Einleitung des Orchesters ist düster, ein starker Orchesterschlag weicht geheimnisvollen Bläserakkorden. Eine Harfe deutet mit Arpeggien Antonias Spiel auf dem Klavier an, mit dem sie sich zu ihrem sehnsüchtigen Gesang selbst begleitet.

Antonia beginnt ihr Lied, unterbricht es nach wenigen Tönen, die Erinnerung an Hoffmann, der oft liebevoll mit ihr musizierte und ihr seine Zuneigung gestand, überwältigt sie. Dann nimmt sie die Melodie wieder auf, führt sie zu Ende. Sie klingt wie eine Volksweise, innig, ein wenig träumerisch, ausdrucksstark, und beweist, welch ausgeprägte melodische Gabe Offenbach besaß, wie schlicht er sie zu erfinden, wie opernmäßig er sie zu steigern wußte:

(Notenbeispiel S. 138)

VIERTER AKT | ACTE QUATRIÈME

Im Hause Crespels.
Zimmer bei Crespel, bizarr ein-
gerichtet. Rechts ein Klavier,
links ein Kanapee und Fau-
teuils. An den Wänden hängen
Geigen, Lauten, Gitarren usw.
Im Hintergrunde zwei Türen in
geschlossener Wand. Links in
der ersten Coulisse eine Fenster-
vertiefung, mit Vorhängen ge-
schlossen. Im Hintergrund zwi-
schen den zwei Türen in der
Wand ein großes Gemälde, eine
Frau vorstellend; das Ebenbild
Antonias. Die untergehende
Sonne wirft ihre Strahlen durch
das Fenster.

Beim Aufgehen des Vorhangs
sitzt Antonia am Klavier, singt
und begleitet sich selbst.

A Munich, chez Crespel.
Une chambre bizarrement meub-
lée. A droite un clavecin. A
gauche, canapé et fauteuil.
Violons suspendus au mur. Au
fond, deux portes en pan coupé.
Sur le premier plan, à gauche,
une fenêtre en pan coupe for-
mant un enfoncement et don-
nant sur un balcon. Soleil cou-
chant. Au fond, entre les deux
portes, un grand portrait de
femme accroché au mur.

Au lever du rideau Antonia,
assise, chante et s'accompagne
au clavecin.

(Fortsetzung des Notenbeispiels S. 140)

Antonia:

Sie entfloh, die Taube so
minnig! ...
(unterbricht ihr Lied)
O grausames Geschick!
Erinnerung süß und sinnig!
Noch hör und seh ich ihn
auf den Knie-en vor mir!
Ach, Gott! Noch hör und
sehe ich ihn auf den Knien,
hier vor mir!
(singt das Lied weiter)
Sie entfloh, die Taube so
minnig,
sie entfloh weit von hier!
Doch sie liebt mich ewig und
innig,
und die Treu wahrt sie mir. –

O holde Taube, dein nur bin
ich,
mein ganzes Herz gehöret
dir!
Ja, mein Herz ist dein! Ja,
mein Herz ist dein.
Sie entfloh, die Taube so
minnig, sie entfloh, sie entfloh weit von hier.
Liebe Blume, kaum neu
erblüht,
zu dir fleh ich, antworte mir,
ob für mich sein Herz noch
erglühet,
ob er Treue mir bewahrt?
O mein Geliebter, zu dir mit
ganzer Seele zieht's mich
hin,

Antonia:

Elle a fui, la tourterelle...

(s'arrêtant de chanter)
Ah! souvenir trop doux!
image trop cruelle!

Hélas! à mes genoux, je
l'entends, je le vois!

(se remettant à chanter)
Elle a fui, la tourterelle,

elle a fui loin de toi!
Mais elle est toujours fidèle
et te garde sa foi.
Mon bien-aimé, ma voix
t'appelle,
oui, tout mon cœur est à toi.

Chère fleur qui viens
d'éclore,
par pitié, réponds-moi,
toi qui sais s'il m'aime
encore,
s'il me garde sa foi...
Mon bien-aimé, ma voix
t'implore,
Ah! que ton cœur vienne à
moi!

(17)

*Nach Antonias Lied (oder »Romanze«) tritt ihr Vater ein.
Ob die Szene sich in Prosa oder in Rezitativform abspielt,
Crespel bittet seine Tochter verzweifelt, nicht mehr zu singen,
Allzu erschreckend erinnert sie ihn an ihre Mutter, eine große
Sängerin, deren Schwindsucht durch den Gesang verschlim-
mert wurde und die beides, Stimme und Krankheit, ihrem
Kind vererbt zu haben scheint. Schweren Herzens verspricht
Antonia, nicht mehr singen zu wollen.
(In der Rezitativfassung ist in das Vater-Tochtergespräch
schon das Motiv der später erklingenden »Stimme der Mutter«
im Orchester eingeflochten, sowie eine Reminiszenz der
»Romanze«.)*

*Traurig geht Antonia ab, der Diener Franz tritt ein – grotesk
schwerhörig, alt, seltsam skurril (auch er geht ja, in mehr-*

ach, mein Herz ist dein!
Ach, mein Herz ist dein!
Sie entfloh ... usw.
*(Sie sinkt ermattet in den
Stuhl vor dem Klavier.)*

*(Elle se laisse tomber sur la
chaise qui est devant le
clavecin)*

Crespel (hereintretend):
Unglücksel'ges Kind, ach,
ich zittre für dich!
Versprachst du mir nicht, nie
mehr zu singen?
Antonia:
Die Mutter ist in mir neu
erstanden:
mir ist, wenn ich singe, als
hört ich ihre Stimme.
Crespel:
Das ist ja meine Pein, ihre
Stimme hat
deine liebe Mutter dir
vererbt.
Es erneuert den Schmerz,
hör ich sie durch dich! Ach,
singe nicht wieder!
Antonia (traurig):
Ich singe nicht mehr, und
bräche auch mein Herz.
(Sie geht langsam ab.)

Crespel (entrant):
Malheureuse enfant, fille
bien-aimée
Tu m'avais promis de ne plus
chanter.
Antonia:
Ma mère s'était en moi
ranimée;
Mon cœur en chantant
croyait l'écouter.
Crespel:
C'est là mon tourment. Ta
mère chérie
T'a légué sa voix, regrets
superflus!
Par toi je l'entends. Non...
non... je t'en prie.
Antonia (tristement):
Votre Antonia ne chantera
plus!...
(Elle sort lentement.)

141

*facher Verwandlung, durch alle Szenen) – und bestellt Crespel,
der Musiker ist, daß man ihn im Orchester erwarte.*

*Eine Reihe von Mißverständnissen beweist, daß Franz der
völligen Taubheit entgegengeht, er ist eine – aus Hoffmanns
Werken stammende – bemitleidens-, aber auch ein wenig lie-
benswerte Figur, die so recht in die Stimmung dieses Aktes
paßt, in der Dämonie, Tragik, Tod vorherrschen und in die
durch diese dramatisch (und musikalisch) keineswegs unwich-
tige Dienergestalt eine bewußt grotesker Kontrast gebracht
wird.*

Crespel:
O Verzweiflung! Ich sah ihre
Wangen
von verhängnisvollem Rot
erglühen. Gott!
Sollt ich auch sie noch
verlieren?
Nur Hoffmann ist schuld
er allein, da ihr Herz er
umstrickt. Wir flohn bis
hierher vor ihm!

Franz, laß niemand ein von
all den Leuten!
Franz (will abgehen): Ja, ja.

Crespel: Wo willst du hin?
Franz:
Ihr hörtet jemand läuten,
so habt Ihr selbst gesagt!
Crespel:
Ich sagte: laß niemand ein
von all den Leuten!
(ihm in die Ohren schreiend)
Hast du jetzt verstanden?
Franz:
Ach mein Gott,
ich bin ja nicht taub!
Crespel:
So! Daß er doch zum Teufel
führe.
Franz:
Ja, mein Herr, verschlossen
sind die Türen.
Crespel:
O du Esel! O du Büffel!
Franz:
Ihr wollt die Schlüssel?
Crespel: Bei Gott!

Crespel:
Désespoir!... Tout à l'heure
encore
Je voyais ces taches de feu
Colorer son visage, Dieu!
Perdrai-je l'enfant que
j'adore?
Ah! cet Hoffmann... C'est
lui
Qui jeta dans son cœur ces
ivresses... J'ai fui
Jusqu'a Munich...
Toi, Frantz, n'ouvre à
personne.
Frantz (fausse sortie):
Vous croyez...
Crespel: Où vas-tu?...
Frantz:
Je vais voir si l'on sonne.
Comme vous avez dit...
Crespel:
J'ai dit:n'ouvre à personne!
(criant)
A personne! Entends-tu,
cette fois?
Frantz:
Eh! mon Dieu!
Je ne suis pas sourd!
Crespel:
Bien! que le diable
t'emporte!
Frantz:
Oui, monsieur, la clef sur la
porte.
Crespel:
Bélître! Ane bâté!
Frantz: C'est convenu.

Crespel:
Morbleu!

Kaum ist Crespel gegangen, kann Franz sich – ganz unter-
drückte Kreatur, nach seiner Ansicht – frei entfalten. Und
hier kommt »der andere Offenbach« zum Ausdruck: Franz
bekommt ein unendlich lächerliches und trotzdem irgendwie
ergreifendes Lied zugeteilt, in dessen beiden Strophen er
seine früheren Künste rühmt, den Gesang und den Tanz. Es
ist der Offenbach der Komödien, der Satiren, der hier eine
Art Operetten-Couplet schreibt:

(Fortsetzung des Notenbeispiels S. 146)

(Er geht schnell ab. Franz schließt die Tür und kommt zurück.)

Franz:

Schon wieder geht er bös
von der Schwelle!
Wie wunderlich, bizarr und
ungerecht!
Wenn ich auf den Kopf mich
auch stelle
nichts ist ihm recht!
Tag und Nacht verteil ich
mich,
auf jeden Ruf gleich springe
ich;
ich schreie oder sprech
subtil
und wünscht man Ruh, so
schweig ich still.
Hab in der Tasche Weinen
oder Lachen,
ich singe auch gar manches
Mal,
und das Singen, das ist gar
nicht leicht!
Tra la la ...
Meine Stimme ist leider
nicht groß:
La la la la ...
Doch der Ausdruck ist
famos!
La la la la! ... *(die Stimme
schnappt ihm über)*
la la la! ...
und ich hab Methode, ich
hab Methode,
und die Methode ist
tadellos!
Tra la la ...

(Il sort vivement. Frantz va refermer la porte et redescend.)

Frantz:

Eh bien! Quoi! toujours en
colère!
Bizarre! quinteux! exigeant!
Ah! l'on a du mal à lui
plaire
Pour son argent...
Jour et nuit je me mets en
quatre,
au moindre signe je me tais,
c'est tout comme si je
chantais,
Encore non, si je chantais,
de ses mépris il lui faudrait
rabattre.
Je chante seul quelque fois;
mais chanter n'est pas
commode!
Tra la la! la la!
Ce n'est pourtant pas la voix
qui la la la me fait défaut,
je crois.

La la, la la!... *(sa voix se
casse)* la la la!
Non! c'est la méthode, c'est
la méthode!

Tra la la! la la!

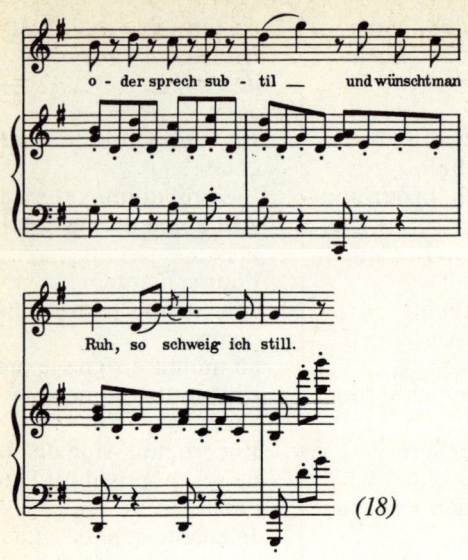

(18)

Hoffmann ist eingetreten (in manchen Versionen mit seinem ihm unzertrennlich verbundenen Freund Niklaus.)

Ja, man kann nicht von allem haben,
ich singe grauslich meiner Treu!
Doch versteh ich auch zu tanzen,
und ich behaupte frank und frei:
d'rin bin ich Meister, ganz unerreicht.
Frappart ist nichts, gar nichts gegen mich!
Und das Tanzen, das ist gar nicht leicht.
(tanzend)
Tra la la la la!
Doch bei Fraun gelt' wunderlich!
La la la ...
als der beste Tänzer ich.
La la la la!

Hoffmann *(erscheint an der Türe im Hintergrunde der Bühne):*
Franz! Hier ist's!
(Er kommt in den Vordergrund und klopft Franz auf die Schulter.)
He Franz! Mein Freund!
Franz:
He, wer ist da?
(erstaunt)
Ach Sie, Herr Hoffmann!

Dame! on n'a pas tout en partage.
Je chante pitoyablement;
mais je danse agréablement
je me le dis sans compliment.
Corbleu! la danse est à mon avantage,
c'est là mon plus grand attrait,
et danser n'est pas commode.

(tout en dansant)
Tra la la! la la!
Près des femmes le jarret

la la la
n'est pas ce qui me nuirait.
La la, la la!...
(Il cabriole en frappant du pied, tombe, mais continue à chanter.)
... la la la!
Non, c'est la méthode, c'est la méthode!
Tra la la!

Hoffmann *(paraît à la porte du fond):*
Frantz!... C'est ici!
(Il descend en scène, touchant l'épaule de Frantz.)
Debout, l'ami.

Frantz:
Hein! qui va là?
(Il se relève surpris.)
Monsieur Hoffmann!

147

Hoffmann setzt sich ans Klavier und begleitet sich zu den ersten Takten des Liebesliedes, das ihn einst – vor Monaten, in einer anderen Stadt – mit Antonia verband. Das Mädchen muß ihn von ihrem Zimmer aus gehört haben, denn sie eilt herbei und findet sich mit ihm in glühender Umarmung:

(Fortsetzung des Notenbeispiels S. 150)

Hoffmann:
Ich selber! Was macht
Antonia?

Franz:
Der gnäd'ge Herr ging eben
fort!

Hoffmann (lacht):
Ha, ha, ha! taub noch immer,
wie einst und eh?!

Franz:
Wie's mir geht? Ich danke!
Nicht schlimmer!
Was man sagt so: Very well!

Hoffmann:
Antonia! Geh, rufe mir
Antonia!

Franz (betrachtet ihn lächelnd):
Sogleich! O welche Freude
wird es sein für Herrn
Crespel!
(Er geht ab.)

*Hoffmann (setzt sich ans
Klavier und liest das Stück,
das auf dem Pulte aufge-
schlagen ist):*
Hörst du es tönen
mit süßer Melodie
von ferne sanft
das Liebeslied! Das
Liebes...

Hoffmann:
Moi-même! Eh bien,
Antonia?

Frantz:
Il est sorti, monsieur.

Hoffmann (riant):
Ha! ha! plus sourd encore
Que l'an passé?...

Frantz:
Monsieur m'honore
Je me porte bien, grâce au
ciel.

Hoffmann:
Antonia!... Va!... fais que
je la voie!

Frantz (souriant): Très bien!...
Quelle joie
Pour monsieur Crespel!

(Il sort.)

*Hoffmann (s'asseyant devant le
clavecin et s'accompagnant):*

C'est une chanson d'amour
Qui s'envole,
Triste ou folle
Tour à tour!...

(19)

Ein langes Duett der beiden Stimmen beginnt, voll Zärtlich-
keit und Hoffmung, Leidenschaft und Glück, die Stimmen
verbinden sich wie im Rausch, in der Ekstase, hingerissen
und hinreißend.

Hoffmann hat Bedenken: Liebt sie die Musik, ihren Gesang
nicht mehr als ihn? Antonia zerstreut seine Zweifel: Musik

Antonia (eilt herein):
Hoffmann!
Hoffmann: Antonia!
Niklaus (macht sich heimlich davon): Ich bin überflüssig! Guten Abend!
Antonia: Ich wußt es ja, du liebst mich immer noch!
Hoffmann:
Mein Herz sprach deutlich hier:
du sehntest dich nach mir!
Seligkeit, tief empfunden, schon morgen sind wir verbunden!
Ewiges Glück
kündet froh uns ein Blick.
Antonia:
Seligkeit, tief empfunden, schon morgen sind wir verbunden!
Ewiges Glück
kündet froh uns ein Blick.
Beide:
Wenn wir in Liebe uns finden,
zu ewiger Treue uns binden,
ist das Herz auch gefeit
vor'm Wechsel der Zeit!
Hoffmann:
Und doch, geliebtes Wesen, in meinen Blicken kannst du lesen,

Antonia (rentrant precipitamment en scène): Hoffmann!
Hoffmann: Antonia!
Niklaus (s'esquivant avec tact):
Je suis de trop! Bonsoir!

Antonia: Ah! je le savais bien que tu m'aimais encore!
Hoffmann:
Mon cœur m'avait bien dit que j'étais regretté!
J'ai le bonheur dans l'âme! demain tu seras ma femme.
Heureux époux,
l'avenir est à nous!

Antonia:
J'ai le bonheur dans l'âme!
Demain je serai ta femme!
Heureux époux,
l'avenir est à nous!

Tous les deux:
A l'amour soyons fidèles!
Que ses chaînes éternelles,
ah, ⎫
     ⎬ gardent nos cœurs,
oui, ⎭
du temps même vainqueurs!
Hoffmann:
Pourtant, ô ma fiancée,
te dirai-je une pensée
qui me trouble malgré moi?

151

und Liebe seien ihr ein einziges, großes Gefühl. Wolle er ihr – wie der Vater – das Singen verbieten?

Hoffmann hört mit Freude, daß Antonias Stimme noch klingt wie einst: kristallen und voll Gefühl. Sie führt es ihm mit Stolz und Freude vor –, und keiner von beiden ahnt den Grund des väterlichen Verbots, die tödliche Krankheit Antonias, die der Gesang zu einem noch viel schnelleren Ende zu führen droht.

Und so stimmen die beiden Liebenden das Lied an, das sie einst vereinte (Motiv Nr. 19) und führen es in innigem Zwiegesang zu einem der Höhepunkte des Werkes.

was mich tief mit Sorgen
erfüllt!
Die Musik weckt in mir ein
wenig Eifersucht.
Du liebst sie zu sehr!

Antonia:
Seht doch, das seltsam Hirn-
gespinst!
Lieb ich denn dich in ihr?
Nicht vielmehr sie durch
dich?
Oh sag, willst auch du mir
das Singen verbieten,
wie es mein Vater tat?

Hoffmann: Was sagst du?
Antonia:
Ja, mein Vater hat mir jetzt
die Tugend des
Schweigens auferlegt.
Willst du, so sing ich!

Hoffmann: Das ist seltsam.
Kann es sein …
Antonia:
Komm her, komm her, wie
einst zuvor,
hör meine Stimme, sag mir,
ob ich sie verlor.

Hoffmann:
Wie dir die Augen glänzen,
sich röten deine Wangen!

Antonia (zwingt ihn, sich ans
Klavier zu setzen):
Schau, unser Liebeslied, das
wir zu zweit einst sangen!

Hoffmann:
Unser Liebeslied …
Antonia:
… das wir zu zweit einst
sangen.

La musique m'inspire un
peu de jalousie,
tu l'aimes trop!

Antonia:
Voyez l'étrange fantaisie!
T'aimé-je donc pour elle, ou
l'aimé-je pour toi?
Car toi tu ne vas pas me
défendre
de chanter, comme a fait
mon père?

Hoffmann: Que dis-tu?
Antonia:
Oui, mon père, à présent,
m'impose la vertu du
silence.
Veux-tu m'entendre?

Hoffmann: C'est étrange!
Est-ce donc…
Antonia:
Viens là, comme autrefois.
Viens là.
Ecoute, et tu verras si j'ai
perdu ma voix.

Hoffmann:
Comme ton œil s'anime et
comme ta main tremble!

Antonia (l'obligeant à s'asseoir
au clavecin):
Tiens, ce doux chant
d'amour que nous chantions
ensemble.

Hoffmann:
Ce doux chant d'amour…
Antonia:
… que nous chantions
ensemble!

Die Anstrengung, die Erregung bewirken einen Anfall Antonias. Hoffmann hat kaum Zeit, sie zu stützen, man hört den heimkehrenden Crespel auf der Treppe. Hoffmann will abgehen, besinnt sich aber und versteckt sich, um dem seltsamen Geheimnis auf die Spur zu kommen, warum ein Musiker seiner hochbegabten Tochter das Singen verbiete.

Hoffmann:
   Einst sangen!
Antonia:
   Hörst du das Liebeslied
   aufwärts sich heben,
   klagen und beben
   Ton um Ton!
   Hörst du das Liebeslied,
   usw.
   Die Rose erblühet
   lächelnd dem Mai.
   Ach, wie bald vorbei
   und verglühet? Ach! ...
   ... Ach!!
Beide:
   Hörst du das Liebeslied,
   Aufwärts sich heben,
   klagen!
   Klagen und beben,
   aufwärts sich heben,
   klagen und beben
   Ton um Ton!
   Höre das Liebeslied!
Hoffmann:
   In Strahlen von Flammen
   dein Reiz sich verklärt.
   Ist dir Leben gewährt,
   bis der Sommer vergangen?
Beide:
   Hörst du das Liebeslied,
   aufwärts sich heben,
   klagen und beben
   Ton um Ton!
   Höre das Liebeslied!
Hoffmann (als Antonia die
   Hand zum Herzen führt und
   ohnmächtig zu werden droht):

   Was fehlt dir?

Hoffmann:
   Ensemble!
Antonia:
   C'est une chanson d'amour
   qui s'envole
   triste ou folle
   tour à tour!
   C'est une chanson, etc.
   La rose nouvelle
   sourit au printemps.
   Las! combien de temps
   vivra-t-elle? Ah!...
   ... Ah

Tous les deux:
   C'est une chanson d'amour,
   qui s'envole triste!
   Triste ou folle,
   qui s'envole triste ou folle
   tour à tour!
   C'est une chanson d'amour!

Hoffmann:
   Un rayon de flamme
   pare ta beauté.
   Verras-tu l'été,
   fleur de l'âme?
Tous les deux:
   C'est une chanson d'amour
   Qui s'envole,
   Triste ou folle
   Tour à tour.
   C'est une chanson d'amour.
Hoffmann (comme Antonia
   porte la main à son cœur et
   semble sur le point de
   défaillir):
   Qu'as-tu donc! Tu
   souffres...

(Diese Szene spielt sich, je nach der Fassung, in gesproche-
nem Dialog oder im Sprechgesang mit Orchesteruntermalung
ab.)

Der »Dr. Mirakel« erscheint, neue Verkörperung des Bösen,
des Teufels, der sich in dieser Oper stets dem Glück Hoff-

Antonia: Nichts!

Hoffmann: Still!

Antonia (geht hinaus): Gott, es ist mein Vater. Komm!

Hoffmann: Nein, ich muß dies Geheimnis jetzt erfahren.

(Er verbirgt sich in der Fensternische. Crespel erscheint.)

Crespel (schaut um sich):

Niemand hier? Ich glaubte, daß es Hoffmann wär!
Wenn er doch zum Teufel führe!

Hoffmann (für sich):
Danke für die Ehr.

Franz (tritt ein; zu Crespel):
Gnäd'ger Herr!

Crespel: Was?

Franz: Doktor Mirakel ist vor der Türe!

Crespel:
Doktor Mirakel?
Schließ' die Türe nur schnelle!

Franz:
Ja, der Doktor ist zur Stelle.

Crespel:
Er wär ein Doktor? Bei meinem Leben!
Ein Totengräber ist's, ein frecher Mörder,
der, wie einst meiner Frau, auch meinem Kind nun den Rest will geben.
Ich hör noch seine Fläschchen klirren wie zum Spott, jag ihn fort auf der Stelle!

Mirakel (erscheint plötzlich):
He, he, he, he!

Antonia: Non, ce n'est rien!

Hoffmann: Chut!

Antonia (en s'en allant): Ciel! mon père! Viens!

Hoffmann: Non! je saurai le mot de ce mystère.

(il se cache dans l'enfoncement de la fenêtre, Crespel paraît.)

Crespel (regardant autour de lui):
Non rien! J'ai cru qu'Hoffmann était ici.
Puisse-t-il être au diable!

Hoffmann (à part): Grand merci!

Frantz (entrant, à Crespel):
Monsieur!

Crespel: Quoi?

Frantz: Le docteur Miracle.

Crespel:
Drôle!... infâme!
Ferme vite la porte!

Frantz:
Oui, monsieur, médecin...

Crespel:
Lui! médecin? Non, sur mon âme,
Un fossoyeur, un assassin!
Qui me tuerait ma fille après ma femme.
J'entends le cliquetis de ses flacons dans l'air.
Loin de moi qu'on le chasse.

Miracle (paraît subitement):
Ha! ha! ha! ha!

manns entgegenstellt. Ob gesprochen oder gesungen, diese Szene muß unheimlichste Dämonie ausstrahlen. (Fehlt die Untermalung durch die – sehr guten! – Rezitativbegleitungen des Orchesters, so erfordert das Werk glänzende Schauspieler und Sprecher.)

An dieser Stelle setzt ein großartiges Terzett ein, in dem drei Männerstimmen (Hoffmann, Mirakel, Crespel) sich verbinden und plötzlich die – fern weilende – Antonia hörbar wird.

Crespel:
Höll und Tod!
Mirakel:
He, he! Guten Tag, hier bin
ich selber!
Wo ist denn Crespel, mein
lieber Freund?
Wo steckt er denn?
Crespel (hält ihn auf):
Halt! Halt!
Mirakel:
He, he, he, he!
Meine liebe Antonia suche
ich!
Wie steht es denn mit ihrem
Leiden,
das von der Mutter sie
geerbt? Natürlich ist es noch
schlimmer geworden! Arme
Kleine!
Nun führt mich zu ihr, ich
werd sie kurieren!
Crespel:
Du willst sie töten! Noch
einen Schritt,
und ich werf dich aus dem
Fenster!
Mirakel:
Oho, oho, mein Freund, hab
nur Geduld!

(Er rückt einen Fauteuil vor)
Crespel:
Was willst du tun?
Bösewicht!
Mirakel:
Gefahren bannt man ohne
Müh',
nur muß man sie entdecken!

Crespel: Enfin!

Miracle:
Eh bien! me voilà! c'est
moi-même.
Ce bon monsieur Crespel,
je l'aime!
Où donc est-il?
Crespel (l'arrêtant): Morbleu!

Miracle:
Ha! ha! ha! ha'
Je cherchais votre Antonia!
Eh bien, ce mal qu'elle
hérita

De sa mère? Toujours en
progrès? chère belle.

Nous la guérirons. Menez-
moi près d'elle.
Crespel:
Pour l'assassiner!... Si tu
fais un pas,
Je te jette par la fenêtre.

Miracle:
Eh! là! tout doux! Je ne
veux pas
Vous déplaire.
(Il avance un fauteuil.)
Crespel:
Que fais-tu, traître?

Miracle:
Pour conjurer le danger,
il faut le reconnaître. ·

Den Anfang machen absteigende Streicher in Terzen (in einer seltsam wagnerischen Atmosphäre); Mirakel beginnt, die abwesende Antonia zu beschwören, – ein dunkler Kontrapunkt der Celli deutet kommendes Unheil an. Es herrscht die Stimmung einer spiritistischen Séance, einer Hypnose auf Distanz.

Man glaubt, Antonia eintreten, sich in den von Mirakel bereiteten Fauteuil setzen sehen, zu erleben, wie er ihre Hand ergreift, sie befragt.

Hoffmann (für sich):
  Oh Grauen und Schrecken!
Crespel (für sich):
  Oh Grauen und Schrecken!
*Mirakel (streckt die Hand gegen
    Antonias Zimmer aus):*
  Erlaubt, ich muß befragen
  sie.
  Meine Gewalt, sie siege!
  Willig auch du dich füge.
  ... komm!
Hoffmann, Crespel:
  Grauenvolle ...
  ... kalte Furcht ...
Mirakel:
  Sei nur ganz ohne Furcht,
Hoffmann, Crespel:
  ... macht zu Eis
  mir die Seele –
Mirakel:
  ... hier den Platz bei mir ...
  ... wähle!
  Meine Gewalt, sie siege!
  Furchtlos auch du dich füge.
Hoffmann, Crespel:
  Ich erstarre, erliege
  dem Spuk dieser Hölle,
  erliege!
Crespel (setzt sich; zu Mirakel):

  Wohlan, sprich denn! Doch
  mach's kurz!
*(Mirakel führt weiter seine hyp-
notischen Gesten aus. Mirakel
scheint eine unsichtbare Person
bei der Hand zu nehmen und zu
einem Sessel zu führen, den er
    vorher bereitgestellt hat.)*
Mirakel:
  Kommt, setzt Euch hierher!

Hoffmann (à part): L'effroi me
  pénètre.
Crespel (à part): L'effroi me
  pénètre.
*Miracle (étendant la main vers
    la porte de la chambre
    d'Antonia):*
  Laissez-moi l'interroger!
  À mon pouvoir vainqueur
  cède de bonne grâce!...
  ... Viens!
Hoffmann, Crespel:
  D'épouvante...
  ... et d'horreur
Miracle:
  Près de moi sans terreur...
Hoffmann, Crespel:
  ... tout mon être se glace!

Miracle:
  ... viens ici prendre...
  ... place!
  À mon pouvoir vainqueur
  cède sans terreur!
Hoffmann, Crespel:
  Une étrange terreur
  m'enchaîne à cette place!
  J'ai peur!
*Crespel (tout en s'asseyant:
    à Miracle):*
  Allons, parle, et sois bref!

*(Miracle continue à se livrer a
ses gestes hypnotiques. Miracle
semble prendre par la main une
personne invisible et la conduire
au fauteuil qu'il a préalable-
    ment avancé.)*
Miracle:
  Veuillez vous asseoir là!

*Mit Schauder erleben Hoffmann und Crespel die unheimliche
Szene. Offenbachs Musik unterstreicht das Gespenstische;
und sie malt, als Mirakel Antonias Puls zu fühlen scheint,
das unruhig flatternde Pochen ihres Herzens.*

*In vollends unwirkliche Farben taucht das Orchester – als
klänge es aus einer anderen Welt – bei der Befragung, die
Mirakel mit Antonia anstellt. Die Antwort scheint nur Mirakel
zu hören.*

*Der Dämon gibt ihr den Befehl zu singen, vergebens will
Crespel sich dazwischen werfen. Antonia hat – stets in ihrem
Gemach – den Befehl gehört und bricht, jubelnd und doch
wie gezwungen, in Triller und Läufe aus, die chromatisch
abwärts führen – wie in einen Abgrund, dem sie hypnotisch
zusteuert – und in einem Fortissimoschlag des Orchesters
enden.*

Crespel (verdutzt):
Ich sitze schon.
Mirakel (ohne auf Crespel zu
hören, fährt fort): Wie alt seid
Ihr, sprecht, ich bitte!
Crespel: Wer? Ich?
Mirakel: Zu Eurem Kind
red' ich!
Hoffmann: Antonia?
Mirakel: Wie alt? So sprecht!
Ich will's *(Er scheint zu*
horchen.)
Zwanzig Jahre! – Ha! des
Lebens schönste Blüte!
Nun reicht mir Eure
Hand!
Crespel: Die Hand?
Mirakel (zieht seine Uhr aus der
Westentasche und tut, als
zählte er den Puls der unsicht-
baren Antonia): Pssst! – Laßt
mich zählen.

Hoffmann: Gott, quält mich ein
böser Traum? Ist das ein
Phantom?
Mirakel:
Der Puls ungleich und
schnell,
ein böses Zeichen! Nun
singt!
Crespel:
Nein, nein! Schweig still!
Nein, singen soll sie nicht!
Mirakel: Nun singt!
Die Stimme Antonias
(trillernd): Ah! Ah!
Mirakel:
Wie die Wange sich belebt,
wie ihr Auge erglänzt,

Crespel (perplexe):
Je suis assis!
Miracle (feignant d'ignorer
Crespel): Quel âge avez-
vous, je vous prie?
Crespel: Qui? moi?
Miracle: Je parle à votre enfant.

Hoffmann: Antonia?
Miracle: Quel âge? répondez,
je le veux! *(On dirait qu'il*
écoute.)
Vingt ans! Le printemps de
la vie!
Voyons, voyons la main!
Crespel: La main?

Miracle (sortant la montre de
son gousset et agissant
comme s'il était en train de
prendre le pouls de l'invisible
Antonia): Chut! Laisse-moi
compter.

Hoffmann: Dieu! suis-je le
jouct d'un rêve? Est-ce un
fantôme?
Miracle:
Le pouls est inégal et vif,
mauvais symptôme!
Chantez!

Crespel:
Non, non, tais-toi! ne la fais
pas chanter!
Miracle: Chantez!
La voix d'Antonia (faisant des
trilles): Ah! Ah!
Miracle:
Voyez, son front s'anime et
son regard flamboie;

163

*Hier beginnt Mirakels geisterhafter, grauenvoller »Tanz«, eine
Art Beschwörungszeremonie, zu der er seine Medizinfläsch-
chen im Takt erklingen läßt.*
*In wachsendem Grauen fließen die drei Männerstimmen wie-
der ineinander: Hoffmann, von Angst gepeinigt, in seinem
Versteck; Crespel in panischer Furcht um seine Tochter; Mirakel, wie der leibhaftige Tod, seine dämonische Beschwörung
vollendend.*
*(Die unheimliche Stimmung hindert die romantische Oper
nicht daran, äußerst wirkungsvolle Gesangsphrasen zu schreiben und die Stimmen zuletzt auf Spitzentönen über voll-
tönendem Orchester zusammenzuführen.)*

Wie sie legt ihre Hand
an das pochende Herz!
Crespel: Was sagt er?
Mirakel:
  Es wäre wirklich jammer-
  schade,
  wenn sie so schön und jung
  des Todes Beute wär!
Crespel:
  Oh schweig, oh schweig!
Mirakel:
  Wollt' meine Hilfe Ihr nicht
  ganz verschmähn,
  und sie vom Tod gerettet
  sehn?
  Hab' ja gewisse Fläschchen,
  die ich sorgfältig hüte!
  (Er macht Anstalten, aus sei-
  nem Beutel die Fläschchen zu
  ziehen, die er wie Kastagnet-
  ten aneinander schlagen
  läßt.)
Crespel: Ha, schweig!
Mirakel: Einnehmen muß
  sie …
Crespel:
  Ha, schweig!
  Behüt' mich Gott, daß ich
  folg deinem Rat,
  du elender Mörder!
Mirakel:
  … einnehmen muß sie,
  jeden Morgen …
  (unterbricht sich, wie um
  Antonia zu beruhigen)
  Ja, ganz recht! Ich versteh'.
  Sofort ich zu Euch geh'!
  (wendet sich noch einmal an
  Crespel)

elle porte la main à son cœur
agité!
Crespel: Que dit-il?
Miracle:
  Il serait dommage en vérité,
  de laisser à la mort une si
  belle proie!

Crespel:
  Tais-toi, tais-toi!
Miracle:
  Si vous voulez accepter mon
  secours,
  si vous voulez sauver ses
  jours,
  j'ai là certains flacons que je
  tiens en réserve…
  (Il se met en devoir de retirer
  de son sac les bouteilles qu'il
  se met alors à faire tinter les
  unes les autres comme des
  castagnettes.)
Crespel: Tais-toi!
Miracle: …dont il faudrait…

Crespel:
  Tais-toi! Dieu me préserve
  d'écouter tes conseils,
  misérable assassin!

Miracle:
  …dont il faudrait, chaque
  matin…
  (s'interrompant pour rassurer
  Antonia)
  Eh oui! je vous entends!
  Tout à l'heure! un instant!
  (s'adressant encore une fois à
  Crespel)

Diese Fläschchen, armer Mann,
lindern Euch, glaubt daran ...
Crespel: Hinaus!
Hoffmann: Antonia!
Mirakel: ... Eure Schmerzen ...
Crespel:
Hinaus! ...
... fort von mir, Satan,
Erbeb' vor dem Zorn, den Schmerzen
in diesem Vaterherzen,
pack dich, du Satan, geh!
Hinaus mit dir!
Erbeb' vor dem Zorn, Geh!

Hoffmann:
Antonia! Wenn Unheil dich bedroht,
entreiß' ich dich dem Tod.
Das hoff' ich tief im Herzen.
Du höhnst des Vaters Schmerzen
umsonst, Satan!
Mirakel:
Ah, die Schmerzen, ah!
(redet zu der unsichtbaren Antonia)
Ganz recht, ja, ich versteh'!
Sofort ich zu Euch geh'!
(wendet sich wieder an Crespel)
Diese Fläschchen, armer Mann,
lindern Euch Euren Schmerz.

Des flacons! pauvre père,
vous en serez, j'espère,...

Crespel: Va-t'en!
Hoffmann: Antonia!
Miracle: ... content, ...

Crespel:
Va-t'en...
... loin de moi, Satan!
Redoute la colère et la douleur
d'un père! Va-t'en, Satan, va-t'en,
hors de chez moi!
Redoute la colère,
Crains la douleur d'un père!
Va-t'en!
Hoffmann:
Antonia! A la mort qui t'attend
je saurai, pauvre enfant, t'arracher,
je l'espère!
Tu ris en vain d'un père, Satan!
Miracle: ... ah! bien content!
Ah!
(s'adressant à l'invisible Antonia)
Eh oui, je vous entends!
Tout à l'heure! un instant!
(se tournant une fois de plus vers Crespel)
Des flacons, pauvre père,
vous en serez content!

(Hier gibt es wieder Abweichungen zwischen verschiedenen Fassungen. In einer vielgespielten drängt der verzweifelte Crespel schließlich Mirakel mit letzter Kraft zur Türe hinaus –, aber der Dämon tritt durch eine Wand wieder ein, als wäre sie nicht vorhanden. Andere Fassungen kürzen die Szene nach dem großen Höhepunkt des Terzetts ab.)

(redet wieder zu Antonia)

Ganz recht, ja, ich versteh'!
Ja, sofort,
(wird in derselben Art fortge-
setzt):
Diese Fläschchen, armer
Mann,
lindern Euch, glaubt daran,
Eure Schmerzen ...

Mirakel *(völlig unbeirrt; fährt*
fort):
... einnehmen muß sie ...

Crespel:
Hinaus! hinaus!

Mirakel:
... jeden Morgen ...

Crespel:
Hinaus! hinaus!
(stößt Mirakel hinaus und
verschließt die Tür)
Ach endlich ist er fort und
die Türen fest verschlossen!
Nach aller Sorg und Qual
sind wir allein,
geliebtes Kind!

Mirakel *(kommt durch die*
Mauer zurück):
Einnehmen muß sie, jeden
Morgen früh!

Crespel:
Elender Schurke!
Wenn in schwindelnder
Tiefe das Meer dich
verschlingt,
will ich sehn, ob der Teufel
dir Hilfe dann bringt.
Hinaus, hinaus, hinaus!
Fort vor dem Zorn,

(s'adressant de nouveau à
Antonia)
Eh oui, je vous entends!
Oui, tout à l'heure.
(Et ainsi de suite dans la
même note.)
Des flacons, pauvre père,
vous en serez
j'espère, content...

Miracle *(pas le moins du monde*
déconcerté, poursuivant):
... dont il faudrait...

Crespel:
Va-t'en! va-t'en!

Miracle:
... chaque matin...

Crespel:
Va-t'en! va-t'en!
(Il pousse Miracle dehors, par
la porte du fond et la referme
sur lui.)
Ah! le voilà dehors et ma
porte est fermée!
Nous sommes seuls enfin,
Ma fille bien-aimée!

Miracle *(rentrant par la*
muraille):
Dont il faudrait chaque
matin...

Crespel:
Ah! misérable!
Les flots puissent-ils
t'engloutir
Nous verrons si le diable
T'en fera sortir!...
Va-t'en! Va-t'en! Va-t'en!
de moi, Satan!
Redoute la colère

(Diese Szene existiert sowohl in Prosa, also mit gesprochenem Dialog zwischen Antonia und Hoffmann, wie auch als ausdrucksvolles Rezitativ. Gemeinsam ist beiden Fassungen das Zitat aus dem Liebeslied [Nr. 19] das leise im Orchester aufklingt, als das zärtlichste Gefühl die beiden Liebenden verbindet und Antonia das Versprechen, nicht mehr zu singen, gegeben hat.)

den Schmerzen in diesem
Vaterherzen.
Hinaus!

Mirakel:
Ganz recht, ja, ich versteh!
Sofort ich zu Euch geh!
Diese Fläschchen, armer
Mann,
lindern Euch Euren
Schmerz.

Hoffmann:
Antonia! Wenn Unheil dich
bedroht,
entreiß' ich dich dem Tod.
Das hoff' ich tief im Herzen.
Du höhnst des Vaters
Schmerzen
umsonst, Satan!

Mirakel:
Einnehmen muß sie ...

Crespel:
Hinaus!

Mirakel:
... jeden Morgen ...

Crespel:
Hinaus!
(Crespel stößt Mirakel aber-
mals zur Türe hinaus, dieser
weicht langsam zurück, in-
dem er seine Fläschchen
klingen läßt. Beide ver-
schwinden.)

Hoffmann (aus der Fenster-
tiefung hervortretend):
Nicht mehr singen! O Gott,
wie das von ihr verlangen,
solches Opfer zu bringen?

Antonia (erscheint):
Nun denn, was sprach
mein Vater?

Et la douleur d'un père,
Va-t'en!

Miracle:
Eh oui, je vous entends!
Tout à l'heure! un instant!
Des flacons, pauvre père,
vous en serez content.

Hoffmann:
A la mort qui t'attend,
Je saurai, pauvre enfant,
T'arracher, je l'espère!
Tu ris en vain d'un père,
Satan!

Miracle:
Dont il faudrait...

Crespel: Va-t'en!

Miracle: Chaque matin...

Crespel: Va-t'en!

(Il suit Miracle qui sort à recu-
lons en faisant sonner ses
flacons.

Ils disparaissent ensemble.)

Hoffmann (redescend en scène):
Ne plus chanter! hélas!
Comment obtenir d'elle
Un pareil sacrifice?

Antonia (paraît):
Eh bien?
Mon père, qu'a-t-il dit?

Hinter die nach Hoffmanns Abgang allein zurückgebliebene,
zwischen höchstem Glück und tiefster Enttäuschung schwan-

Hoffmann:
O frag' mich nicht!
Bald sollst du alles wissen.
Sei ohne Bangen, ein neues
Leben winkt! O meine süße
Braut,
doch du mußt entsagen für
ewig und für immer
dem Traum von Ruhm und
Glanz und der Zukunft
goldnem Schimmer,
wenn du mir gehören willst
fürs Leben!

Antonia:
Doch du selber?

Hoffmann:
Die Liebe künftig uns
vereine,
ich lebe nur für dich, die
Hand leg in die meine!

Antonia:
Hier meine Hand zum
Unterpfand!

Hoffmann:
Ach, könnt ich es dir lohnen
mit Edelstein und Kronen,
was du für mich getan!
(Er küßt ihr die Hand.)
Ha, Schritte, dein Vater
kommt zurück! Leb wohl.
Ich muß gehn!

Antonia: Auf Wiedersehn!
(Hoffmann geht ab. Antonia sieht ihm nach und kommt dann in den Vordergrund der Szene.)
Antonia:
Mit meinem Vater ist er
wohl im Bunde.
Zu spät! Die Tränen sind
umsonst!

Hoffmann:
Ne me demande rien,
Plus tard tu sauras tout; une
route nouvelle
S'ouvre à nous, mon
Antonia!...
Pour y suivre mes pas, chasse
de ta mémoire
Ces rêves d'avenir, de succès
et de gloire
Que ton cœur au mien
confia.

Antonia:
Mais toi-même?

Hoffmann:
L'amour tous les deux nous
convie,
tout ce qui n'est pas toi n'est
plus rien dans ma vie.

Antonia:
Tiens donc! Voici ma main!

Hoffmann:
Ah, chère Antonia! Pourrai-
je reconnaître
ce que tu fais pour moi?
(Il lui baise les mains.)
Ton père va peut-être
Revenir, je te quitte... à
demain!

Antonia: A demain!
(Hoffmann sort. Antonia le regarde s'éloigner. Après un moment, elle redescend en scène.)
Antonia:
De mon père aisément il
s'est fait le complice!
Allons, les pleurs sont
superflus,

*kende Antonia tritt plötzlich Mirakel: Dieses Mal tritt er mit
dem Motiv des Teufels auf (Nr. 2), das diese Gestalt in allen
Verkörperungen (Lindorf, Coppelius, Dapertutto, Mirakel)
stets sehr plastisch begleitet.*

*Hier wird nahezu immer das große, von Offenbach selbst
komponierte Rezitativ Mirakels gesungen, das als Einleitung
in das folgende Terzett dient. Es untermalt die teuflische
Stimme in unheimlicher Weise und variiert das Motiv Nr. 2
in verschiedenster Form.*

*Antonia sucht sich der Stimme aus der Dunkelheit zu er-
wehren. Kommt sie vom Teufel, von Gott? Das Motiv (Nr. 2)
– aus dem Orchester – läßt nicht länger an deren teuf-
lischer Herkunft zweifeln, doch Mirakel spielt immer wieder
den Glanz des Ruhmes, den sie verwerfe, gegen die armselige
Häuslichkeit einer alltäglichen Liebe aus.*

Ich hab's gelobt, und nie
mehr werd ich singen!
(Sie sinkt in einen Sessel.)

*Mirakel (erscheint plötzlich
hinter ihr):* Du wirst nicht
mehr singen? Ist dir wohl bewußt, was du bei deiner
Jugend für Opfer bringen
mußt? Wie dich Natur mit
Schönheit und Talent hat
reich bedacht, was dir der
Himmel einst in Fülle hat
verliehen? Mußt du es in den
Staub gemeiner Wirtschaft
ziehen? Hast du noch nie im
Traum das Hochgefühl ge-
spürt, wenn wie das Laub im
Wind die Menge dort vi-
briert? Siehst du sie nicht
gedrängt, und überläuft es
dich? Sie flüstert deinen
Namen, sie folgt dir mit dem
Blick. Auch das ist reine
Freude, ein großes, ewiges
Glück. Und all das willst du
opfern im ersten Jugendreiz
für bürgerliches Leben, fürs
graue Einerlei, für Kinder-
bälge; so ist dein Liebreiz
bald vorbei.

*Antonia (ohne sich
umzudrehen):*
Ha! Welche Stimme ist's, die
meine Sinne trübt?
Ist's Teufel oder Gott, der
mir ein Zeichen gibt?
Nein, nein! Diese Stimme
will mein Verderben!

Je l'ai promis, je ne
chanterai plus.
*(Elle se laisse tomber sur un
fauteuil.)*

*Miracle (apparaissant soudain
derrière elle):* Tu ne chante-
ras plus? Sais-tu quel
sacrifice
s'impose ta jeunesse, et l'as-
tu mesuré?
La grâce, la beauté, le talent,
don sacré,
tous ces biens que le ciel t'a
livrés en partage
faut-il les enfouir dans
l'ombre d'un ménage?
N'as-tu pas entendu, dans un
rêve orgueilleux
ainsi qu'une forêt par le vent
balancée,
ce doux frémissement de la
foule pressée
qui murmure ton nom et qui
te suit des yeux?
Voilà l'ardente joie et la
fête éternelle
que tes vingt ans en fleur
sont près d'abandonner,
pour les plaisirs bourgeois
où l'on veut t'enchaîner
et des marmots d'enfants qui
te rendront moins belle!

Antonia (sans se retourner):

Ah! quelle est cette voix qui
me trouble l'esprit?
Est-ce l'enfer qui parle ou
Dieu qui m'avertit?
Non, non, ce n'est pas là
le bonheur, voix maudite,

In ihrem Kampf gegen den Dämon sucht sie Schutz: Ihr Blick fällt auf das Bild der toten Mutter, bei der sie Hilfe zu finden sucht.

Wie gegen meinen Ehrgeiz
die Liebe sich wendet!
Der eitle Ruhm gilt nichts
dem Glück, das zwar mit
Maßen
das Haus mir des Geliebten
spendet!

Mirakel:
Welches Glück ist das
deine?
Nur seinen Lüsten opfert
Hoffmann dich!
Ihn reizt nur dein hübsches
Gesicht.
Wie die andern macht's
auch der eine,
und bald kommt auch die
Zeit, daß er die Treue bricht.
*(Er verschwindet durch die
Wand.)*

Antonia:
Nein, versuch mich nicht
mehr, entflieh!
Du, Teufel, du sollst mich
nicht betören!
Ew'ge Treue gelobt ich und
halte, was ich schwöre.
Ich kann nicht mehr zurück,
nicht mehr mir ich gehöre,
denn hat er nicht zur Stunde
beim Herzen, das ich liebe,
die Treue mir geschworen
für Zeit und Ewigkeit?
Ach, wer errettet mich vom
Teufel,
vor mir selber?
*(sich zum lebensgroßen Bild
ihrer Mutter wendend, das an
einer der Wände des Zimmers
hängt)*

et contre mon orgueil mon
amour s'est armé;
la gloire ne vaut pas l'ombre
heureuse où m'invite
la maison de mon bien-aimé.

Miracle:
Quelles amours sont donc
les vôtres?
Hoffmann te sacrifie à sa
brutalité;
il n'aime en toi que la
beauté,
et pour lui, comme pour les
autres,
viendra bientôt le temps de
l'infidélité!
*(Il disparait en traversant le
mur.)*

Antonia:
Non, ne me tente plus!
Va-t'en,
démon! Je ne veux plus
t'entendre!
J'ai juré d'être à lui;
mon bien-aimé m'attend.
Je ne m'appartiens plus et ne
puis me reprendre;
et tout à l'heure encore,
sur son cœur adoré,
quel éternel amour ne m'a-
t-il pas juré!
Ah! qui me sauvera du
démon,
de moi-même
*(s'adressant au portrait
grandeur nature de sa mère,
suspendu à l'un des murs de la
pièce)*

177

Aber auch hier bedrängt sie Mirakel: Wie kann sie, die der Kunst um einer Liebschaft willen zu entsagen im Begriffe steht, es wagen, an die Mutter zu appellieren, die eine große Sängerin war?

Das Bild rückt in eine seltsame, wie überirdische Beleuchtung, und aus ihm dringt die Stimme der Toten.

(Fortsetzung des Notenbeispiels S. 180)

178

Die Mutter, meine Mutter,
die ich liebe!

*Mirakel (erscheint wieder, auf
der anderen Seite):*

Die Mutter! Du wagst es,
rufst nach ihr?
Die Mutter! Ruft sie nicht
nach dir?
Durch mich gemahnt sie
dich, die treulos du verzagst,
an den Glanz ihres Ruhms,
dem du eilig entsagst.

*(Das Bild erhellt sich plötzlich.
Im Rahmen erscheint die Mutter
selbst.)*

So höre!

Eine Stimme: Antonia!

Antonia: Himmel!

Mirakel: So höre!

Die Stimme: Antonia!

Mirakel: So höre!

Antonia: Gott, meine Mutter,
meine Mutter!

Die Erscheinung:

Leise tön meiner Stimme
Klang,
teures Kind, hörst du nicht
deiner Mutter süßen Sang?
Leise tön meiner Stimme
Klang,
hör, o hör, aus dem Grabe
deiner Mutter süßen Sang.

Ma mère! O ma mère, je
l'aime!

*Miracle (reparaissant de l'autre
côté):*

Ta mère? Oses-tu
l'invoquer?
Ta mère? Mais n'est-ce pas
elle
qui parle, et par ma voix,
ingrate, te rappelle
la splendeur de son nom que
tu veux abdiquer?

*(Le portrait se met à briller d'un
éclat soudain. Sa mère lui apparaît à sa place.)*

Écoute!

Une voix: Antonia!

Antonia: Ciel!

Miracle: Écoute!

La voix: Antonia!

Miracle: Écoute!

Antonia: Dieu! Ma mère! ma
mère!

Le Fantôme:

Chère enfant que j'appelle
comme autrefois,
c'est ta mère, c'est elle,
entends sa voix!

Lei - se tön' mei-ner Stim - me Klang, hör, o

hör, aus dem Gra-be dei - ner Mut-ter sü - ßen Sang.

(20)

*In unaufhaltsamer Steigerung entwickelt die Szene sich zum
Terzett der beiden Frauenstimmen (des Soprans Antonia und
des Mezzosoprans oder Alts der toten Mutter) mit dem Bariton Mirakels.*

*Die Hauptmelodie wird von der Stimme der Mutter getragen
(Motiv Nr. 20), Antonias und Mirakels Melodien umspielen
sie in eigenen Rhythmen; und je schwächer der Widerstand
Antonias, je stärker das Drängen Mirakels wird, desto mäch-
tiger tritt die führende Melodie hervor, bis Antonia, über-
wältigt von ihrer Liebe zum Gesang und dem Einfluß des
Dämons immer mehr unterliegend, ihre Stimme mit der der
Mutter in der gleichen, breit dahinströmenden Weise vereinigt.*

*Mirakel feuert den Gesang immer mehr mit den Klängen
seiner Geige an, auf der er wie wild spielt.*

Antonia:
Das sind der Mutter Töne,
es redet ihr Geist zu mir.
Mirakel:
Ja, sie ist's, blick empor,
Sie wird guten Rat dir geben.
Sie ließ dir ein Talent, das
die Welt in ihr verlor.

Die Erscheinung: Antonia!
Mirakel: So höre, so höre!
Die Erscheinung: Antonia!
Mirakel:
Ha, sie scheint neu zu leben,
der Menge fernes Beifalls-
rauschen macht sie beben.
Die Erscheinung: Antonia!
Antonia: Teure Mutter!
*Mirakel (Er ergreift eine Violine
und begleitet mit Besessen-
heit.):* Nun, so singe doch
mit ihr!

Antonia:
Ah! c'est ma mère, c'est elle!
Son âme m'appelle!
Miracle:
C'est sa voix, l'entends-tu?
Sa voix, meilleure
conseillère,
qui te lègue un talent que le
monde a perdu!
Le Fantôme: Antonia!
Miracle: Écoute! Écoute!
Le Fantôme: Antonia!
Miracle:
Elle semble revivre
et le public lointain de ses
bravos l'enivre!
Le Fantôme: Antonia!
Antonia: Ma mère! Ma mère!
*Miracle (prenant son violon et
accompagnant avec frénésie):*
Mais reprends donc avec
elle!

181

Eine Ekstase hat Antonia erfaßt, der rasende Rausch des Singens ist über sie gekommen. Wie ein mächtiger Strom zieht die Melodie dahin, immer jubelnder wird Antonias Gesang, schwingt sich auf in höchste Lagen und krönt das Terzett mit einem hohen Cis.

Antonia: Ihr Geist ruft mich!
Mirakel: So sing mit ihr,
  so sing!
Erscheinung: Antonia!
Antonia: O Mutter!
Mirakel: So singe doch mit ihr!

Erscheinung: Antonia!
Antonia: O Mutter! ...
  ... o Mutter! Ach!

Mirakel:
  So singe doch mit ihr!

Erscheinung:
  Ah!
  Liebes Kind, hör meiner
  Stimme Klang,
  hör ihn wie einst so heut,
  So höre meine Stimme!
Mirakel:
  Die Mutter ruft mit ihrer
  Stimme Klang.,
  ruft dich wie einst so heut,
  es ist der Mutter süßer Sang!
  So höre ihre Stimme!
Antonia:
  Es ist ihres Geistes Zwang,
  wie einst so heut!
  Sie ist es, sie! Ich höre den
  Gesang!
  Ja, ich kenne den Klang!
  Ach, meine Mutter, ach!
  Nein! Genug! Ich erliege,
  ich will nie- ...
  ... mals mehr singen.
Mirakel:
  Nur zu! Noch einmal!
Antonia:
  Welche Glut, welche ...

Antonia: Son âme m'appelle!
Miracle: Mais reprends donc,
  reprends!
Le Fantôme: Antonia!
Antonia: Ma mère!
Miracle: Reprends donc avec
  elle!
Le Fantôme: Antonia!
Antonia:
  Ma mère! ...
  ... ma mère! Ah!
Miracle:
  Mais reprends donc avec
  elle!
Le Fantôme:
  Ah!
  Chère enfant que j'appelle
  comme autrefois,
  Entends ma voix!

Miracle:
  Oui, son âme t'appelle
  comme autrefois.
  C'est ta mère, c'est elle!
  Entends sa voix!

Antonia:
  Oui, son âme m'appelle
  comme autrefois!
  C'est elle! Elle! J'entends sa
  voix!
  Oui, j'entends sa voix! Ah!
  ma mère! Ah!
  Non! assez! Je succombe, et
  ne veux ...
  ... plus chanter!
Miracle:
  Encore! Encore!
Antonia:
  Quelle ardeur, quelle ...

... Glut läßt mich verbren-
men und vergehen?

Mirakel:
Nur weiter! Warum hörst du
auf? ...
(wie vorher)
... Hör deiner Mutter
Gesang,
spür wie einst ihren Zwang,
hör der Stimme Klang!

Antonia:
Die Mutter! Ich hör den
Gesang!
Erscheinung:
Kind, vernimm der Stimme
Klang!
Mirakel:
Höre ihrer Stimme Klang!
... Höre deiner Mutter
Gesang!
Antonia: Ah!
Erscheinung:
Hör den Klang wie einst so
heut!
Antonia:
Ja, es ist ...
... ihres Geistes Zwang! Ah!
Erscheinung, Mirakel:
Dich ruft meiner/ihrer
Stimme Klang!
*(Mirakel spielt im folgenden
Vorgang unermüdlich mit
rasender Besessenheit die
Violine.)*
Antonia (atemlos):
Dem Drang widersteh' ich
vergebens!
(mehrfach wiederholt)

... ardeur m'embrase et me
dévore?

Miracle:
Encore! Pourquoi
t'arrêter?...
(comme précédemment)
... C'est ta mère, c'est elle!

Son âme t'appelle comme
autrefois.
Entends sa voix!
Antonia:
Ma mère! J'entends sa voix!

Le Fantôme:
Chère enfant, que j'appelle!

Miracle:
Oui, ta mère t'appelle!...
... Oui, c'est son âme, qui
t'appelle!
Antonia: Ah!
Le Fantôme:
Je t'appelle, comme
autrefois!
Antonia:
Oui, son âme...
... m'appelle! Ah!
Le Fantôme, Miracle:
Ma ⎫
Sa ⎭ voix t'appelle!
*(Miracle ne cesse de jouer
frénétiquement de son violon
tout au long du passage
suivant.)*
Antonia (haletant):
Je cède au transport qui
m'enivre!
(répétant à maintes reprises)

*Dann bricht sie sterbend zusammen. Das Licht, das das Bild
der Mutter geheimnisvoll erleuchtete, ist erloschen.
Crespel stürzt herbei, umfängt Antonia, deren Seele schon
ferne weilt: Sie hört im Sterben die Liebesmelodie (Nr. 19),
singt sie wie träumend mit, ihre Stimme setzt zu einem langen Triller an, der immer leiser wird und schließlich mit dem
Verhauchen von Antonias Seele erlischt.*

Welches Feuer blendet mir
den Blick? usw. Ah!
Nur noch ein Augenblick ...
... des Lebens,
nur noch ein Augenblick des
Lebens,
dann schwebt die Seele auf
zum Himmelsglück. Ah!

Erscheinung:
Hör meiner Stimme klang
Singe auch du, mein Kind,
singe,

Mirakel:
Singe, singe, singe nur zu!
Hör ihre Stimme.

*(Mirakel verschwindet unter
höhnischem Gelächter.)*
Crespel (stürzt wild herein):
Ach, mein Kind! Meine
Tochter! Antonia!

*Antonia (mit brechender
Stimme):*
Mein Vater,
hört mich an!
Meine Mutter, die Mutter,
sie ruft mich!
Er ist wieder da! ...
Hörst du das Liebeslied, ach,
jenes Liebeslied
aufwärts schweben ...
klagen, beben ...
Ach, das ist der Liebe süßes
Lied!
(Sie stirbt mitten im Triller.)

Crespel:
Nein! Nur ein Wort, nur

Quelle flamme éblouit mes
yeux? etc. Ah!
Un seul moment encore ...
... à vivre!
Un seul moment encore à
vivre,
et que mon âme vole aux
cieux! Ah!

Le Fantôme:
Ma voix t'appelle, comme
autrefois.
Chante toujours, ma fille!
chante.

Miracle:
Chante, chante, chante,
encore!
Sa voix t'appelle.
*(Miracle disparaît, en écla-
tant d'un rire sardonique.)*
*Crespel (se précipitant impé-
tueusement sur la scène):*
Mon enfant! ma fille!
Antonia!

*Antonia (rendant le dernier
soupir):*
Mon père!
Écoutez! c'est ma mère ...
ma mère,
qui m'appelle! ... Et lui ...
de retour ...
C'est une chanson d'amour,
une chanson d'amour
qui s'envole ...
triste ou folle ...
Ah! c'est une chanson
d'amour!
*(Elle expire au milieu d'un
trille.)*

Crespel:
Non! un seul mot! un seul!

Der Schluß des Aktes wird vom erregten Orchester getragen. Crespel, der Hoffmann für schuldig hält, will den eben Eintretenden, der von bösen Ahnungen getrieben wird, töten. Hoffmann ruft nach einem Arzt für Antonia, höhnisch erscheint Mirakel und stellt, zu dem langsam abebbenden Orchestersturm, die Diagnose: »Tot«.

Über dem zusammenbrechenden Crespel hört man den wilden Aufschrei Hoffmanns: »Antonia!«

eins, meine Tochter,
sprich zu mir!
Meine Tochter! Sprich doch!
Furchtbarer Tod!
Nein! Hab Mitleid! Mitleid!
Verschone sie! –
(als Hoffmann eilig eintritt)

Entferne dich! Meine
Tochter!
Hoffmann (beunruhigt):
Was ist geschehn?
Crespel:
Hoffmann! Du Schurke!
Du, du hast sie getötet!
Blut! Ich will ihre Wangen
röten! ...
Eine Waffe! Ein Messer! Ein
Messer!
*(nimmt ein Messer vom Tisch
und stürzt sich auf Hoffmann)*

*Niklaus (tritt gerade rechtzeitig
ein, um Crespel an der Aus-
führung seiner Absichten zu
hindern):* Unglücklicher!

Hoffmann (zu Niklaus):
Schnell! ruf nach Hilfe!
Ein Arzt! ein Arzt!
Mirakel (erscheint):
Schon da!
*(nachdem er Antonia den
Puls gefühlt hat)*
Tot!
Crespel:
Oh Gott! Mein Kind! Meine
Tochter!
Hoffmann:
Antonia!

ma fille! parle-moi, ma fille!
Parle donc! Mort exécrable!
Non! pitié, pitié! Grâce!

*(comme Hoffmann entre pré-
cipitamment en scène)*
Éloigne-toi! Ma fille!

Hoffmann (alarmé):
Pourquoi ces cris?
Crespel:
Hoffmann! ah! misérable!
c'est toi qui l'a tuée!
Du sang! Pour colorer sa
joue!...
Une arme! un couteau!
un couteau!
*(Saississant un couteau sur la
table, il se jette sur
Hoffmann.)*
*Niklaus (entrant juste à temps
pour empêcher Crespel de
mener à bien son projet san-
guinaire):*
Malheureux!
Hoffmann (à Niklaus):
Vite! donne l'alarme!
Un médecin! un médecin!
Miracle (apparaissant):
Présent!
*(après avoir tâté le pouls à
Antonia)*
Morte!
Crespel:
Ah! Dieu, mon enfant!
ma fille!
Hoffmann:
Antonia!

(Franz erscheint vom Lärm herbeigerufen, und kniet bei der Toten nieder.)

(Frantz, qui est entré attiré par le tumulte, s'agenouille auprès de la morte.)

*Dieses letzte Bild der Oper ist manchmal »Stella« über-
schrieben. Die einstige Geliebte tritt noch einmal in Hoffmans Leben, aber der Dichter ist durch die Erzählung seiner
drei Enttäuschungen, ist durch die Betäubung, die der Alkohol ihm gewährt – hier darf man so sagen – nicht mehr
imstande, nicht mehr gewillt, sie wahrzunehmen. So bleibt ihm
diese Enttäuschung erspart –, die nach der zu erwartenden
Liebesnacht unfehlbar eingetreten wäre.*

*Sollte dieses Bild nicht eher »Die Muse« heißen? Denn die
Muse ist es, die poetische Inspiration, die ihm zuletzt und
wohl für immer in ihre Arme schließt und ihn weit über die
Misere seines Lebens hinaushebt: zu den Sternen.*

*Wie es allerdings zu diesem versöhnlichen Ende kommt, ist
in jeder Fassung anders dargestellt. So verschieden, als handle
es sich – wäre die Identität der Personen nicht gegeben –
um verschiedene Opern.*

*Zauberhaft ist die den meisten gemeinsame Einleitung: noch
einmal zieht die »Barcarole« in ihrer ganzen weichen sehnsüchtigen Schönheit vorbei, nun ferne Erinnerung, Harfen-
klang und Liebesgeflüster aus nächtlichen Gondeln. Dann ein
kurzes romantisches Orchesterstück, – und dann die Weinstube, wie zu Beginn des Werkes. Im benachbarten Opernhaus geht die Vorstellung des »Don Giovanni« zu Ende,
Man hört die Ovationen für die Primadonna Stella.*

*Hoffmann erwacht aus seinen Visionen. (Hier gibt es die
Prosa- wie die Rezitativfassung.)*

*Von drei Frauen hat er erzählt. Olympia? Zerbrochen. Anto-
nia? Tot. Giulietta? In fernem Land verschollen, in den
Armen von hundert Männern, die sie ins Verderben führte?
Oder tot? Waren sie nicht alle nur Variationen des einen
Themas: Weib? Die Puppe, das junge, aufblühende Mädchen,
die Kurtisane? Alle Variationen des Themas Stella, der einst
heiß Geliebten?*

FÜNFTER AKT	ACTE CINQUIÈME

Luthers Weinkeller, wie im 1. Akt. Der Vorhang hebt sich über demselben Bild, und jeder ist in derselben Stellung wie am Ende des 1. Aktes.

Hoffmann:
  Meine drei Liebes-
  geschichten
  habt ihr nun gehört!
  Ich werde sie
  nie vergessen.

(Applaus für Stella hinter den Kulissen.)

Luther *(tritt ein):*
  Großer Erfolg! Es grüßt die
  Sängerin
  allgemeiner Beifall.

Lindorf *(für sich):*
  Nichts ist mehr zu fürchten,
  die Diva ist nun mein!

La taverne de Luther, comme au premier acte. Le rideau se lève sur exactement le même tableau, chacun occupant la même place, qu'à la fin du premier acte.

Hoffmann:
  Voilà quelle fut l'histoire
  de mes amours
  dont la mémoire
  en mon cœur restera
  toujours.

(Applaudissements pour Stella dans les coulisses.)

Luther *(entrant):*
  Grand succès, on acclame
  notre prima donna.

Lindorf *(à part):*
  Il n'est plus à craindre ...
  à moi la diva!

(In einer viel gespielten Fassung widmet Hoffmann nun Stella – um sich wieder in die Wirklichkeit zurückzufinden – die letzte Strophe des seltsamen Liedes vom Klein-Zack.)

(Er schleicht sich fort.)
Hoffmann: Stella!
Nathanael:
   Wie bezieht sich das auf
   Stella?

Niklaus (aufspringend):
   Ich versteh! Drei Frauen im
   nämlichen Weibe!
   Olympia! Antonia!
   Giulietta!
   Dieselbe bleibt es doch
   immer und heißt:
   Stella.
Studenten:
   Ha, Stella!
Niklaus:
   Laßt uns das Glas für sie
   erheben!
*Hoffmann (wütend, schmettert
   das Glas auf den Boden):*
   Ein Wort noch mehr und bei
   meinem Leben!
   Ich zerbreche dich wie
   dieses hier!

Niklaus:
   Wie? Deinem Mentor?
   Das mir?
Hoffmann:
   Ach! Ich bin verrückt! Die
   Gläser gefüllt und denkt nur
   eins!
   Uns umschweben die Gei-
   ster des Bieres und des
   Weins!
   Drum laßt uns trinken und
   betäuben;
   dann das Nichts unseligen
   Vergessens.
   Zünden wir den Punsch an!

(Il s'esquive.)
Hoffmann: Stella!
Nathanaël:
   Qu'a de commun Stella?

Niklaus (se levant):
   Ah! je comprends! trois
   drames dans un drame
   Olympia... Antonia...
   Giulietta...
   Ne sont qu'une même
   femme:
   La Stella!
Etudiants:
   La Stella!
Niklaus:
   Buvons à cette honnête
   dame!
*Hoffmann (furieux, brisant son
   verre):*
   Un mot de plus et sur mon
   âme
   Je te brise comme ceci!...

Niklaus:
   Moi, ton mentor? Merci!...

Hoffmann:
   Ah! je suis fou!... A nous le
   vertige divin
   Des esprits de l'alcool, de la
   bière et du vin!
   A nous l'ivresse et la folie,
   Le néant par qui l'on oublie.
   Allumons le punch!

195

Die Studenten, die atemlos gelauscht haben, schütteln den Spuk ab, den sie erlebten, mit der wieder stark und übermütig einsetzenden Musik fahren sie in dem unterbrochenen Gelage fort.

Schnell tut der Alkohol nun seine Wirkung. Betrunken und wie betäubt von den gehörten Erlebnissen Hoffmanns, sinken die Kumpane müde um. Die Lichter gehen langsam aus, doch da tritt, in überirdischem Schein, die »Muse« in den Keller.

(Es gibt Fassungen, die die Erscheinung der Muse völlig weglassen; andere, die ihr nur eine kurze Intervention gönnen, und schließlich auch die Version, die sowohl im Vorspiel wie hier im Nachspiel die Rolle der Muse außerordentlich aufwerten.)
Alle berufen sich auf Offenbach, auf Skizzen, auf die Uraufführung: das Chaos ist komplett. Die meisten der Versionen, die der Muse hier Platz einräumen, tun dies mit der Wiederholung der großenl, weiträumigen Melodie Nr. 15: Sie wird zuerst in zartesten Farben vom Orchester gespielt, wozu die Muse ihren Text rezitiert, bevor Hoffmann sie aufnimmt und zu strahlender Apotheose führt. Die Melodie, die er einst Giulietta, der Kurtisane, sang, wird nun zum letzten Liebesgruß an eine nicht körperhafte Frau: die Inspiration, die Kunst, die Muse...
(Notenbeispiel S. 198)

Studenten:
Zünden wir den Punsch an!
Hoffmann: Zechen wir!
Studenten: Zechen wir!
Hoffmann: Und die Betrunkensten sollen unterm Tisch liegen!
Studenten: Und die Betrunkensten sollen unterm Tisch liegen!

Luther, dem kann man trauen,
viv' la Compagneia!
Morgen wird er verhauen,
vive la va!

Seine Keller stehn uns offen,
Viv' la Compagneia, vive la va!
Morgen sind sie ausgesoffen,
Viv' la Compagneia, vive la va!

(Alle Studenten, berauscht vom Alkohol, versammeln sich in einem Nebenzimmer.)
Die Muse (erscheint in rosenfarbenem Glanz):

Etudiants:
Allumons le punch!
Hoffmann: Grisons-nous!
Etudiants: Grisons-nous!
Hoffmann: Et que les plus fous roulement sous la table.

Etudiants: Et que les plus fous roulent sous la table.

Luther est un brave homme,
tire lan laïre, tire lan la!

C'est demain qu'on l'assomme,
tire lan laïre, tire lan la!
Sa cave est d'un bon drille,
Tire lan laïre, tire lan la!
C'est demain qu'on la pille!
Tire lan laïre, tire lan la!

(Tous les étudiants, pris de boisson, s'attroupent dans la pièce voisine.)
Sa Muse (apparaissant auréolée d'une lumière couleur de rose):

(21)

Ich bin es, die dir treu
ergeben,
die immer dir mit sanfter
Hand
die Tränen trocknete, nur
Leben
und Rosen dir ins Dasein
streute.
Vertraue mir, und dich
befreien will ich
von wilder Leidenschaft!
Der Poesie sollst du dich
weihen!
Folge mir, Träumer! Ich
liebe dich!
An der Asche deines
Herzens
entzünde dein Genie,
lächle still zu deinen
Schmerzen,
die Muse verklärt dein
Leiden.
Man ist groß durch die
Liebe,
aber größer durch die
Tränen ...

Hoffmann:
Wie süß sprichst du zu mir
in holden Sphärentönen!
Erweckt in meinem Sinn
ward die Erinnerung.
Ich fühle plötzlich mich so
neu belebt und jung,
und freudig grüß ich dich,
o Muse, Geist des Schönen!
Ich seh' mich im Glanz der
Gestirne,
und, Muse, jetzt spür' ich es
auch:
Es streicht dein balsami-

Et moi? Moi, la fidèle amie
dont la main essuya tes
yeux?
Par qui la douleur endormie
s'exhale en rêves dans les
cieux?
Ne suis-je donc rien? Que la
tempête
des passions s'apaise en toi!
L'homme n'est plus; renais
poète!

Je t'aime, Hoffmann!
appartiens-moi!
Des cendres de ton cœur
réchauffe ton génie,
Dans la sérénité souris à tes
douleurs,
La Muse adoucira ta
souffrance bénie,
On est grand par l'amour et
plus grand par les pleurs!
(Elle disparaît.)

Hoffmann:
O Dieu! de quelle ivresse
embrases-tu mon âme,
Comme un concert divin ta
voix m'a pénétré,
D'un feu doux et brûlant
mon être est dévoré,
Tes regards dans les miens
ont épanché leur flamme,
Comme des astres radieux!
Et je sens, ô ma Muse
aimée,
passer ton haleine

Das Ende kommt, in verschiedenen Fassungen, mehr oder weniger schnell, ohne musikalisch noch Besonderes zu bieten. Stella tritt ein, Hoffmann folgt ihr nicht mehr oder will ihr nicht folgen, – sie wird eine leichte Beute Lindorfs, des dämonischen Gegenspielers.

Und die Studenten, die das wahre Maß an Tragik, das sie vernahmen und erlebten, gar nicht realisieren, stimmen ihren – wohl täglichen – Saufchor an: Die Erde hat sie wieder, wie Goethe sagt. Aber im sensiblen Hörer haftet der Klang einer übersinnlichen, zauberhaften träumerischen Welt, in die er einen Opernabend lang geblickt hat.

scher Hauch
über Lippen mir, über die
Stirne. usw.
Muse. Geliebte, ich bin
dein!
*(Er sinkt auf den Tisch, den
Kopf in den Armen
vergraben.)*
Stella (geht auf Hoffmann zu):
Hoffmann? Er schläft!
Niklaus:
Nein, er ist berauscht! Es ist
zu spät.
Lindorf: Ha, Teufel!
Niklaus: Hier ist der Rat
Lindorf, der Sie erwartet.

*(Stella nimmt Lindorf beim
Arm; Hoffmann, betäubt, folgt
ihr mit starrem Blick.)*
*Studenten (stimmen einen
anderen Refrain aus dem
1. Akt an):*
Bis morgen früh
füll mir das Glas!
Bis morgen früh
füll mir den Krug von Zinn!

ENDE

embaumée
sur mes lèvres et sur mes
yeux! etc.
Muse aimée, je suis à toi!

*(Il s'écroule sur la table, la
tête enfouie dans les bras.)*
Stella (allant vers Hoffmann):
Hoffmann endormi!...
Niklaus:
Non!... ivre mort!... Trop
tard, madame!
Lindorf: Corbleu!
Niklaus: Tenez, voilà le con-
seiller Lindorf qui vous
attend.

*(Stella prend Lindorf par le
bras; Hoffmann, bébété, la suit
fixement du regard.)*
*Etudiants (entonnant un autre
refrain du premier acte):*

Jusqu'au matin
remplis mon verre!
Jusqu'au matin
remplis le pot d'étain!

FIN

Geschichte der Oper
»Hoffmanns Erzählungen«

Als *Jacques Offenbach* in der von Lebenslust überschäumenden Hauptstadt des Zweiten Kaiserreichs auf dem Höhepunkt seiner Karriere stand, als ihm allabendlich in seinem eigenen Theater Könige, Fürsten, reichgewordene Bürger, seltsame Bohemiens zujubelten, gab ihm *Rossini,* der alternde, seit Jahrzehnten vom Metier zurückgezogene Großmeister der Oper, den einzigen Ehrennamen, der ihm wahrhaft nahe gegangen sein dürfte: *der Mozart der Champs-Elysées.* Er rückte ihn damit seinem angebeteten Idol nahe – und hielt ihn doch in unüberschreitbarem Abstand von ihm; denn Mozart vertrüge, wie alles Absolute, das wie ein Leitstern über seinem Schaffen stand, keine einschränkende Ortsbezeichnung. Wie hätte Rossini Offenbach ein Vierteljahrhundert später genannt, wenn er sein unbestreitbares Meisterwerk, die ernste, romantische Oper »Hoffmanns Erzählungen«, erlebt hätte? Hätte er sein Urteil bestätigt gefunden, da manches darin als nicht unwürdige Fortsetzung des Salzburger Meisters verstanden werden darf? Hätte er sein Lob erweitert, denn »Hoffmanns Erzählungen« weisen weit über die Champs-Elysées hinaus, über Paris und Frankreich in die ganze Welt? Mehr als in irgendeinem anderen, vorherigen Werk stieß Offenbach mit dieser Oper ins Universale vor, hinaus über die Schilderung seiner Umwelt ins Zeitlose.

»Hoffmanns Erzählungen« brachten Offenbach nicht nur dem angebeteten Mozart um einen Schritt näher, sondern auch seinem zweiten Liebling im Bereich der Künste: dem deutschen Dichter *E. T. A. Hoffmann,* mit dem ihn zeit seines Lebens viele und merkwürdige Fäden zu verknüpfen schienen. Und der Kreis schließt sich: E. T. A. Hoffmann gehörte zu den frühesten und begeistertsten Apologeten *Mozarts.*

Mozart-Hoffmann-Offenbach: eine auf den ersten Blick eigenartige, willkürlich erscheinende Zusammenstellung. Aber es gibt unter räumlich und zeitlich voneinander fernen Menschen Seelenverwandtschaften, die menschlicher

Verstand nicht zu erklären weiß. So in diesem Fall: Keiner von diesen dreien hat die anderen jemals von Angesicht zu Angesicht gesehen oder sehen können, ihr Leben spielte sich in räumlich wie zeitlich verschiedenen Sphären ab. Als Mozart 1791 in Wien starb, wurde Hoffmann im nordostdeutschen Raum gerade fünfzehn Jahre alt. Und als Hoffmann 1822 verstarb, war der in Köln geborene Offenbach gerade erst dreijährig.

Suchte man bei diesen drei, durch Charakterbildung wie Schicksal, durch Temperament wie Lebenswege so völlig verschiedenen Künstlernaturen überhaupt nach einer Gemeinsamkeit, man fände sie vielleicht in der verblüffenden Frühreife, für die alle Wissenschaft bis heute keinerlei Erklärung finden konnte.

Auf der Suche nach weiteren Affinitäten taucht – wenn man ihr überhaupt nachgehen will – ein interessanter Punkt auf, den zu diskutieren sich lohnen müßte: Neigen die drei genannten Künstlernaturen zur Mystik? Im Falle *Hoffmanns* unterliegt die Antwort keinem Zweifel, die Bezeichnungen »Gespenster-Hoffmann« oder »Geister-Hoffmann«, die er von Zeitgenossen erhielt, sprechen es klar aus. *Offenbach* erreicht den höchsten Gipfel seiner Kunst mit »Hoffmanns Erzählungen«, also mit jenem Werk, das Spuk, Zauber, okkulte Ereignisse, übersinnliche Erlebnisse in den Mittelpunkt des Geschehens rückt. Und sie wären, hätte Offenbach keine Neigungen in dieser Richtung verspürt, niemals zum Meisterwerk geworden, das sie ohne jeden Zweifel darstellen. Dadurch wird die seltsame Kluft zwischen den zahllosen anderen Offenbach-Werken und dieser Oper noch größer, wie noch auseinanderzusetzen sein wird. Doch *Mozart?* Ein Mystiker? Er, der Schöpfer der kristallklarsten Musik, die je geschrieben wurde, der Meister, der das Jenseits nur auf völlig diesseitigen Pfaden erreichte? Nun, gar so abwegig ist die Suche nach Übersinnlichem in Mozarts Leben und Werk doch nicht. Wir dürfen den Leser auf den Band »Die Zauberflöte«* verweisen, wo über seine Zugehörigkeit zum Freimaurertum, zu seiner Versenkung in die geheimnisvollen

* Band 33001 der Goldmann-Schott-Reihe: »Opern der Welt«.

Aspekte des »Zauberflöten«-Stoffes nachzulesen ist. Doch auch Weiteres wäre anzuführen: man denke an die Schauer, die den Hörer in der Friedhofszene des »Don Giovanni« anrühren, wenn die düsteren Posaunenklänge die Stimme der Statue in so unheimlicher Weise unterstreichen. Es dürfte kaum einen Zweifel geben, daß auch der so voll in der Welt stehende Mozart in fast unerreichbaren Seelenwinkeln die Grenzen der sogenannten »Vernunft« überschritt, der so sinnliche Musiker und Mensch in Bereiche des Übersinnlichen vorstieß.

Der Weg zu »Hoffmanns Erzählungen« öffnet sich uns nur über die Gestalt dieses seltsamen *Universalgenies* – Dichter, Musiker, Maler, Schriftsteller, Kritiker –, das aus grenzenloser Begeisterung für Mozart seinen Namen änderte: aus Ernst Theodor Wilhelm, wie er getauft wurde, gestaltete er Ernst Theodor Amadeus, als den ihn die Nachwelt respektierte: *E. T. A. Hoffmann.* Er wurde am 24. Januar 1776 in der Stadt des großen Philosophen *Kant,* dem damals preußischen Königsberg, geboren und verbrachte sein ziemlich kurzes Leben hauptsächlich als Staatsbeamter. Von 1808 bis 1816 allerdings brach diese Vielfachbegabung (wie sie in solcher Intensität die Geschichte der Künste nur äußerst selten kennt) aus dem geregelten, für sie viel zu geregelten Leben aus, um als Kapellmeister, Regisseur, Bühnenmaler, Maschinenmeister zu wirken. Aber auch in seiner »bürgerlichen« Existenz verließ ihn die Inspiration niemals, ganz gleichgültig, ob er die dichterische Feder zur Hand nahm, ob er Notenblätter mit Melodien bedeckte oder Leinwände mit Bildern: der Zug ins Fantastische verließ ihn nie, und erstaunlich zu nennen wäre eigentlich nur die Fähigkeit, ihn mit der Juristerei in Einklang zu bringen. Er beendete sein überreich erfülltes Leben als Regierungsrat am Kammergericht zu Berlin, 46jährig, am 25. Juni 1822. Seine gelungensten, genialsten Werke aufzuzählen verursachte sicherlich heftige Polemik unter seinen Kennern und Verehrern; in allem, was er schuf, sprüht es vor Talent und Eigenart, seiner Fantasie sind keine Grenzen gesetzt: »Die Elixiere des Teufels«, »Das Fräulein von Scuderi«, »Die Serapionsbrüder«, »Die Lebensansichten des Katers Murr« sind nur einige seiner wichtig-

E. T. A. Hoffmann (Selbstbildnis)

sten literarischen Schöpfungen; weitere werden bei der zu besprechenden Oper erwähnt werden, deren Ideen und Gestalten einer Reihe seiner Werke entnommen sind.
Zu den einprägsamsten Figuren, die Hoffmann schuf, gehört der »Kapellmeister Kreisler«, ein skurril-dämonischer, besessener Musikant, der nur in Fantasien denkt und den

seine geliebte Kunst den »Realitäten« des Daseins völlig entfremdet hat. In Hoffmann lebte ein Stück dieses seines Kapellmeisters *Kreisler,* obwohl er ein gewissenhafter Jurist war: eine gespaltene Natur also, deren auseinanderstrebende Tag- und Nachtseiten zu einer die Psychologen faszinierenden Koexistenz verbunden schienen. War auch Offenbach ein klein wenig »Kapellmeister Kreisler«? Auch er stand dem Getriebe dieser Welt keineswegs fremd gegenüber, wußte mit verschiedensten Menschentypen erfolgreich umzugehen, leitete Theater, spekulierte, polemisierte, persiflierte, parodierte wie nur irgendein lebensgewandter Künstler seiner Zeit. Aber auch er war wohl – wie alle echten Künstlernaturen – ein Gespaltener, ein Zwiespältiger (ein »Zerrissener«, wie *Nestroy* es ins Satirische umbog, um die Tragik ein wenig zu übertünchen). Mochte sich dies nicht bei »Orpheus in der Unterwelt« manifestieren, nicht bei der »Großherzogin von Gerolstein« und schon gar nicht bei seinen kleinen Einaktern – in »Hoffmanns Erzählungen« wird es spürbar. Da wird Offenbach, der im »wahren« Leben gewiß nie in einer Situation war, wie die Oper sie schildert, zu Hoffmann; er selbst ist es, der die Ängste und Nöte und Sehnsüchte des Künstlers durchleidet, mit Rätseln und Geheimnissen konfrontiert wird, die jenseits der Grenzen der sichtbaren, im Alltag sich öffnenden Welt liegen. Wer den Kapellmeister Kreisler aus Hoffmanns Schriften kennt, der stutzt, wenn er ein Bild Offenbachs erblickt: Sieht er selbst doch so skurril, grotesk, beinahe lächerlich aus, als habe ein Schauspieler sich als Kapellmeister Kreisler maskiert.

Seltsam, wie *Offenbach* auf seinem Lebenswege immer wieder Hoffmanns Schatten begegnet. Da schreibt bereits 1840 die Pariser Zeitschrift »L'Artiste« über ein Konzert auf dem Violoncello, das der einundzwanzigjährige Offenbach gegeben hatte: »Er ist groß, mager und ungewöhnlich blaß. Wenn sein Bogen die Saiten zum Klingen bringt, dann scheint sich zwischen dem Künstler und seinem Instrument eine jener geheimnisvollen Verbindungen anzubahnen, von denen Hoffmann so wundervoll erzählt. Mit seinen langen Haaren, seiner schlanken Gestalt und seiner geistvollen Stirn könnte man ihn für eine Gestalt

aus den phantastischen Erzählungen Hoffmanns halten...«
Im Jahre 1851 spielt das Pariser »Théâtre de l'Odéon« das
eigenartige Theaterstück »Les Contes d'Hoffmann«, in dessen Mittelpunkt die beiden namhaften französischen Büh-
nenautoren *Michel Carré* und *Jules Barbier* die Gestalt des
deutschen Dichters gestellt hatten. Im Parkett sitzt der nun
zweiunddreißigjährige *Offenbach* und ist gepackt; aber es
vergeht noch einige Zeit, bis er selbst diesem, von ihm verehrten Dichter näher treten, ihn zum Helden seines größten
Werkes machen wird.

Im Jahre 1856 erläßt Offenbach, nun Herr und Leiter seines
eigenen Theaters, der winzigen, aber vielbeachteten
»Bouffes Parisiens« ein Preisausschreiben. Es wendet sich
an alle Komponisten, die weder in der Pariser Oper noch
in der »Opéra Comique« jemals aufgeführt worden waren.
In die Jury beruft er – ein wenig großspurig – die hochbe-
rühmten Musiker *Auber* und *Halévy,* den nicht minder pro-
minenten Dramatiker und Librettisten *Eugène Scribe.* Das
Thema hat Offenbach selbst gewählt: »Dr. Mirakel«, eine
gespenstische Geschichte von *E. T. A. Hoffmann.* Die Preis-
richter beweisen übrigens einen guten Spürsinn; sie rufen
zwei künftige Große als Sieger aus, von denen damals noch
kaum jemand etwas ahnt: *Georges Bizet,* den späteren »Carmen«-Komponisten, und *Charles Lecocq,* der zum nicht un-
bedeutenden Konkurrenten Offenbachs heranwachsen
sollte.

Und abermals 13 Jahre später publiziert der Pariser »Figaro«, der sich bemüht, auf künstlerischem Gebiet eine
fast ebenso einflußreiche Rolle zu spielen wie auf dem der
Politik, eine aufsehenerregende Nachricht – als erstes Blatt
natürlich, wie es sich für den »Figaro« geziemt: *Offenbach,*
der unbestrittene König der Pariser Unterhaltungsmusik,
habe sich mit *Victorien Sardou,* dem bühnenbeherrschen-
den Autor, zusammengetan, um gemeinsam eine Operette
zu schreiben. Sardou erfand dafür keinen eigenen Stoff,
sondern verwendete E. T. A. Hoffmanns Erzählung vom
»Klein-Zaches« (die wir in »Hoffmanns Erzählungen« wiederfinden). So entstand »Le Roi Carotte« (zu deutsch:
»König Mohrrübe«), eine Operette, die zur Sensation, nicht
aber zum Erfolg wurde. Immer wieder begegnet Offenbach

also Hoffmann, in den verschiedensten Formen und bei den unerwartetsten Gelegenheiten.

E. T. A. Hoffmann gehörte zu den frühen Gestalten der Romantik, aber diese Sammelbezeichnung für eine Unzahl oft gegensätzlicher Strömungen wird gerade seinem Werk nicht ganz gerecht. Die Romantik kennt neben der »blauen Blume« der Innigkeit und Schwärmerei, neben der Verklärung und dem Überschwang der Gefühle auch die Schattenseiten des Lebens und zeigt sich geheimnisvoll angesprochen vom Skurrilen, Dämonischen, vom Gespenstischen und Grauenhaften der Welt. Dies sind die Dinge, die E. T. A. Hoffmann fesseln. Seinem nordamerikanischen Gefährten *Edgar Allan Poe* gleich liebt er das Fantastische, sei es nun – wenn man es überhaupt scheiden kann – »schön« oder »häßlich«, erlösend oder vernichtend. Er ahnt den Realismus voraus, so unrealistisch seine Werke auch zu sein scheinen. Erst das 20. Jahrhundert hätte einen Namen für seine Kunst gefunden: Surrealismus, zu dessen fernen Ahnern, ja Propheten er sicherlich gehört.

Hoffmanns Wirkung war in seinem Vaterland nicht klein. Aber sie wurde übertroffen durch die Anziehung, die er in Frankreich ausübte. Und so bedeutete die Dramatisierung von *Barbier* und *Carré* nicht nur eine verdiente Huldigung an den verehrten Dichter, sondern auch eine Spekulation auf seine durchaus volkstümliche Gestalt. Man muß den Autoren zugutehalten, daß sie, im Gegensatz zu vielerlei ähnlichen Versuchen rund um berühmte Künstler, Wesen und Geist des fantastischen Schriftstellers dramatisch glänzend zu erfassen wußten. Wurde auch, einige Jahre später, ihre von *Gounod* vertonte Fassung von *Goethes* »Faust« – vor allem von deutschen Verehrern des Dichterfürsten – heftig kritisiert, so kann ihrer Gestaltung von Hoffmanns Themen, Figuren und Ideen doch eine starke Einfühlung in dessen Atmosphäre und Gedankenwelt bestätigt werden. Hier liegt keine der so oft praktizierten »Verniedlichungen« vor, wie geschäftstüchtige Stückeschreiber und Novellisten sie in großen Mengen rund um populäre Gestalten der Dichtkunst, Malerei und Musik auf den Markt zu bringen wußten. *Barbier* und *Carré* hielten sich an die Werke *Hoffmanns* selbst: aus der Novelle »Der

Sandmann«, die in den »Nachtstücken« steht, gewannen sie die Geschichte der menschenähnlichen Puppe Olympia; aus »Rat Crespel« (in den »Serapionsbrüdern«) die tragische Episode der sich zu Tode singenden, schwindsüchtigen Antonia; die abenteuerlichen und gespenstischen Vorfälle des venezianischen Bildes stammen aus der »Geschichte vom verlorenen Spiegelbild«, die in den »Phantasiestücken in Callots Manier« steht. Einzelne Figuren sind weiteren Werken Hoffmanns entnommen, so der Zwerg Pitichinaccio aus der Novelle »Signor Formica«, der Rat Lindorf – Hoffmanns Gegenspieler, der ihm in immer neuen Verwandlungen unbesiegbar entgegentritt – aus dem »Goldenen Topf«. Natürlich ist auch die Ballade vom »Klein-Zack« (die französische Aussprache dieses Namens hat sich in Verbindung mit der Oper eingebürgert) ein Text von Hoffmann selbst; er stammt aus »Klein-Zaches oder Zinnober«. Die Suche nach den Quellen des Theaterstücks und der auf diesem beruhenden Oper ließe sich noch viel weiter ausbauen; sie beweist, daß *Barbier* und *Carré* »ihren« Hoffmann sehr gut kannten und sich ihm auf seinen eigenen Wegen zu nahen wußten.

Einer der Kritiker, die dieses Schauspiel zu begutachten hatten, erweist sich als Prophet: Er meint, es ließe sich ohne wesentliche Umarbeitung zu einer Oper gestalten. Hat *Offenbach* das gelesen? Oder selbst das gleiche Gefühl gehabt? Doch er ist wohl noch nicht so weit. Er lebt nun seit 18 Jahren in Paris, ist nach langen Lehr- und Wanderjahren innerhalb dieser großen, unheimlich bewegten Stadt nun Kapellmeister an der »Comédie Française«. Das ist zwar etwas Besseres als seine dreijährige Cellistentätigkeit an der »Opéra Comique«, aber sein Ehrgeiz zeigt ihm längst ganz andere, höhere Ziele. Besonders seit er 1850 mit »Fortunios Lied« starken Erfolg gehabt hat. Er fühlt, daß die kleine Buffo-Oper, das Vaudeville ihm besonders gut liegen, daß er in der Miniaturform von einaktigen Bühnenstücken, in Musikeinlagen bei Prosastücken, viel leisten könnte. Er glaubt nun auch zu wissen, daß sein musikalischer Charakter ihn zur Satire, zur Parodie prädestiniere, sehr im Gegensatz zu seinem Landsmann und Freund *Meyerbeer,* der es in der »großen Oper« so beneidenswert weit gebracht hat. Eigenartige Fügung des Schicksals: Beide zogen sie einst von Deutschland aus, aus dem gleichen Umkreis jüdischer Bürgerlichkeit, beide gelangten nach Paris und stiegen dort in immer höhere Positionen auf: Der eine »Jakob« – der sich italianisiert *Giacomo* nannte – wurde zum unvorstellbar erfolgreichen Schöpfer der »grande opéra«, deren Gepränge, theaterwirksame Theaterspektakularität, Massenszenen, Balletteinlagen einen neuen Typus des Musiktheaters schufen. Und als wollte sich die althellenische Zweiteilung wiederholen, laut der im klassischen Griechenland den Betrachtern nach dem ernsten Drama das heitere Satyrspiel geboten zu werden pflegte, so wurde nun der andere »Jakob«, der sich pariserisch *Jacques* nannte, zum Schöpfer der Operette, die das große Schauspiel vom Olymp in die Niederungen herabzog, parodierte, persiflierte, verspottete. Beide gemeinsam spiegeln den Geist Frankreichs in jener Stunde der Geschichte auf vollendete Weise. »La grande nation« findet ihre Repräsentation im Prunk Meyerbeers, aber weiß über sich zu lachen im Witz und Geiste Offenbachs.

Meyerbeer starb im Jahre 1864. Seine nachgelassene »Afrikanerin« wurde unter allen Anzeichen eines weltbedeutenden Kunstereignisses am 28. April 1865 in »seinem Theater«, der »Grande Opéra« uraufgeführt. *Offenbach* aber überlebte das Zweite Kaiserreich und seinen Herrscher Napoleon III. Über Frankreich wie über Offenbach brach 1870 eine schwere, deprimierende Zeit herein; daß sie an ihr nicht zerbrachen, spricht für die Stärke beider. Frankreich durchlebt den Krieg gegen die Deutschen, die Kapitulation von Sedan am 2. September 1870, die Abdankung des Monarchen, die Belagerung von Paris, die Kommune, den Bürgerkrieg, Hunger und Blut, den Zusammenbruch, die Siegesparade der Feinde am 1. März 1871 auf den Champs-Elysées. *Offenbach* erlitt, zum ersten Male seit er mit 14 Jahren nach Paris gekommen und, eigentlich entgegen dem Ausländerverbot, nur dank seines überragenden Talents in das Konservatorium aufgenommen worden war, Beschuldigungen und Beschimpfungen. War er nicht auch ein Preuße? Die französischen Neider griffen diesen erfolgreichen Mann wütend an, verdächtigten ihn, mit seinen

Giacomo Meyerbeer (1791–1864)

gesellschaftskritischen, die politische Lage parodistisch geißelnden, die herrschende Korruption verniedlichenden Operetten nur seinen »alten« Landsleuten –, ja, Bismarck persönlich, dienen zu wollen, vielleicht sogar ein bezahlter Spion zu sein. Er setzt sich mit Briefen an die Zeitungen zur Wehr: »... Ich bin hier naturalisiert und Ritter der Ehrenlegion. Ich verdanke Frankreich alles und wäre nicht wert, Franzose genannt zu werden – was ich einzig meiner Arbeit und Ehrenhaftigkeit verdanke –, wenn ich mich einer Feigheit meinem ursprünglichen Vaterlande gegenüber schuldig machen würde...«.

Nicht nur die Franzosen beschimpften ihn, viel heftiger taten dies die Deutschen, besonders nach seinen Antworten auf die französischen Angriffe. Sie bezeichnen seine Operetten als Machwerke, als Dekadenzerscheinungen der abendländischen Kultur. Zwei Generationen später hätte man von »entarteter Kunst« gesprochen, die Deutschen hätten von »Zersetzung der Moral«, die Franzosen von »Zersetzung des Wehrwillens« gesprochen. Ein latenter Antisemitismus spielte da zweifellos mit. Dieser Mann, man brauchte ihn ja nur anzusehen, war gar kein »richtiger« Deutscher gewesen: Sohn eines Vorbeters und Kantors der jüdischen Gemeinde in Köln, Herausgebers eines Gebetbuches seiner Religion und armseligen Wandermusikers –, was konnte von dem Gutes erwartet werden?

Doch nicht alle dachten so, auch nicht in den hohen Kreisen der Staatsleute und Generäle: Bei der Siegesparade unter Berlins klassischen Linden erklangen ... Offenbachsche Weisen. Er wußte es nicht, und es ist schwer zu entscheiden, ob es ihn gefreut oder geärgert hätte.

Die Franzosen mißtrauten ihm. War er nicht zu eng mit dem Kaiser, dem letzten *Napoleon* verbunden gewesen? Dessen Innenminister hatte ihn noch im letzten Lebensmoment der Monarchie für eine neue Auszeichnung vorgeschlagen; der neue Minister der Republik legte den Antrag verächtlich beiseite und ahnte nicht, daß es nur wenige Jahre dauern würde, bis auch sein Regime den Frieden mit dem »Napoleons-Günstling« machen und sich bei seinen Werken köstlich amüsieren würde. *Offenbach* war im Grunde ein völlig unpolitischer Mensch. Er kannte und durchschaute die Menschen, er wußte, daß hinter dem Pomp des Kaisers ein morscher Staat seinem Untergang entgegentanzte und -jubelte. Er war gescheit genug, tiefer zu blicken, Seifenblasen von echten Goldkugeln unterscheiden zu können. Doch was sollte er tun? Er schrieb seine Musik weiter, lustige, unbeschwerte Musik, übermütige Rhythmen. Seine Aufgabe war es nicht, die Gesellschaft zu verändern, sondern sie zu amüsieren. Die Sozialisten sahen manchmal in ihm einen Mitstreiter, einen Revolutionär, der die Mißstände geißelte und so den Finger auf soziale Übelstände legte. Aber er war kein Revolutionär, wollte und konnte es gar nicht sein, denn er war der herrschenden Gesellschaft viel zu eng verbunden, mochte sie nun dekadent und korrupt, seelen-, skrupel- und herzlos sein. Längst war er – bei der Hochzeit mit *Herminie d'Alcain* im Jahre 1844 – zum katholischen Glauben übergetreten. Aber seine Seele wußte aus tausendjährigem jüdischen Ghettodasein, daß man wohl Staatsformen, nicht aber Menschen ändern konnte und daß es seinem Volke nur dann leidlich gut gehen konnte, wenn es sich unter den Schutz der Mächtigen, der Herrschenden begab, ja zu deren Erhaltung beitrug, so viel in seinen Kräften stand.

Das Kaiserreich stürzte; gerade wie bei der Revolution der Jahre 1848 und 1849 war *Offenbach* mit seiner Familie aus Paris geflohen, und genau wie damals kehrte er in die geliebte Stadt zurück, um festzustellen, daß sich in den Schichten, die seine Operetten besuchten und über seine Figuren lachten, kaum etwas Wesentliches verändert hatte. Schneller, als er gedacht, rollte alles in das alte Geleise zurück. »Man« ging nach wie vor zu Offenbachs Werken, amüsierte sich lautstark und übermütig, ob man nun bemerkte oder nicht, daß man letzten Endes über sich selbst lachte, über seine eigenen Schwächen, die eigene Eitelkeit, die eigene Selbstsucht.

Schon am 14. Dezember 1871 – kaum war das Blut auf den Straßen von Paris getrocknet – spielten die »Bouffes-Parisiens« Offenbachs »Boule de Neige«, eine Umarbeitung der über zehn Jahre alten komischen Oper »Barkouf«. Einen Monat später nur gab es gleich zwei Offenbach-Premieren in Paris: am 15. Januar 1872 die des »Roi Carotte«, die wegen des Kriegsausbruchs zwei Jahre zuvor hatte verschoben werden müssen, und die ihr Autor mit dem Untertitel »Opéra bouffe-Féerie« schmückte, also etwa: Fantastische Lustspieloper. Und nur drei Tage später, am 18. Januar 1872, spielte die »Opéra Comique« die komische Oper »Fantasio«. Sie ist *Eduard Hanslick* gewidmet, dem allmächtigen Wiener Musikkritiker, Wagnerfresser, Bruckner- und Hugo-Wolf-Feind, Brahmsverehrer, Tschaikowsky-Verdammer und Johann-Strauß- wie Offenbach-Begeisterten.

213

Jacques Offenbach auf dem Cello reitend.
(Karikatur von Andre Gill)

Offenbach revanchiert sich mit dieser Widmung für viele
zustimmende Kritiken und darüber hinaus für die wertvolle
Ergebenheit der Musikstadt Wien, die seit Jahren an Offen-
bach-Pflege Paris kaum nachsteht.
Wien hat Offenbach einiges zu danken. Sichtbares, wie die
Aufführungen seiner Werke – das gleiche Jahr 1872, aus
dem wir zwei Pariser Premieren zitierten, brachte ebenso-
viele in Wien: die Operette »Fleurette« im »Carl-Theater«,
die komische Oper »Der schwarze Korsar« im »Theater an
der Wien« und Unsichtbares, das jenes bei weitem über-
wog. Als der »Operettenkönig« aus Paris 1864 in Wien
weilte, wurde ihm sein österreichischer Kollege, der »Walzerkönig« *Johann Strauß Sohn* vorgestellt. Sie trafen anläßlich des Balls der Schriftstellervereinigung »Concordia«

zusammen, für den *Offenbach* den »Abendblätter«-Walzer, *Strauß* den »Morgenblätter«-Walzer komponierte. Offenbach kannte einige Werke von Strauß und war sich über Stärke und Vielseitigkeit dieses Talents nicht im Unklaren. Er soll dem ein wenig schüchternen Strauß auf die Schulter geklopft und dazu die bedeutungsschweren Worte gesprochen haben: »Sie sollten Operetten komponieren!« Der Wiener nahm es für eine Pariser Höflichkeit, aber seine anwesende Gattin *Jetty* ließ nicht mehr locker. Der Walzerkönig mußte für das Musiktheater komponieren.

Es wurde, gemeinsam mit in diese Richtung weisenden Stücken von *Suppé* und *Millöcker* die Geburtsstunde der »klassischen« Operette, der »Wiener Operette«, die jahrzehntelang die Welt beherrschte. Offenbach behielt recht: Johann Strauß hatte die richtige »Hand« für das Theater. Allerdings geriet ihm die Operette wesentlich anders als seinem französischen Anreger. Strauß war der sentimentalere, der weniger geist- als gemütvolle; gesellschaftskritische Parodie lag dem loyalen Untertan *Franz Josephs I.* ferner als dem satirischeren Offenbach. Und Wien war nicht Paris. Zwar rivalisierten die beiden großen Metropolen des europäischen Festlandes an Glanz und Bedeutung, aber in ihrer Mentalität waren sie nicht zu vergleichen. Es war der Unterschied zwischen dem wiegenden Walzer und dem rasenden, aufreizenden Cancan, zwischen der wärmenden Erotik, die romantischem Gefühl entspringt, und der erhitzenden Sexualität, die schon in das entfesselte 20. Jahrhundert weist, zwischen dem oft ergreifenden Volksschauspieler und -autor *Johann Nestroy* und den übersprudelnd witzigen *Feydeau* und *Labiche,* bei denen von Herz nie die Rede ist, zwischen dem »süßen Mädel aus der Vorstadt« *(Schnitzler)* und der geschäftstüchtigen Kokotte der Pariser Halbwelt.

Das Jahre 1873 bringt *Offenbach* vier Premieren, drei das Jahr 1874. Und im nächsten Jahr, 1875, sind es sogar sechs –, eine fast unglaubliche Zahl, die nicht nur für die unermüdliche Schaffenskraft des Komponisten zeugt, sondern auch für die nicht erlahmende Begeisterung der Pariser. Es sind zumeist »Eintagsfliegen«, für eine einzige Saison entworfen und ausgeführt, ohne Anspruch auf Nachruhm komponiert; fast wie Zeitungen, aktuell im Augenblick des Erscheinens, hie und da mit einem Artikel von bleibenderem Wert ausgestattet. Eine Ausnahme bildet höchstens »Le voyage dans la lune« (Der Flug auf den Mond) eine »science fiction«-Féerie nach *Jules Vernes* phantastischem und prophetischem Roman, den Offenbach witzig aufs Korn nimmt, wie alles, was »Tagesthemen« des schwatzhaften Paris sind. In dieser Operette steht eine Melodie, die wenige Jahre später glanzvolle Auferstehung feiern wird: aus einem Orchesterstück wird Offenbach die »Spiegelarie« gestalten, eine der eindrucksvollsten Melodien in »Hoffmanns Erzählungen« –, von der allerdings zweifelhaft ist, ob der Komponist selbst es war, der diese Übertragung vornahm.

1876 bringt weitere drei Werke *Offenbachs*. Doch dann, 1877, sinkt diese Ziffer auf ein einziges Werk. Aber gerade dieses Jahr ist in seinem Leben von einer besonderen, tiefen Bedeutung: Er beginnt, sich mit »Hoffmanns Erzählungen« zu beschäftigen, wenn unsere Erkenntnisse nicht trügen. Ein Vierteljahrhundert lang hat Offenbach die Erinnerung an jenes Theaterstück mit sich herumgetragen, mehr als 25 Jahre lang wohl nur gelegentlich an die phantastischen Geschichten gedacht, die zwei Pariser Autoren rund um seinen Lieblingsdichter zusammengestellt, ihm als Liebeserlebnisse angedichtet hatten. Vielleicht hat er umso mehr davon geträumt. Denn wahrscheinlich schlummerte in seiner Seele tief vergraben der sehnsüchtige Wunsch nach einem »großen« Werk, nach einem Verströmen in ernsten Melodien, nach Arien und Ensembles wie *Meyerbeer, Halévy, Gounod, Bizet* sie neben ihm, der stets nur Amüsierstücke schreiben mußte, geschaffen hatten.

Es heißt, die Rechte an diesem Theaterstück seien nicht mehr verfügbar gewesen, ein Komponist namens *Héctor Salomon* hatte sie angeblich erworben. Dieser kommt in älteren Büchern vor: in Straßburg 1838 geboren – also 19 Jahre jünger als Offenbach –, mit einem Ballett an Offenbachs Theater »Bouffes Parisiens« aufgeführt, mit einem weiteren Tanzstück im »Théâtre Lyrique«, das zudem eine abendfüllende und mehrere kurze Opern von ihm spielte, später Chordirektor der »Grande Opéra«, mit vielerlei kleineren Kompositionen in Frankreich verbreitet und 1906 in Paris verstorben. Ein immerhin namhafter, wenn wohl auch nicht berühmter Musiker, den allerdings keines seiner Werke überleben konnte. Was hätte er aus »Hoffmanns Erzählungen« gemacht?

Man sagt, *Offenbach* habe sich mit ihm in Verbindung gesetzt, als er sich – 1877(?) – entschloß, den *Barbier-Carré-schen* Text rund um den ihn faszinierenden *Hoffmann* zu vertonen. Wie er *Salomon* das Libretto abjagen konnte, weiß niemand. Genügte seine größere Autorität? Konnte er dem Jüngeren Aufführungen in den von ihm beeinflußten Theatern versprechen? Gab er ihm Geld, viel Geld vielleicht, wie Offenbach stets in künstlerischen Belangen eine sehr offene Hand hatte? Niemand wird diese Frage wohl je wieder klären können. Offenbach machte sich an die Komposition der »Contes d'Hoffmann«, allerdings nicht mehr mit beiden ursprünglichen Textverfassern, sondern nur noch mit *Barbier*. Und es scheint vor allem sein eigener Einfluß gewesen zu sein, der das Theaterstück von 1851 noch wesentlichen Veränderungen unterwarf.

Offenbach geht auf sein Bühnenwerk Nummer 100 zu. Die sehr gute »Madame Favart«, eine der beiden Premieren des Jahres 1878, führt Nummer 98, die vergessene »Marocaine«, die am 13. Januar 1879 erscheint, Nummer 99. Und am 13. Dezember dieses gleichen Jahres ist der nun 60jährige, seit langem kränkelnde, von der qualvollen Gicht oft unerträglich verfolgte Offenbach bei 100 angelangt: »La fille du Tambour-Major« (»Die Tochter des Tambourmajors«), eine dreiaktige komische Oper, trägt diese stolze Ziffer.

Ahnt einer der Tausende, die diese Operetten und komischen Opern bejubeln, daß zur gleichen Zeit ihr Schöpfer an einem großen, sehr ernsten Werk arbeitet? Vielleicht weiß es ein halbes Dutzend Menschen: *Barbier* natürlich, der des Komponisten Wünsche mit ihm berät und in Verse und Szenengestaltung einzubauen sucht; die Gattin *Herminie,* die dem Musiker zur echten Gefährtin geworden ist, dazu vielleicht eines oder das andere der nun erwachsenen Kinder; und wahrscheinlich der Kapellmeister *Vizentini,* der im letzten Lebensjahrzehnt Offenbachs eine Rolle spielt, dessen zusammenbrechendes »Théâtre de la Gaîté«

217

zu einem Spottpreis kauft, es mit Offenbachs Musik wieder zur Blüte bringt, sich oftmals als wahrer Freund erweist. Eine große, ernste, romantische Oper, keine Operette – wie *Offenbach* seit einigen Jahren seine heiteren, leichten Werke nennt, womit er einen neuen Gattungsbegriff in die Musik einführt, eine bis dahin ungebräuchliche Verkleinerungsform von »Oper« –, keine Posse, kein Vaudeville, keine Féerie (was mit »Fee« und »feenhaft« zu tun hat, also ein fantastisches Schauspiel bezeichnet) und wie er sonst seine hundert Bühnenstücke noch zu benennen sich einfallen ließ. Ein Drama, in das übersinnliche Mächte entscheidend hineinspielen: Es nimmt Offenbach völlig gefangen, läßt ihm kaum Zeit und Gedanken für andere, für jene Gelegenheitsarbeiten, die immer wieder an ihn herantreten. Zum Glück hat er genug geschaffen, mit dem die verschiedensten Pariser (und ausländischen) Theater Geld scheffeln können. Vor allem »Orpheus in der Unterwelt« erweist sich immer wieder als Retter in Nöten finanzieller Art; er ist es nun auch, der nach dem schweren Zusammenbruch der »Gaîté« dem tiefverschuldeten Offenbach wieder eine gesunde, ruhige materielle Lebensbasis gibt, ohne die er das Werk seiner Träume vielleicht nie hätte vollenden können. Die Schulden sind bezahlt, die Sommervilla in Etretat nicht mehr vermietet, die Sorgen gebannt bis ans Lebensende, das allerdings näher ist, als jemand zu ahnen scheint. *Offenbach* denkt manchmal an den Tod, hat Angst, er könnte ihn überraschen, bevor »Les Contes d'Hoffmann« vollendet wären. Er arbeitet fieberhaft, im wahrsten Sinne des Wortes.

Am 18. Mai 1879 laden *M. et Mme. Offenbach* zu einem der geselligen, mit künstlerischen Darbietungen bereicherten Abende in ihrem schönen neuen Heim am »Boulevard des Capucines«. Längst schon betätigt der Hausherr sich nicht mehr persönlich an solchen Soiréen. Doch dieses Mal ist er nicht nur von Anfang bis Schluß anwesend, er hat auch das Programm vollständig bestimmt und dementsprechend die Liste der Geladenen zusammengestellt: Stücke aus der neuen, eben entstehenden Oper »Les Contes d'Hoffmann« bilden den Inhalt des Abends. *Vizentini* hat die Einstudierung geleitet und begleitet am Flügel, die Namen der mitwirkenden Sänger sind überliefert: *Auguez, Aubert, Taskin* und *Madame Franck-Duvernoy.* Zum »Chor« hatten sich Offenbachs Töchter mit Freunden und Bekannten zusammengetan.

Unter den Gästen bemerkte man vor allem zwei »Prominente«: *Léon Carvalho,* mächtiger Pariser Operndirektor, und *Franz von Jauner,* nicht minder einflußreicher Chef der Wiener Hofoper. Die Eingeweihten schmunzeln: Soll das neue Werk zwischen den beiden Theatern versteigert werden? Beide horchen höchst aufmerksam, wundern sich wohl über die bei *Offenbach* ungewohnte, weitgeschwungene Opernkantilene, über die ausgedehnten Formen, freuen sich über die bunten, erfolgversprechenden Schauplätze der Handlung, über die selbst bei der fragmentarischen Wiedergabe spürbare Spannung, die über dem Werk liegt. Das Hauskonzert bietet einen echten Querschnitt durch die wichtigsten, schon vollendeten Stücke des Werkes –, ja, bringt sogar einiges, was Offenbach bei der weiteren Arbeit noch streichen wird. Das Publikum ist tief beeindruckt, obwohl der wichtige Faktor des Orchesters fehlt. Beide Theaterdirektoren sind entschlossen, das Werk herauszubringen. Vielleicht wird an diesem Abend schon besprochen, daß die Pariser Opéra Comique die Uraufführung haben, die Wiener Hofoper »Hoffmanns Erzählungen« unmittelbar darauf in deutscher Sprache nachspielen sollte.

Noch im gleichen Jahr schreibt *Offenbach* an *Carvalho:* »Beeilen Sie sich, mein Stück herauszubringen! Mir bleibt nicht mehr viel Zeit und ich möchte die Premiere unbedingt erleben!« Ein merkwürdiger Brief: nicht der Todesahnung wegen, sondern weil der Komponist zur Aufführung eines Werkes drängt, das noch längst nicht beendet ist. Der Winter 1879/80 gehört zu den strengsten, die Paris seit langer Zeit erlebt. Offenbach sitzt in seinem Arbeitszimmer, ist in dicke Pelze gehüllt, nährt sich überwiegend von heißen alkoholischen Getränken. Von Punsch, wie er in »Hoffmanns Erzählungen« eine Rolle spielt; und zu *Offenbachs* Füßen ruht – ein Aquarell von *Edouard Detaille* hat es für die Nachwelt festgehalten – sein russisches Windspiel, das einen Namen aus dieser Oper führt: »Kleinzack«.

Noch einmal rafft *Offenbach* sich auf, um in Brüssel die fünfzigste Aufführung seiner »Fille du Tambour-major« selbst zu leiten, die wenig vorher, am 13. Dezember 1879, in den Pariser »Folies-Dramatiques« uraufgeführt und schnell auch in vielen anderen Städten Europas bekannt wurde.

Dann kommt der Sommer 1880. Doch auch er bringt keine Wärme mehr in den erkaltenden Körper *Offenbachs*. Nach Etretat, am Meer im Département Seine-Inférieure gelegen, kann er nicht mehr reisen, die Ärzte raten ihm vom ozeanischen Klima ab. So geht seine Familie allein in die Sommervilla, während er den »Boulevard des Capucines« zu einer viel kürzeren Fahrt verläßt: Er mietet sich im benachbarten St. Germain ein, um nicht allein in der großen Stadtwohnung zu bleiben, um Bedienung zur Hand zu haben, denn seine Unterkunft ist ein Hotel. Er geht kaum mehr aus, die wenigen treuen Freunde, die ihn besuchen, berichten, er sitze auch jetzt in warme Pelze gehüllt, Flaschen mit Punsch um sich, und schreibe oft unter Schmerzen und Fieberanfällen.

An seine Tochter *Pépita* in Etretat richtet er einen langen Brief: Es verbliebe ihm »genau ein Monat, um zu ›La belle Lurette‹ den dritten Akt zu komponieren sowie alle drei zu orchestrieren, das Finale* und den ganzen fünften Akt von ›Hoffmanns Erzählungen‹ zu komponieren – ohne von der Instrumentation zu sprechen, die später drankommen soll –, sowie einen Einakter für das ›Théâtre des Variétés‹ zu machen…« Ein großes, zu großes Programm für eine so kurze Zeitspanne. Wie kam *Offenbach* zu dieser Zeitangabe? Hatte ein Arzt ihn auf diese Frist vorbereitet? Wahrscheinlich bewog sein überaus starkes Pflichtbewußtsein ihn dazu, zuerst die Auftragswerke fertigzustellen, für die wohl längst Verträge vorlagen. Er stellte »La belle Lurette« fertig, deren Premiere sofort vorbereitet wurde: Doch die Premiere geriet zur Totenfeier für den wenige Tage zuvor verstorbenen Komponisten. Sogar der im Brief erwähnte Einakter konnte noch vollendet werden; es wurde

---

* Es kann heute als ziemlich sicher gelten, daß Offenbach unter »Finale« hier den Abschluß des Giulietta-Aktes versteht, den er als letzte der drei »Erzählungen« Hoffmanns vorgesehen hatte.

»Mam'zell Moucheron«, die letzte Offenbach-Uraufführung, viele Monate nach seinem Tode.

Ist, angesichts des Todes, der Wunsch, zuerst seine »Pflicht« Vertragspartnern gegenüber zu erfüllen, genug Motiv für die Bevorzugung offensichtlicher »Nebenwerke« gegenüber dem einzigen, das ihm wahrhaft am Herzen lag? Materielle Gründe können nicht ausschlaggebend gewesen sein; seine und – nach seinem Tode – seiner Familie Lage gab zu jener Zeit nicht mehr Anlaß zur Besorgnis. Warum also konzentrierte er nicht alle noch verfügbaren Kräfte auf »Hoffmanns Erzählungen«? Diese Frage ist nie beantwortet worden. Vor allem, weil sie erstaunlicherweise nie gestellt wurde. Und hier kommen wir zu einem Punkt, in dem frühere Ansichten – nach einem ganzen Jahrhundert, das verflossen ist – nicht mehr haltbar scheinen.

Zur völligen Orientierung des Lesers und Liebhabers dieser heute weltweit gespielten Oper seien die widersprüchlichen Auffassungen hier voll ausgebreitet. Offenbachs Enkel *Jacques Brindejoint-Offenbach* hat ein Erinnerungsbuch publiziert, das allerdings kaum den Rang von Memoiren einnehmen kann*, da es nicht aus eigenem Erleben stammt, sondern überwiegend aus Überlieferungen in dem Kreise der Familie. In diesem Buch steht wörtlich: »...Comme on le sait, Offenbach laissa sa partition des ›Contes d'Hoffmann‹ terminée, mais non orchestrée...«. Zu deutsch: »Wie man weiß, hat Offenbach seine Partitur von ›Hoffmanns Erzählungen‹ vollendet hinterlassen, wenn auch noch nicht orchestriert«. Woher wußte der Enkel das? Es war die Version, an der die Familie festhielt und niemals Zweifel aufkommen ließ, die also auch ihm als selbstverständliche Wahrheit erscheinen mußte. Unmittelbar auf den oben zitierten Satz folgt die Feststellung, man habe »Bizet und Délibes um Rat gebeten, die Ernest Guiraud zur Erfüllung dieser heiklen Aufgabe vorschlugen«. Die »heikle Aufgabe« ist zweifellos: die Instrumentation, die Orchestrierung der von *Offenbach* angeblich vollendet hinterlassenen Oper. Tatsächlich betrauten Offenbachs Erben – Gattin und Kinder – *Guiraud,* vielleicht

---

* »Offenbach, mon Grand-Père«, Librairie Plon, Paris 1940.

sogar auf Rat *Léo Delibes,* (keinesfalls aber auf Rat *Bizets,* denn dieser unglückliche Komponist, Schöpfer der herrlichen »Carmen«, war bereits seit mehr als fünf Jahren tot). Wenn der Enkel sich in diesem Punkt so sehr irrt, könnte er sich nicht auch mit der Feststellung irren, »Hoffmanns Erzählungen« seien von seinem Großvater vollendet hinterlassen worden? Er leitet den Satz, der diese Behauptung bringt, mit einem »Comme on le sait« ein, also: »Wie man weiß«. Weiß man es tatsächlich?

Fast hundert Jahre später stellt ein Forscher, *Dr. Fritz Oeser,* nach langem, sehr eingehendem Studium mit großer Sicherheit fest*: »Offenbach hinterließ ›Hoffmanns Erzählungen‹ unvollendet; sein Todestag, der 5. Oktober 1880, war ein Wendepunkt in der Überlieferungsgeschichte der Oper. Keine der entscheidenden Veränderungen, die von da an bis zur Uraufführung am 10. Februare 1881 vorgenommen wurden, ist auf ihn zurückzuführen. Keine Druckausgabe gibt Offenbachs Willen und Absicht wieder, weder der Erstdruck von 1881, noch die am weitesten von ihm abweichenden Editionen nach 1907. Die Legende, Offenbach habe den Klavierauszug ›bis zum letzten Akkord vollendet‹ und mit Instrumentationsangaben versehen hinterlassen, geht zurück auf die erste Biographie Offenbachs (1887) von André Martinet. Er wird sich als Freund der Familie Offenbach auf deren Sprachregelung nach Offenbachs Tod gestützt haben; nahezu alle späteren Biographen haben sie dann ungeprüft übernommen. In Wahrheit (Skizzen bezeugen es) war Offenbach, während die Studierproben schon liefen, über der Arbeit an einem großen Finale (mit Chor) des Giulietta-Aktes und einem Duett des Schlußaktes zwischen Hoffmann und Stella gestorben...«

Im Programmheft einer Wiener Aufführung vom März 1978 unterstreicht der gleiche Autor und Neubearbeiter die Ergebnisse seiner Untersuchungen abermals und setzt noch hinzu, daß von den letztgenannten Stücken, über denen Offenbach starb, »nur unvollendbare Skizzen geblieben« seien, und: »Instrumentationsangaben hat er nirgendwo gemacht...«

---

* Vorwort zum Klavierauszug der Oper, Alkor-Edition Kassel, 1977.

Demnach gehören »Hoffmanns Erzählungen« in die Reihe jener Werke, die von ihren Schöpfern unvollendet hinterlassen werden mußten, da der Tod ihnen die Feder aus der Hand nahm. Also, um nur wenige prominente Beispiele zu nennen, zu *Puccinis* »Turandot« (die *Franco Alfano* vollendete), zu *Busonis* »Dr. Faust« (an dem *Philipp Jarnach* ergänzend arbeitete) und, auf anderem Gebiete, zu *Mozarts* »Requiem«, das *Franz Xaver Süssmayer* vollendete.

Beide Versionen stimmen darin überein, daß *Offenbach* die ersten drei Akte im Klavierauszug fertiggestellt hatte. Ob dies bei den beiden letzten Bildern der Fall war, ist die Streitfrage. Doch halt! Wir müßten uns erst einigen, welches die ersten drei Aufzüge sind. Wer an die jahrzehntelang praktizierten Inszenierungen denkt, wird als erste drei Akte bezeichnen: das Vorspiel in Lutters Weinkeller, den Olympiaakt und die venezianische Szene. Aber die neueren Erkenntnisse legen den Finger auf ein Problem: Wir müssen heute annehmen, daß Offenbach die Liebesabenteuer Hoffmanns nicht in der traditionellen Reihenfolge erzählen wollte, sondern in der Reihenfolge *Olympia-Antonia-Giulietta*. Dramaturgisch könnten beide Möglichkeiten ihre Verfechter finden. Erlebt *Hoffmann* nach der herzlosen Puppe und der nicht weniger herzlosen Kokotte nun endlich eine liebeerfüllte Frau? Oder wird er immer tiefer in den Strudel der übersinnlichen Phänomene gerissen, wobei der dämonische *Dapertutto* den makabren *Dr. Mirakel* noch übertrifft? Auffallend für manchen Besucher traditioneller Aufführungen mag gewesen sein, daß der aus seiner Erzähler-Trance erwachende *Hoffmann* rückblickend seine drei Frauenerlebnisse noch einmal in der Reihenfolge *Olympia-Antonia-Giulietta* nennt. Vom rein dramatischen Standpunkt her scheint diese Reihung ebenfalls die größten Steigerungsmöglichkeiten zu bieten. Da *Offenbach* die Komposition anscheinend in der Aufeinanderfolge vornahm, die das fertige Drama aufweisen sollte, besitzen wir den Akt der menschenähnlichen Puppe, die Hoffmann dank einer magischen Brille als erstrebenswerte Frau erblickt, ebenso vollendet wie das tragische Bild der jungen Sängerin, die von der Mutter nicht nur die Stimme, sondern auch die tödliche Lungenkrankheit geerbt hat. Torso ist das venezianische Bild geblieben, und folgerichtig bietet es den Inszenatoren die größten Probleme, die divergierendsten Interpretationsmöglichkeiten. Und unvollendet blieb das letzte Bild, manchmal »Nachspiel«, manchmal »5. Akt« genannt. Hier rundet sich die dramatische Form zur bewundernswerten Einheit: Der Epilog knüpft an den Prolog an. Da aber von diesem Nachspiel bei *Offenbachs* Tod wesentliche Teile noch unkomponiert waren, mußte diese Lücke notwendigerweise auch auf das Vorspiel zurückwirken. Und hier scheint das Werk in allen späteren Fassungen am grausamsten verstümmelt worden zu sein: Da das große Schlußduett zwischen *Hoffmann* und seiner tröstenden *Muse* unvollendet blieb, fehlte dem Werk das vielleicht wichtigste Element, die Schlüsselszene, die allein dem abenteuerlich wilden Spiel einen tiefen Sinn zu verleihen vermag: der Trost, den der durch Schicksalsschläge und das grausame Erlebnis übersinnlicher Mächte vernichtete Dichter *Hoffmann* in den Armen der *Muse,* der Unsterblichkeit, der Inspiration erfährt, die ihn hoch über alles Irdische hinauszuheben vermag. Und da diese Schlüsselszene fehlte, wußten Bearbeiter und Regisseure oft genug nicht, was sie mit dem Prolog anfangen sollten: sie strichen die Muse und den sie begleitenden Geisterchor. Und dementsprechend reduzierten sie im letzten Bild die Rolle der *Muse* fast bis zur Statistenunwichtigkeit.

Doch nicht genug mit allem diesem Chaos, das hier nur angedeutet werden konnte. In der Uraufführung ließ *Carvalho,* der Direktor und Regisseur, den Giulietta-Akt einfach fort, da er ihm »zu lang und verworren« erschien und dem Stück eine längere Spieldauer verlieh, als sein Theater gewohnt war. Wie recht hat der Offenbach-Biograph *P. Walter Jacob,* wenn er feststellt: »Ein schwächeres Werk hätte solche Verstümmelung mit Erfolglosigkeit gebüßt. ›Hoffmanns Erzählungen‹ waren selbst in der Entstellung ein triumphaler Erfolg...«

Offenbach war im September aus dem »Pavillon Henri IV« in St. Germain nach Hause zurückgekehrt. In seiner Wohnung am »Boulevard des Capucines« starb er kurz vor Tagesanbruch am 5. Oktober 1880. Am 7. Oktober wurden seine sterblichen Reste in der »Madeleine« eingesegnet, der neohellenistischen Kirche der »Sainte Madeleine«, die Napoleon den Parisern erbaut hatte. Sie war überfüllt mit Menschen und Kränzen; es schien, als wollte seine geliebte Stadt ihm nun durch Zuneigung erwidern, was er ihr in seinen Werken gegeben hatte. Die Anwesenden fühlten, daß ein Stück Paris unwiederbringlich dahingegangen war. Sie horchen auf, als auf der Kirchenorgel – ein wenig ungewohnt an dieser Stätte – Fortunios Lied erklingt, Offenbachs Melodie, die sich längst in die Herzen gesungen hat. Dann wird der Sarg unter strömendem Regen an den Gebäuden vorübergeführt, die Offenbachs Lebensraum bedeuteten: das Konservatorium, die »Opéra Comique«, die Theater »de la Gaîté«, »Renaissance«, »Bouffes«, »Variétés«. Hinaus auf den Montmartre-Friedhof, den er selbst sich als letzte Ruhestatt erbeten hatte.

Und dann begann die Odyssée seiner nachgelassenen Oper. *Guiraud* übernahm die Aufgabe, sie aufführungsreif zu machen. Ob *Offenbach* selbst auf dem Totenbett das gewünscht hat? Was immer er für »Hoffmanns Erzählungen« getan, es reiht sich würdig seiner »Carmen«-Ergänzung an. Die von ihm stammende Orchestrierung ist blendend. Seine weitere Arbeit zu beurteilen ist unmöglich, denn niemand mehr vermöchte zu sagen, worin sie bestand. Eines scheint festzustehen: Er hat die Rolle des *Hoffmann,* von *Offenbach* noch für einen Bariton bestimmt, für Tenor umgeschrieben. Oder sollte das Offenbach selbst noch vor seinem Tode getan haben, vielleicht sogar schon früher, als feststand, daß das »Théâtre de la Gaîté«, das sich angeblich bereits 1878 um die Uraufführung bemüht und für die Titelrolle seinen Starbariton *Jacques-Joseph-André Bouhy* vorgeschlagen hatte, aus irgendeinem Grunde von diesem ehrgeizigen Projekt zurücktreten mußte? So steht es bei einigen Autoren, aber es ist nicht klar, wie Offenbach im Jahre 1878 ein Werk hätte aufführen wollen, von dem er noch zwei Jahre später seufzt, die ihm noch zur Verfügung stehende Zeit reiche dafür nicht mehr hin?

Der Herausgeber des »Figaro« – der gleiche *Henri de Villemessant,* der einst *Johann Strauß Sohn* für Paris und damit für die »große Welt« entdeckt hatte, wobei er gleichzeitig die »Schöne blaue Donau« zum berühmten Musikstück machte – veranstaltete für *Offenbach,* den er stets begeistert gefördert hatte, eine Gedenkfeier. Sie stand ganz im Zeichen der mitreißenden Rhythmen, der gut sangbaren Melodien, die der Verstorbene mit so leichter Hand über Paris hingestreut hatte. Es erklangen Stücke aus vielen seiner erfolgreichsten Musiquettes, Vaudevilles, Operetten, Bouffes. So kannte man ihn, so wollte man ihn noch einmal feiern. Im Foyer des »Théâtre des Variétés«, das so viele von Offenbachs stürmischesten Erfolgen aus der Taufe gehoben hatte (so »Die schöne Helena«, »Blaubart«, »Die Großherzogin von Gerolstein«, »Périchole«, »Die Banditen«), wurde eine Büste des Komponisten aufgestellt; auf der Bühne agierten viele seiner Lieblingsschauspieler, allen voran die »göttliche« *Hortense Schneider,* vor der »tout Paris« jahrzehntelang auf den Knien gelegen hatte. Sie alterte, aber ihre Anhänger wollten es nicht sehen, obwohl längst Jüngere auf den Brettern der Theater standen. Lange war es her, daß Offenbach ihre rothaarige Schönheit entdeckt, sie von der Provinzschmiere direkt in sein Theater, in den Triumph und unsagbaren Glanz geholt hatte. Irgendwie gehörten sie zusammen, der Komponist und die Diva, Offenbach und »la Snédèr«. Ihr Weg hatte sie einmal von ihm fort, aber dann, fast einem Naturgesetz folgend, wieder zu ihm zurückgeführt. Die Erfolge des Einen waren die Siege des Andern, und beide wuchsen sie zu legendären Gestalten heran, die fast immer im gleichen Atem genannt wurden. Bei Offenbachs Begräbnis war sie tief verschleiert hinter dem Sarg hergegangen, hatte nicht aufgeblickt, mit niemandem gesprochen; sie wußte, da wurde mehr zu Grabe getragen als ein Mann: eine Epoche und sie selbst. Aber sie fand sich in starker innerer Bewegung bereit, an diesem 18. November 1880 noch einmal die Bühne zu betreten, die ihre Welt gewesen war. Und als wären die Jahre nicht dahingeflossen, verzauberte sie ihr Publikum noch einmal, wie einst und immer, in Szenen aus ihres Meisters Meisterwerken »Le Violoneux« – mit dem sie vor einem Vierteljahrhundert in der großen Stadt debütiert hatte –, »La Périchole«, »Pariser Leben«. Von den tausend Anwesenden des überfüllten Saales wußte kaum Einer etwas von der ungeheuren Überraschung, die der Welt im Zusammenhang mit dem Namen *Offenbach* noch bevorstand. Man jubelte noch einmal dem Spaßmacher zu, dem unermüdlichen Schöpfer von Cancans und Walzern, von Couplets und Chansons, der mit übermütiger Hand Frohsinn und Laune verstreut, zum Tanz aufgespielt und alle menschlichen Schwächen mehr oder weniger gutmütig verspottet hatte, ja der selbst dort solche fand, wo es nach außen hin nur Stärken zu geben schien. Im Parkett saßen und applaudierten die Machthaber der Republik, so als wollte sich die neue und doch gar nicht so neue Gesellschaft mit ihm aussöhnen, nachdem sie ihn einige Jahre lang als den echtesten Ausdruck des »ancien régime« ablehnen zu müssen geglaubt hatte. Sie entdeckte, im Zuge des Ausgleichs mit der Vergangenheit, daß *Offenbach* ein echter Satiriker gewesen war – ein *Aristophanes, Molière, Nestroy, Chaplin* – der im Grunde immer nur Eines hatte treffen wollen: das Unechte. Und das blieb unecht, ob Kaiserreich oder Republik...

Offenbachs größte Stunde aber sollte noch kommen. Der 10. Februar 1881 wurde mehr als ein großer Tag für das Andenken eines ungewöhnlichen Menschen: er geriet zur Sternstunde für Paris, für die Welt und für die Oper. Bei der vier Monate nach Offenbachs Tod erfolgenden Uraufführung von »Hoffmanns Erzählungen« in der »Opéra Comique« sind die Spitzen von Regierung und Gesellschaft anwesend, Ministerpräsident *Jules Ferry* selbst neigt sich vor den Manen eines Künstlers, der wohl erst an diesem Abend in seiner wahren Dimension erkannt wurde. Der große Lyriker – den man längst in vielen, zumeist kleineren und versteckten Episoden seiner Werke hätte bemerken müssen – erstrahlt in reinstem Glanz, der Tragiker – bis dahin zumeist unter Spott und Satire versteckt – tritt in voller dramatischer Wucht und Größe hervor. Einer der bedeutenden Opernkomponisten offenbart sich im Schatten des Todes endlich ohne Maske, ohne Narrengewand.

Die Premiere stand nicht nur im Zeichen des äußerlichen Glanzes; sie ergriff ihr Publikum tief. Kaum jemand wußte, wie intensiv *Ernest Guiraud* gearbeitet haben mußte, um das Werk aufführungsbereit zu machen. Die Rezitative, die er nachkomponiert hatte (und die dann in tausenden von Vorstellungen die Verbindung zwischen den Musiknummern hergestellt haben) wurden allerdings an jenem Abend nicht verwendet: die »Opéra Comique« spielte »Les Contes d'Hoffmann«, ihrer Tradition, ihren Statuten gemäß, als Singspiel mit gesprochenen Dialogen. Was bei den Proben vor sich gegangen war, scheint keinen Außenstehenden interessiert zu haben und ist infolgedessen nicht überliefert. Was hätte *Offenbach* noch alles geändert, hinzugefügt, gestrichen? Wir können es nicht einmal vermuten. Es war seine Art, einem Stück die letzte, endgültige Form erst in der intensiven Probenarbeit zu geben; die Veränderungen waren oftmals beträchtlich und wären es wohl bei diesem so gänzlich anders gearteten seiner Werke um so mehr gewesen. Und da es auch keine Originalpartitur des Komponisten gibt, weiß niemand zu sagen, welche der unzähligen Formen, unter denen diese Oper seit damals erklang, die »authentische«, die Offenbachs Willen am nächsten stehende sein könnte.

Die der Premiere kaum. Zu ihren größten Willkürlichkeiten gehörte die schon erwähnte, im letzten Augenblick vom Regisseur *Carvalho* verfügte Streichung des *Guilietta-Aktes.* Doch der Theatermann mußte fühlen, daß damit eine der leuchtendsten Perlen der Musik dahinfiele, die »Barcarole«, die in ihrem zauberhaften Wiegen den Hörer in die Traumwelt der Liebesgondeln Venedigs versetzt. Es dürfte nicht viele Hörer gegeben haben, die sich dieser Melodie noch in anderem Zusammenhang erinnerten: als Gesang der Rheinnixen in der gleichnamigen Oper, die Offenbach 1864 in Wien uraufgeführt hatte. Als Elfentanz der Feengeschöpfe am nordischen Strom hatte dieses Stück keine nennenswerte Wirkung ausgeübt; nun, zum klingenden Symbol der südlichen Lagunenstadt geworden, zur Sehnsuchtsweise verrauschter, verklungener Feste in sinnlicher Athmosphäre, riß die wollüstig schwebende Melodie der Barcarole ihre Hörer mit und versetzte mit ihrem harfenumspielten Aufrauschen die Welt in einen Taumel.

Bei der Streichung des venezianischen Bildes hätte die Barcarole aus dem Werk entfernt werden müssen. *Carvalho,* trotz der schwerwiegenden Fehler rund um diesen Premierenabend ein echter Theatermann, suchte sie zu retten: *Guiraud* – oder ein anderer der helfenden Musiker – mußte sie in den *Antonia-Akt* einlegen: schnell ein paar textliche Retouchen, und die Barcarole erzählte, mitten in der deutschen Kleinstadt, von Hoffmanns Reisen, die ihn auch nach Venedig geführt hatten ... Aber es gibt Melodien, die tragen ihren Stern in sich: keine Wolke vermag ihren Glanz zu trüben. Und so wirkte die Barcarole auch, in nahezu »unmögliche« Umgebung gerückt, mit ihrem ganzen Zauber an jenem Abend des 10. Februar 1881.

Herminie, die Witwe *Offenbachs,* wohnte der Uraufführung seines größten Werkes nicht bei. Kämpfte sie einen schweren Kampf in sich aus, den zwischen der strengen Tradition des Trauerjahres und der moralischen Verpflichtung gegenüber dem toten Gatten, den würdig zu vertreten bei dieser einmaligen Gelegenheit es galt? Wir wissen es nicht. Herminie war wach, saß im großen Salon ihrer Wohnung und empfing die Nachrichten, die – anscheinend mehrmals im Verlaufe des Abends – Freunde ihr über den Verlauf der Premiere überbrachten. Die letzten, Minuten nach dem Fallen des letzten Vorhangs übermittelt, bestätigten den Triumph: die Zuschauer, buchstäblich von den Sitzen gerissen, bereiteten den »Contes d'Hoffmann« und ihrem verstorbenen Komponisten eine »in der Comique selten erlebte einmütige Huldigung« *(P. W. Jacob).*

Doch mit diesem Triumph ist die Geschichte von »Hoffmanns Erzählungen« noch nicht zu Ende. Die »Opéra Comique« konnte das Werk im ersten Spieljahr nicht weniger als hundertmal geben. Nur zehn Monate nach der Pariser Premiere fand die deutschsprachige Erstaufführung in Wien statt. Dort hatte es seit jenem »Hauskonzert« bei *Offenbachs* einige Veränderungen gegeben: *Franz von Jauner* war nicht mehr Direktor der Hofoper, sondern des weniger großen »Ringtheaters«. Es lag – und davon hatte es seinen Namen – so wie die vor nunmehr 12 Jahren, am 25. Mai 1869 eröffnete prunkvolle »Hofoper« am prächtigen »Ring«, der breiten Allee, die Wiens Innenstadt umschließt. *Jauner,* dem »Hoffmanns Erzählungen« an jenem Abend am »Boulevard des Capucines« unauslöschlichen Eindruck gemacht hatten, wollte das Werk nun in dem kurz zuvor von ihm übernommenen Ringtheater spielen und bereitete eine glänzende Premiere vor. Sie fand am 7. Dezember 1881 statt und schien die Hoffnungen des Direktors vollauf zu bestätigen. Eine lange Erfolgsserie war vorauszusehen, Wien krönte seinen Ruf als »Offenbach-Stadt«. Die zweite Aufführung, am darauffolgenden Abend, dem 8. Dezember 1881, hochgestimmt und erwartungsvoll begonnen, wurde zu einem der schwärzesten Tage der Theatergeschichte, zu einem der schlimmsten Unglücksdaten Wiens; auf der Bühne brach ein Brand aus, wurde in den Zuschauerraum geweht, bevor noch der eiserne Vorhang herabgelassen werden konnte. Hunderte von Menschen verbrannten oder wurden in der Panik zu Tode getreten. Die ganze Nacht hindurch leuchtete das brennende Gebäude in den geröteten Himmel, Tausende und Abertausende von Wienern drängten angstvoll gegen die überforderte Polizei, die alles abzuriegeln suchte. Zu den Opfern der Katastrophe gehörte in gewissem Sinne auch Direktor *Franz von Jauner;* er soll (nach einer Version war es der diensthabende Polizeioffizier) dem wenige Minuten nach Brandausbruch auf dem Schauplatz erscheinenden *Erzherzog Albrecht* die schwerwiegenden Worte zugerufen haben: »Alles gerettet, kaiserliche Hoheit!«, während im Innern des völlig in Rauch und Flammen gehüllten Gebäudes ungezählte Menschen gegen den Tod ankämpften. Für die Versehen und Fehler, die von den Verantwortlichen begangen worden waren und die zur ungewöhnlichen Tragweite der Katastrophe führten, wurde *Jauner* zu vier Monaten Gefängnis verurteilt. Er war ein gebrochener Mann, als er entlassen wurde. Im Ausland versuchte er sich noch als Regisseur, kam sehnsuchtsgetrieben heim nach Wien, wurde am »Carl-Theater« einfacher Schauspieler. War es die Erinnerung an Brand und Kerker, war es der Abstieg von einstiger Hofoperndirektorshöhe: im Jahre 1900 beging *Franz von Jauner,* einst gefeierter Liebling der Wiener, Selbstmord.

Hatte eine Fackel des Venedigbildes – das in Wien natürlich gespielt wurde – das Unglück verursacht? So seltsam es klingen mag, auch die Barcarole und die Oper »Hoffmanns Erzählungen« gehörten zu den Opfern der furchtbaren Brandnacht. Rund um diese Barcarole begann sich eine Legende zu bilden: daß *Offenbach* sie gehört, von ihr fasziniert gewesen sei, sich bemüht habe, ihren Ursprung, ihren Komponisten kennen zu lernen, bis er nach langem, vergeblichem, zuletzt fast verzweifeltem Suchen in eine Hafenstadt gewiesen worden sei, wo er in einer Spelunke einen alten, verkommenen Pianisten endlich als Autor identifizieren konnte. Der Alte, auf Offenbachs Bitte, ihm diese Melodie »abzutreten«, habe ihn beschworen, jeden Kontakt mit ihr zu meiden, da sie Unglück brächte. Ihn selbst, einst ein hoffnungsvoller Musiker, habe sie zugrundegerichtet, seine Geliebte in den Tod getrieben. Trotz aller Einwände erwarb *Offenbach* die einschmeichelnde Musik und bettete sie, großartig ausgestaltet, als Barcarole in seine »Contes d'Hoffmann«. Und der Ringtheaterbrand zu Wien sei die – letzte – »Rache« der Melodie geworden. An dieser Legende ist kein wahres Wort, schon der erste Einbau dieser Weise in die »Rheinnixen« widerlegt sie. Aber trotzdem – und das hat ihr Entstehen wohl gefördert – gibt es eine seltsame Tatsache in Offenbachs Leben, die eine Verwandtschaft mit dieser Legende aufweist: Offenbach hat einmal, von einer Melodie gebannt, deren Ursprüngen nachgeforscht und sie endlich, endlich gefunden. Aber das war eine ganz andere Melodie – ein Walzer – und er lag Jahrzehnte zurück, muß uns also bei der Besprechung von »Hoffmanns Erzählungen« nicht weiter beschäftigen.

Zur Legendenbildung um die Barcarole trug allerdings das Betragen der mit Theaterdingen betrauten Stellen der Donaumonarchie nicht unwesentlich bei: Nach dem Ringtheaterbrand verschwand Offenbachs Oper für lange Jahre von allen Spielplänen des Landes. Die Barcarole, später Lieblingsstück aller Kurkapellen und Unterhaltungsorchester, galt als »verflucht«. Man entsann sich bei ihrem Erklingen nicht nur der Brandkatastrophe, sondern auch anderer, wesentlich unbedeutenderer, aber seltsamer Dinge und Erscheinungen, die sich angeblich im Zusammenhang mit ihr in verschiedenen Teilen der Welt abgespielt haben sollen...

Das alles liegt weit zurück. In Deutschland dauerte das

Mißtrauen gegenüber *Offenbachs* Meisterwerk fast ein Vierteljahrhundert lang, in Österreich an die dreißig Jahre. Einen Umschwung brachte die Aufführung der Berliner Komischen Oper im Jahre 1905: vierhundertmal »en suite« gingen »Hoffmanns Erzählungen« in der Inszenierung von *Max Morris* (der auch viel zu einer neuen Übersetzung und Fassung beitrug) und unter der Intendanz von *Hans Gregor* über die Bühne. Schönheit und Lebensfähigkeit des Werkes waren auch für das deutschsprachige Theater voll erwiesen.

An beidem wurde nun nie mehr gezweifelt. Doch es begann die Verwirrung, ja das Chaos rund um »Ur-« oder »authentische« Fassungen, und die Bestrebungen, Offenbachs vermeintlichen Absichten und Wünschen näher zu kommen, verstärkten sich im Laufe der letzten Jahrzehnte noch bedeutend. Unser Jahrhundert, das »alles in Frage stellt«, suchte auch auf dem Gebiet der Meisterwerke aller Kunstgattungen neue Erkenntnisse zu erschließen, von »Bearbeitungen« und »Fassungen« fort zu den »Urformen« zurückzufinden. Das führte zu Experimenten und Diskussionen bei nicht wenigen Werken, von denen hier nur »Carmen«, »Boris Godunoff«, »Don Carlos«, »Tannhäuser« genannt seien, eine Liste, die sich leicht verlängern ließe. Doch im Falle von »Hoffmanns Erzählungen« suchte man eigentlich etwas, das es gar nicht gab: eine Originalhandschrift, eine authentische »Fassung« Offenbachs, die in allen Punkten klar und eindeutig wäre.

In Ermangelung einer solchen wurden zahlreiche, ja fast zahllose »Einrichtungen« und »Bearbeitungen« erprobt, von jener *Hans Loewenfelds* im Jahre 1907 angefangen über die von *Egon Friedell* und *Hans Sassmann* (die das Werk unter musikalischer Mitarbeit von *Leo Blech* für jene großartige Inszenierung *Max Reinhardts* zubereiteten, die vom November 1931 bis zum April 1932 nicht weniger als 175mal im riesigen »Großen Schauspielhaus« Berlins lief), über die textliche und musikalische Neufassung von *Otto Maag* und *Hans Haug* zu *Walter Felsenstein* und *Fritz Oeser*. *Felsenstein,* der hochbedeutende Regisseur und bahnbrechende jahrzehntelange Leiter der (Ostberliner) »Komischen Oper« verfilmte seine Fassung auch. Zu den erre-

Programmheft der Reinhardt-Inszenierung
im Berliner »Großen Schauspielhaus«, 1931

gendsten Opernerlebnissen wußte *Vaclav Kaslik* seine
tschechische Version in der Prager »Laterna Magica« zu
gestalten: die Kleinheit der Bühne zwang zu geradezu
Offenbachschen Stilexperimenten, aber mit den vollen

technischen Mitteln des 20. Jahrhunderts: einer Kombination zwischen »Film« (für die Massen- und Chorszenen) und »live« für die Solisten. Hier war der übersinnliche Zauber und Spuk in fast unwahrscheinlichem Maße verwirklicht. Am weitesten geht wahrscheinlich die Fassung von *Fritz Oeser/Gerhard Schwalbe,* da ihr die gründlichsten, wissenschaftlichsten Quellenstudien zugrundeliegen; zugleich bedeutet sie die radikalsten Veränderungen gegenüber dem »klassisch« gewordenen Bild dieser Oper.

Eine Fassung sei noch erwähnt, da sie einigen Aufführungen des Jubiläumsjahres 1980 und einer vielbeachteten Schallplatteneinspielung zugrundeliegt. In ihr stirbt Giulietta, wie auch Olympia und Antonia sterben. Während aber deren Tode dramatisch einfach und sinnfällig dargestellt sind, ist der Giuliettas ein wenig kompliziert. Hoffmann hat im Zweikampf seinen Rivalen Schlemihl getötet, Niklaus will ihn nun schnell in Sicherheit bringen. Doch der Poet weigert sich, Venedig zu verlassen, bevor er die schöne Giulietta umarmt hat, um ihrer Gunst willen tötete er den Nebenbuhler. Dapertutto erscheint: er wisse ein Mittel, flüstert er Hoffmann zu, mit dem dieser sich den unbequemen Mahner Niklaus »für einige Stunden« vom Halse schaffen könne. Er gießt den Inhalt eines Fläschchens in die Wasserkaraffe, die auf dem Tische steht. Als die von Wein, Tanz und Spiel erhitzte Giulietta auftritt, reicht Pitichinaccio ihr einen Trunk aus der Karaffe. Sterbend sinkt die Kurtisane in die Arme Hoffmanns. Dapertutto, der mit Hoffmanns Spiegelbild nun alles besitzt, was er wollte, nennt Giuliettas Tod einen »unglücklichen Zufall«. Der erschrockene Pitichinaccio flieht –, aber nicht, ohne vorher der toten Giulietta einen wertvollen Diamanten vom Finger gerissen zu haben. Woher diese Szene kommt, ist schwer zu sagen; einerseits hat Offenbach diesen Akt bekanntlich nicht mehr vollenden können, andererseits ist er bei der Uraufführung überhaupt weggelassen worden. Wollten Dichter und Komponist alle drei Frauen sterben und so Hoffmanns Liebessehnen besonders tragisch enden lassen? Leider ist der eben erzählte Schluß dramaturgisch wenig klar und kommt so nicht leicht zur beabsichtigten Wirkung.

Inhaltsangabe
(unter Berücksichtigung verschiedener Fassungen)

Das *Erste Bild* führt verschiedene Namen. Es wird als
»Vorspiel« bezeichnet (wenn die Oper als dreiaktig mit
Vor- und Nachspiel angegeben wird), es kann »Einleitung«
heißen (was seiner Wichtigkeit vielleicht nicht ganz gerecht
wird) oder aber »Erster Akt«, wenn der Szenenablauf des
Werkes in fünf Akte eingeteilt wird. Die Bezeichnungen
»Vor- und Nachspiel« haben ihren Sinn (den die Aufteilung
auf sozusagen gleichgestellte fünf Akte verwischt): Es handelt sich um eine Rahmenhandlung, die das Rückgrat für
drei Erzählungen bildet.
Wir blicken in das Innere einer deutschen Gaststube. Ob
wir sie als »Luthers Keller in Nürnberg« bezeichnen wollen
(wie es traditionell geschieht) oder aus dem Namen des
Wirts auf eine Identifikation mit einer alten Berliner Weinstube (*J. C. Lutter,* in der *Hoffmann* tatsächlich Stammgast
war) schließen, ist im Grund gleichgültig. Vor- und Nachspiel ereignen sich zweifellos »in einer deutschen Stadt«
(wie es am vernünftigsten in den Programmheften zu ver-
zeichnen wäre). Das Vorspiel dient vor allem zur Vorstellung der Hauptperson, des deutschen romantischen Dichters *E. T. A. Hoffmann* (1776–1822). Er ist es selbst, der die
drei Liebesabenteuer im Kreise von Studenten und Kum-
panen zum besten gibt; die Verfasser des Theaterstücks
»Les contes d'Hoffmann«, *Jules Barbier* und *Michel Carré,*
haben Hoffmanns Leben und Werke recht genau studiert
und ein Textbuch geschaffen, das bei aller Freiheit genü-
gend Anhaltspunkte im dichterischen Werk Hoffmanns
besitzt, um sich wohltuend von vielen ähnlichen Versuchen
der »Dramatisierung« berühmter Lebensläufe abzuheben.
Hoffmann wird durch mehrere, psychologisch durchaus
gültige Motive zur Erzählung der drei Episoden angeregt.
Er betritt die Schenke in der großen Pause der Opern-
vorstellung, die im benachbarten Theater abrollt. Gegeben
wird dort Mozarts »Don Giovanni«, dessen Musik ihn besonders aufwühlt. Hier ist einerseits auf Hoffmanns Mo-
zartverehrung angespielt – der dritte Buchstabe, den er

seinem Namen voransetzte, das »A«, entspricht keinem wirklichen Taufnamen, wie die beiden anderen, sondern ersetzte das »W« (für »Wilhelm«) durch den Vornamen des Idols Mozart: *Amadeus* –, andererseits auch darauf Bezug genommen, daß Hoffmann sich in seinen Schriften besonders gern und intensiv mit dieser »Oper der Opern« beschäftigte.

Die Ankunft einer einstigen Geliebten in der Stadt hat ihn in eine besonders erregte Stimmung versetzt: *Stella,* berühmte Opernsängerin, verkörpert an diesem Abend die »Donna Anna«. Zwischen ihr und dem Dichter spielte sich in der Vergangenheit, auf irgendeiner der Stationen ihrer weiten Tournéen, ein kurzes, aber heftiges Liebeserlebnis ab, dem die Diva, allem Anschein nach, ein plötzliches Ende bereitete. Die Textdichter geben Hoffmanns besonderer Stimmung an diesem Abend noch eine weitere Motivierung: Er begegnet in der Taverne seinem »ewigen« Widersacher, einer unheilvollen Gestalt, die sich an wichtigen Wendepunkten seines Lebens stets zwischen ihn und das von ihm erstrebte Glück zu schieben wußte. Es ist, in einer seiner mehrfachen Verkörperungen, der *Stadtrat Lindorf,* eine Art Mephisto, dem wir in den Erzählungen Hoffmanns stets wieder begegnen werden, maskiert als »Coppelius«, »Dr. Mirakel«, »Dapertutto«, doch stets als Verkörperung des bösen, dämonischen Prinzips.

Und wenn es noch eines weiteren Anlasses bedarf, Hoffmanns Zunge zu den Erzählungen seiner seltsamen Abenteuer zu bewegen, so führen die Autoren den Alkohol ins Treffen: Er lähmt des Dichters Willenskraft, aber beflügelt seine Fantasie zur romantischen Schilderung gespenstischer Abenteuer.

Wie diese Ausgangsstellung der Oper erreicht und durchgeführt wird, ist nun in den verschiedenen Fassungen recht unterschiedlich. Ältere Versionen reduzieren die Rolle Lindorfs – mit Unrecht, wie wir glauben – und streichen sogar den Auftritt der *Muse,* der als Gegenspielerin zu den irdischen Frauen eine sehr bedeutsame Rolle zufällt. Sie, die Inspiration, die Triebkraft der künstlerischen Werke, ist es ja, die den in unseligen Abenteuern enttäuschten Hoffmann mit echtem Trost zu erheben weiß: mit den ihm voll gelungenen Werken, mit dem Nachruhm, mit der »Unsterblichkeit«. Doch so weit sind wir noch lange nicht: erst im letzten Bild wird der Muse diese Aufgabe zufallen, wenn Hoffmann, müde, lebensüberdrüssig, betrunken zu irdischeren Taten unfähig geworden ist.

Kaum eine andere Partie ist so gegensätzlich in ihrer Bewertung durch die verschiedenen Bearbeiter wie die Muse. Jahrzehntelang trat sie beinahe überhaupt nicht in Erscheinung; höchstens tauchte sie erst ganz zuletzt auf, um in einem kurzen, zumeist nicht gesungenen, sondern über Orchesterbegleitung gesprochenen Text Hoffmann zu trösten. Ein solcher dramaturgischer Fehler – im letzten Augenblick eine neue, entscheidende Person einzuführen – darf aber dem ursprünglichen Plan der Oper nicht angelastet werden. Wir wissen heute (vor allem durch *Fritz Oeser*), daß der Muse eine bedeutende Rolle zugedacht war, daß sie in Vor- und Nachspiel wichtige Auftritte hatte; ja, mehr noch, daß sie durch die Erzählungen ging als »Hoffmanns bester Freund« *Niklaus,* der den Dichter treu begleitet und dafür sorgt, daß er in den wildesten Abenteuern nicht umkomme.

In allen Fassungen gleich ist der Hoffmann umgebende *Studentenchor* mit seinem Trinklied. Gleich – wenn auch in verschiedener Länge und Intensität gestaltet – die Begegnung des Stadtrats Lindorf mit dem Diener der Sängerin Stella, der Hoffmann einen Liebesbrief und den Schlüssel zum Schlafgemach der Diva übergeben soll. Lindorf, der diese Zusammenhänge ahnt und dem Dichter einen solchen Erfolg nicht gönnt, besticht den Diener, der für eine größere Summe bereit ist, seinen Auftrag nicht auszuführen und dem Gegenspieler Brief und Schlüssel in die Hand zu spielen.

Die begeisterten Kommentare des Opernpublikums, vor allem der Studenten, die die Pause dazu benützen, im Weinkeller die Kehlen zu befeuchten, stellen Stellas Bild vor Hoffmanns Seele, der gar nicht ahnt, wie nahe er der Erneuerung der alten Liebesleidenschaft ist. Sie erfüllt ihn, während er dem Wunsch der Kumpane nach einem Lied nachgibt: Er singt die Romanze vom »Kleinzack« oder »Klein-Zaches« (oder »Zinnober«), die auf einen Original-

Aufführung im Staatstheater am Gärtnerplatz, München, 27. Februar 1966: Vorspiel zu »Hoffmanns Erzählungen« mit *Anton de Ridder* als *Hoffmann* und Eva Maria Görgen als *Niklaus*.

Hoffmann-Text zurückgeht. Er beginnt, den Zwerg zu schildern, seinen Buckel, seine grotesken Bewegungen. Doch ganz plötzlich geht diese Schilderung in eine ganz andere über: Die groteske Musik wird lyrisch, das Bild einer schönen Frau ersteht. Die Zuhörer wundern sich, aber sie sind von der sprunghaften und üppigen Fantasie des Dichters an vielerlei gewohnt. Dann erwacht Hoffmann gewissermaßen aus einem Traum und setzt die Ballade vom »Kleinzack« fort. Doch die Neugier der Studenten ist geweckt. Sie wollen mehr über jene rätselhafte Schöne wissen und bedrängen Hoffmann. Der läßt sich überreden, obwohl so alle auf den weiteren Verlauf der Oper verzichten werden müssen; sie bleiben in der Taverne, rücken zusammen, lauschen Hoffmanns Erzählungen. Er berichtet so, als fiele er in Trance. Und nicht von einer Frau allein, sondern von ihrer drei, die er in geheimnisvolle Zusammenhänge bringt. Sind alle Frauen, die den Mann im Laufe seines Lebens zu erfüllen wissen, nur verschiedene Spiegelbilder des gleichen Urwesens? Mit der ersten, *Olympia,* beginnt Hoffmann seine Erzählungen vor dem atemlos lauschenden Publikum.

Olympia war keine Frau, sondern eine Puppe, die von ihrem Erbauer *Spalanzani* mit völlig menschenähnlichen Zügen und Bewegungen ausgestattet wurde. Nur ihre Augen, wundervolle, bezaubernde Frauenaugen, stammten nicht von Spalanzani, sondern waren Erfindung des seltsamen *Coppelius,* der sie Spalanzani für seine Konstruktion abtrat, nun aber nochmals auftritt, da er erkennt, welche großen Geschäfte der »Zauberer« mit Olympia zu machen gedenkt, und eine höhere Beteilung daran fordert. Die geladenen Gäste, für die Spalanzani ein Fest gibt, bewundern den Mechanismus, die täuschende Menschenähnlichkeit Olympias. Nur einer glaubt, wirklich ein Mädchen vor sich zu haben: Hoffmann, der mit seinem Freund bei der Soirée erscheint und vom holden Wesen der Puppe bezaubert ist. Als Coppelius ihm noch eine Brille verkauft, die der Täuschung Vorschub leistet, verliebt der Dichter sich rasend in die Puppe, nimmt ihr mechanisches Nicken, ihr stereotypes »Ja, ja« für die Erwiderung seiner Gefühle. Spalanzani weiß seine »Tochter« sehr vorteilhaft zu präsentieren:

240

Aus einer Aufführung von »Hoffmanns Erzählungen« im
Staatstheater am Gärtnerplatz, München, 27. Februar 1966.
In der Mitte: *Olympia* (Melitta Muszely).

Sie singt eine schwierige Koloraturarie; sie weiß, elegante
Tanzschritte aufs Parkett zu legen. Hoffmann, immer begei-
sterter, dreht sich mit ihr in einem schnellen, schließlich
rasenden Walzer, der ihn zuletzt völlig erschöpft auf ein
Sofa sinken und seine Brille in Stücke springen läßt. Aber

er erkennt den Trug, dem er erlegen, nicht mehr: Coppelius, von Spalanzani mit einem nicht gedeckten Wechsel
betrogen, ist zu Olympia vorgedrungen und zerschlägt ihr
Räderwerk in tausend Stücke. Hoffmann hat einen Auto-
maten geliebt...

Nach dem grotesken Erinnerungsbild ein tragisches. *Hoffmann* entsinnt sich seiner Liebe zu *Antonia*. (Wir setzen
die *Antonia-Episode* an *zweite* Stelle, nicht das venezianische *Giulietta*-Abenteuer, das an vielen Theatern vor jenem
gespielt wird. *Offenbachs* ursprüngliche Reihenfolge
scheint *Olympia-Antonia-Giulietta* gewesen zu sein, doch
lassen sich für beide Möglichkeiten der Reihenfolge gute
Argumente anführen.) Er lernte sie in irgendeiner – nicht
genannten – Stadt kennen, sie verliebten sich ineinander, er
förderte mit seinem künstlerischen Geschmack ihren Gesang, den sie von der verstorbenen Mutter geerbt hat. Dann
trat der Vater, *Crespel* (ein Name aus einer Hoffmannschen
Dichtung), dazwischen, verbot seiner Tochter den Gesang,
ja zog mit ihr in eine andere Stadt, von der er annahm, Hoffmann werde sie nicht ausfindig machen.
An einem langsam einfallenden Abend sitzt nun Antonia
am Flügel und singt, in Erinnerung an den immer noch
geliebten Hoffmann, das Lied, das ihn so besonders ent-
zückte. Crespel betritt das Gemach, fleht seine Tochter an,
nie wieder zu singen. Er bangt um ihre Gesundheit, ihr
Leben, denn der Gesang war es, der einst die Mutter durch
Verschlimmerung ihres Lungenleidens in den Tod führte.
Antonia verspricht, ohne die Größe der Gefahr zu ahnen,
auf ihr Singen zu verzichten, das ihr so viel bedeutet und
bei dem sie sich der toten Mutter nahe fühlt.
Crespel befiehlt seinem schwerhörigen Diener *Franz,* keinen Fremden ins Haus zu lassen. Es dauert lange, bis der
gute alte Franz ihn versteht, aber selbst dann hat er falsch
verstanden. Als Crespel gegangen ist, singt er ein Couplet
– es könnte aus Offenbachs Operettenwelt stammen –, in
dem er sich wehmütig seiner einstigen Gesangs- und Tanz-
künste entsinnt. Unversehens sind *Hoffmann* und *Niklaus*
eingetreten (in einer anderen Version: Hoffmann allein)
und begrüßen Franz als alten Bekannten. (In einer Fassung

Der *Antonia-Akt* in einer Aufführung von »Hoffmanns Erzählungen«. München, 27. Februar 1966.

steht hier eine längere Arie Niklaus'). Hoffmann setzt sich an den Flügel und beginnt ein Liebeslied zu singen, das von Antonias jubelndem Eintritt unterbrochen wird, die Liebenden stürzen einander in die Arme. (Hier geht Niklaus, wenn er mit Hoffmann zusammen auftrat, ab). Ein großes Liebesduett krönt die Szene (die durch ein Rezitativ vorbereitet wird, das in verschiedenen Fassungen sehr unterschiedlich gehalten ist). Und dieses Duett ist wieder in zwei große Abschnitte gegliedert, zwischen denen Antonia Hoffmann vom ihr unverständlichen Verbot des Singens berichtet, das der Vater ihr auferlegt hat. Doch nun, an Hoffmanns Seite, läßt Antonia ihre schöne Stimme voll und innig durch den Raum schwingen. Dann preßt sie plötzlich die Hand auf die Brust, scheint zusammenzubrechen und flieht in ihr Zimmer, als Crespels Stimme hörbar wird. Hoffmann versteckt sich schnell und wird so Zeuge der folgenden, gespenstischen Szenen.

Franz meldet dem eben eingetretenen Crespel einen Besuch: *Dr. Mirakel.* Crespel bricht in Angst aus; es ist der dämonische Arzt, dem er die Schuld am Tode seiner Frau beimißt. Doch bevor er ihm noch die Türen verschließen kann, ist Mirakel ungefragt eingetreten und beginnt seine Beschwörung der abwesenden Antonia. Crespel und Hoffmann erstarrt das Blut in den Adern. Der Dämon gewinnt immer mehr Macht über das junge Mädchen, dem Mirakel durch Wände, über Gänge den Puls zu fühlen scheint. Ein letztes Mal will der Vater sich verzweifelt dazwischenwerfen, doch Antonia befolgt nun auch den Befehl zu singen. (Es bleibt dem Regisseur überlassen, ob er die Szene als reale Hypnose, also mit der sich langsam nähernden Antonia spielen lassen will oder als Fernhypnose). Mirakel hat Fläschchen aus der Tasche gezogen und läßt sie wie Kastagnetten klappern. Er begleitet diese schaurige Musik mit einem nicht weniger grausigen Totentanz. Hoffmann erkennt in seinem Versteck den Grund des Singverbots sowie die Flucht, die Crespel mit seinem geliebten Kind vor ihm angetreten hat, da er in ihm Antonias stärksten Anreiz zum Gesang ahnte. Endlich kann Crespel mit aller Kraft sich Mirakels erwehren und ihn aus dem Haus drängen.

Doch der teuflische Arzt tritt mitten durch die Wand von
neuem ein. (In einer anderen, durch Quellen gestützten
Fassung gibt es hier eine Zwischenszene: Antonia verläßt,
da der Vater fortgegangen scheint, ihr Zimmer und befragt
Hoffmann, was der Vater ihm gesagt habe. Der Freund ist
verzweifelt, doch er tröstet Antonia und verstärkt die Bitten Crespels, auf den Ruhm und das Glück des Singens
zu verzichten, so wie er selbst auf die Kunst verzichten
wolle, um in Zukunft ganz für Antonia zu leben. Liebevoll
nehmen sie Abschied. Da kehrt hohnlachend Mirakel
zurück: das Singen aufgeben? Er malt ihr den Triumph
aus, der sie auf der Bühne erwartet, droht ihr mit ver-
ächtlichem Versinken in spießbürgerliches Leben. Sie sieht
ihn nicht, hört nur seine Stimme, die beschwört, droht,
suggeriert und ihre Willenskraft lähmt. Mirakel appelliert
an seine stärkste Waffe: aus einem Bild, das die Verstorbene
zeigt, ertönt die Stimme der Mutter, weitet sich in großer
Melodie zum Terzett mit der dem Zauber erliegenden
Antonia und dem Dämon. Mirakel feuert den Gesang
immer wieder von neuem an, ergreift eine Geige und jagt
Antonia in höchste Stimmlagen, zu immer intensiverem
Ausdruck. Als Crespel hereinstürzt, ist Antonia erschöpft
zu Boden gesunken, mit der Liebesmelodie an Hoffmann
haucht sie ihre junge Seele aus. Hoffmann, von böser
Ahnung getrieben, kehrt mit Niklaus zurück. Mit wilder
Verzweiflung will Crespel sich auf ihn stürzen, ihn töten,
da er ihn am Tode Antonias schuldig glaubt. Niklaus ent-
windet ihm den Dolch. Mirakel erscheint, nimmt den Puls
des zu Boden gesunkenen Mädchens: »Tot«, so lautet
seine kalte, ja beinahe triumphierende Diagnose.

Nach dem grotesken, nach dem tragischen Kapitel von
Hoffmanns Liebeserzählungen nun die *dritte,* die sinnlich-
ste zugleich, die erotischeste, vom äußeren Geschehen her
faszinierendste, vielseitigste, vieldeutigste. (Daher wohl
auch die Hilflosigkeit, die Streichung dieser Szene bei der
Uraufführung durch den schwachen Regisseur *Carvalho*).
Sie spielt in der Stadt der Kanäle und Lagunen, der Liebe
und des Karnevals, in *Venedig,* der bunten, geheimnis-
reichen, kontrastüberladenen »Königin der Meere«. Aber

dieses Bild bietet heutigen Interpreten zugleich die kompliziertesten Probleme: denn hier ist eindeutig seit dem Entwurf Offenbachs am meisten geändert, gestrichen, hinzugefügt worden.

Es steht keineswegs fest, daß der Komponist diesen Venedig-Akt noch vollenden konnte; das letzte Zeugnis von seiner Hand – ein Brief an seine Tochter *Pépita* vom August seines Todesjahres 1880 – erwähnt gerade dessen Schluß als »erst zu machen«. Hier müssen wir von einer wissenschaftlichen Untersuchung Abstand nehmen, denn es handelt sich schlicht und einfach darum, dem Opernbesucher ein Handbuch zum Verständnis des Werkes zu geben. Er möge sich durch die Vielfalt der »Fassungen«, die ihm vorgesetzt werden, nicht verwirren lassen. Fast alle können sich auf einen vermeintlichen »originalen« Kern berufen und sind nach bestem Wissen und Gewissen guter, oft hervorragender Theaterleute zusammengestellt, manchmal mit Zusätzen aus anderen Offenbach-Werken, manchmal mit eigenen »Verbindungen« zwischen Bruchstücken, die im Nachlaß, für diese Oper bestimmt, gefunden wurden. Im Mittelpunkt dieses Bildes (oder Aktes, in diesem Falle des *vierten,* wie wir heute mit ziemlicher Sicherheit annehmen müssen, also der letzten von Hoffmanns Frauen-Erzählungen) steht *Giulietta,* eine venezianische Schönheit, die zumeist als »Kurtisane« dargestellt wird, aber ganz so einfach ist ihr Charakter nicht zu deuten. Zwar stammt der glanzvolle Lebensstil – Palazzo am Canale Grande, Gondeln mit livrierten Dienern, Spielsalon und luxuriöses Boudoir – aus dem Verkauf ihrer Gunst an die sie umschwirrenden Männer. Aber sie ist keine Traviata (Verdis), deren Existenz leicht zu durchschauen ist; in der ihren walten Geheimnisse, zumindest seit sie in den dämonischen Machtbereich *Dapertuttos* geraten ist. Er ist die letzte Verkörperung des übersinnlichen, mephistophelischen Prinzips, die das Werk uns vorführt. Dapertutto ist der Lindorf der Rahmenhandlung, der Coppelius des Olympia-Bildes, der Dr. Mirakel aus dem Antonia-Akt. Hier aber zeigt er sein teuflisches Wesen am reinsten: nicht auf das Leben hat er es abgesehen, sondern auf »Schatten« und »Spiegelbild« der Personen, die er in seine Gewalt bekommen will. Auf die Seele also, des Menschen unsterblichen Teil, um den schon Mephisto mit Faust gekämpft, und die in zahllosen Märchen dem Teufel verkauft wird (womit eigentlich deren tiefernster, oft tragischer Hintergrund aufgezeigt ist, der sie in die Urgründe der Menschheitsgeschichte zurückführt und ihre Eignung für Kinder stark in Zweifel stellt). Schon hat *Schlemihl*, von Guilietta ausgenützt und ruiniert, seinen Schatten eingebüßt, und nun verlangt es Dapertutto nach *Hoffmann*, dem geistvollen Fremden, der auf seinen Wanderfahrten mit *Niklaus* nach Venedig gekommen und in den Bannkreis der verführerischen Guilietta geraten ist.

Das Bild beginnt mit einer der berauschendsten musikalischen Szenen der Opernliteratur. Inmitten eines strahlenden, von Fackeln und Lichtern belebten gesellschaftlichen Treibens in und um Giuliettas Palast singt Niklaus, von der schönen Lebedame und dem Chor der Anwesenden sekundiert, die wiegende, sinnliche Melodie der Barkarole. (Es ist einer jener Fälle, in denen man sagen müßte: eine treffendere Charakterisierung der erotischen Atmosphäre in venezianischer Nacht ließe sich nicht finden oder komponieren –, aber gerade dieses Stück entnahm Offenbach seinen »Rheinnixen«, zu deren Stimmung sie allerdings viel weniger gepaßt hatte als hierher). Doch Hoffmann erliegt der schwülen erotischen Stimmung nicht. (In der Fassung von Fritz Oeser erklärt Niklaus Giulietta, daß Hoffmann vor einiger Zeit seine Braut – Antonia? – verloren habe und seitdem nichts mehr von der Liebe wissen wolle). Hoffmann stimmt ein Trinklied an, das in verschiedenen Fassungen sehr unterschiedliche Texte hat: in der »traditionellen« Version besingt es die sinnlichen Freuden, die Lust, das flüchtige Erleben anstelle der Herzensbindung, die nur Wahn sei und nie frei von Schmerz, in einer anderen wird die Berauschung durch den Wein als Flucht aus Lebens- und Liebesmisere gepriesen. Schlemihl erscheint, als »Herr des Hauses« eingeführt. Er tritt eifersüchtig dazwischen, als Giulietta Hoffmann den Arm reichen will, um ihn mit den anderen Gästen in den angrenzenden Spielsaal zu bringen. Hoffmann und Niklaus bleiben zurück; der Freund warnt den Dichter vor vielerlei

Szenenbild im Hause der *Giulietta* bei einer Berliner
Aufführung von »Hoffmanns Erzählungen« um 1910.

Gefahren, die ihn hier erwarteten, doch Hoffmann hält
sich für gefeit gegenüber so offenkundig käuflichen Liebes-
vergnügungen, gegenüber einer herzlosen Kurtisane, die
lediglich ihre Rolle – allerdings meisterhaft – spiele. Noch
ahnt er allerdings nicht, welches ihre wahre Rolle ist.
Auf jeden Fall hält Niklaus eine Gondel (oder Pferde)
bereit, um jederzeit mit Hoffmann entfliehen zu können.

Dapertutto ist aufgetreten. (In der »traditionellen« Fassung tut er dies von Hoffmann und Niklaus unbemerkt und
sie scharf beobachtend; in einer anderen kommt es zu
einem kurzen Dialog der beiden mit ihm, der sich »Giuliettas ältester Freund« nennt). Kaum sind die beiden
Männer in den Spielsaal abgegangen, als Dapertutto sein
wahres Antlitz enthüllt: So wie er Schlemihl den »Schatten« nahm, ihn zugrunde richtete, so plant er es nun mit
Hoffmann, und wiederum sollen Giuliettas schöne Augen
hierfür sein Werkzeug sein. An dieser Stelle verzeichnet
die »traditionelle« Fassung ein Prachtstück der Partitur,
das zu sehr in das Bewußtsein der Opernfreunde einge-
drungen ist, um (in anderen, auf neuen Quellenstudien
beruhenden Versionen) weggelassen oder an andere Stelle
versetzt zu werden: die sogenannte »Spiegelarie« Dapertuttos. (Fritz Oeser gibt an, es handle sich um eine »Textie-
rung und Ausweitung einer E-Dur-Melodie aus der Ouvertüre zur Opern-Féerie ›Le voyage dans la lune‹, die wahrscheinlich in Monte Carlo 1904 erstmals ihren Platz in
›Hoffmanns Erzählungen‹ eingenommen habe*).
Dapertutto hat einen Spiegel hervorgezogen, in den er
durch Beschwörung das Bild des im Spielsaal weilenden
Hoffmann einzufangen sucht: Hoffmanns »Liebe« für Giulietta –, seine »Seele« aber für ihn, Dapertutto, den Teufel.
Das ist der Auftrag, den er Giulietta, die aus dem Spielsaal zu ihm tritt, gibt. Als sie sich dagegen zur Wehr setzen
will, entfacht Dapertutto ihren Ehrgeiz mit der Bemer-
kung, es werde ihr ohnedies kaum gelingen, da Hoffmann
ihren Reizen gegenüber gleichgültig bleibe. In der »tradi-

---

* »Hoffmanns Erzählungen«, Klavierauszug, Alkor-Edition Kassel 1977.

George Fortune als *Dapertutto* in der berühmten Spiegelarie
bei einer Aufführung von »Hoffmanns Erzählungen« in der
Deutschen Oper, Berlin, 1969.

251

tionellen« Fassung vollzieht sich der Umschwung in Hoffmanns Gefühlen ein wenig zu plötzlich: Hoffmann ist, nachdem er alles verloren, aus dem Spielsaal getreten und will das Fest verlassen. Da beginnt Giulietta, ihre Komödie zu spielen, stellt sich weinend und verkannt, gewinnt im Augenblick Hoffmanns Mitleid, ja seine glühende Liebe. Sie warnt ihn vor Schlemihl, der ihn töten werde, verspricht, ihm am nächsten Morgen zu folgen, wohin er gehe. Hoffmann entbrennt in immer stärkerem Verlangen, verlacht die Gefahr, will bei Giulietta verweilen. Da begehrt diese, immer im Zuge der Liebesfarce, die sie ihm vorspielt, sein Spiegelbild. In einer großen, glühenden Szene gewährt er ihr, was sie so flehend als »Liebesbeweis« ersehnt. Dapertutto und Schlemihl überraschen das Paar; Schlemihl fordert Hoffmann zum Zweikampf, Dapertutto weist dem Dichter einen Spiegel vor, in dem dieser mit Schaudern erkennt, daß er sein Spiegelbild verlor. Giulietta hetzt ihn gegen Schlemihl, der den Schlüssel zu ihrem Schlafgemach besitzt. Und Dapertutto – der Schlemihl völlig ausgebeutet hat und sich nur seiner entledigen will – reicht Hoffmann seinen Degen. Dieser, blind vor Begierde, stößt zu, nimmt dem sterbenden Schlemihl den Schlüssel, will Giulietta in ihr Gemach nacheilen. Da ertönt vom Wasser her die zauberhafte Musik der Barcarole noch einmal. Hoffmann richtet seinen Blick unwillkürlich auf die abfahrenden Gondeln: In einer von ihnen fährt hohnlachend Giulietta davon, sie umarmt wollüstig den mißgestalteten *Pitichinaccio,* dessen bisher unterwürfige, sklavische Anbetung der schönen Frau – eine sehr seltsame, vieldeutige Rolle – ihre Erfüllung zu finden scheint ... Den völlig verwirrten, rasenden Hoffmann zieht Niklaus schnell davon.

Die drei Geschichten sind erzählt. In Lutters Weinkeller lagern die Studenten rund um *Hoffmann,* dem sie atemlos gelauscht haben. Mühsam versucht der Dichter, sich wieder in die Wirklichkeit zurückzutasten. Olympia? Zerbrochen. Antonia? Tot. Giulietta? Verschwunden. Drei Frauen, an denen er zerbrach. Oder eine Frau in drei Gestalten? Oder gar: drei Metamorphosen Stellas, die ihn nach

Vera Little als *Giulietta* in »Hoffmanns Erzählungen« bei einer Aufführung in der Deutschen Oper, Berlin 1969.

kurzem Glücksrausch verließ? Was hilft gegen so viel Wirrnis und Unheil? Punsch her, trinken, trinken, bis das Bewußtsein schwindet!

Im benachbarten Theater ist die Vorstellung von Mozarts »Don Giovanni« zu Ende gegangen. *Stella* betritt erwartungsvoll die Taverne: Wird sie den einst Geliebten wiederfinden, wie sie ihn in Erinnerung hat, wird sie ihn – vielleicht nur für die wenigen Stunden oder Tage, die sie in dieser Stadt weilt – wieder in Liebe an sich fesseln können? Befriedigt blickt *Lindorf* auf den sinnlos betrunkenen, nicht mehr ansprechbaren Hoffmann, der soeben eine letzte Strophe zu seinem Lied vom buckligen Zwerg »Klein-Zack« anstimmt. Fröhlich begleitet ihn der Chor der Kumpane, ohne etwas von dem Drama zu ahnen, das sich da vor ihnen abspielt. Hier weisen verschiedene Fassungen wieder sehr wesentliche Unterschiede auf, die sich gegen Schluß der Oper zu fundamentalen Gegensätzen verdichten.

Die »traditionellen« Aufführungen bringen das Werk von hier an zu einem schnellen Ende: Hoffmann erkennt Stella nicht mehr, ist zu betrunken, um sich an irgendetwas zu erinnern; Lindorf bietet der Diva in dieser unangenehmen, enttäuschenden Situation galant seinen Arm und geht mit ihr ab, während der lärmende Chor nochmals das Trinklied des Beginns anstimmt. Das »böse Prinzip« hat gesiegt, in allen Szenen hat Lindorf-Coppelius-Mirakel-Dapertutto über Hoffmann triumphiert.

Doch in jüngerer Zeit sind immer mehr ernste Zweifel an einer so simplen Beendigung der Oper aufgetaucht. *Offenbachs* Skizzen scheinen in andere Richtung zu deuten. Sollte sein wichtigstes Werk, das er zweifellos als künstlerisches Testament empfunden hat, mit der hoffnungslosen Niederlage des liebesuchenden Menschen gegenüber dem liebelosen, dämonischen, zerstörerischen Prinzip schließen? Kaum. Denn da ist noch, lange Zeit hindurch von den Theatern fast oder ganz übersehen, die Gestalt der *Muse,* die ein hohes Prinzip verkörpert: das der Inspiration, des Künstlertums. Die *Muse* dürfte, wie wir heute annehmen können, in diesem Werk mehr bedeuten, als ein »Deus ex machina« des alten Theaters.

Sie ist, wenn überhaupt, auch gelegentlich bei früheren Inszenierungen mehr oder weniger bedeutungsvoll aufgetreten –, zumeist das letztere; es gab sogar die Version, sie mit dem *Hoffmann* überall begleitenden treuen Freunde *Niklaus* gleichzusetzen, ja diesen gewissermaßen die irdische Verkörperung der Muse sein zu lassen: eine Lösung, die zwar keineswegs sinnlos sein muß, aber der wahren Bedeutung dieser Gestalt nicht ganz gerecht zu werden scheint. Jedenfalls dürften die Autoren mehr geplant haben als eine abenteuergeladene, ereignisvolle, handlungsintensive Oper, nämlich: die Darstellung einer tieferen Lebensauffassung. Mag der Künstler auch im irdischen Dasein immer wieder scheitern, zuletzt erhebt sein Werk ihn doch hoch über alles alltägliche, eitle Geschehen. Und so sollten »Hoffmanns Erzählungen« nicht mit einer trostlosen Situation enden, in der ein bis zur Bewußtlosigkeit betrunkener Dichter seine letzte Geliebte beschämend leicht zur Beute eines Widersachers werden läßt, sondern eher mit dem verklärten, verklärenden Bild der *Muse,* die den dumpfen Keller betritt und ihn mit überirdischem Licht erleuchtet. Das entspricht auch dem romantischen Ideal, zu dessen letzten Vertretern *Offenbach* im tiefsten Innern gehört. Ob Textdichter und Komponist die *Muse* erst ganz zuletzt eintreten lassen, nachdem die lärmende Schar der jungen Leute (die das Treiben der Welt symbolisieren mag) längst toll und voll sich auf den Heimweg gemacht hat, oder ob sie mitten in das wüste Gelage tritt, nur vom Dichter gesehen und gehört, das mag weniger wichtig sein. Aber nur zu *Hoffmann* spricht sie, und unsichtbare Geisterchöre umschweben sie, wie zu Beginn der Oper. Und sie führt ihn in sein eigentliches Reich, zum Parnaß der Dichtkunst, in dem er keinem Rivalen mehr unterliegt, in ein fernes Land, das von irdischer Liebeserfüllung nichts weiß, zur Inspiration, die aus höheren, unerkennbaren Weiten stammt und die nur Auserwählte begnadet. Denn *Hoffmann* ist kein Besiegter, kein Vernichteter, kein Verlorener: mag er im wirren Getriebe der Welt unterlegen scheinen, im unendlichen Reiche der Phantasie wird er zum strahlenden, zum unsterblichen Sieger.

»Hoffmanns Erzählungen« in Schlagworten und Gedankensplittern

1. *Offenbach* wäre ohne dieses Werk als der Meister von Frohsinn, Laune, Witz, Satire, Parodie, der Operette und der kleinen *musikalischen Miniaturen* (die zu seiner Zeit *Vaudevilles, Bouffes, Musiquettes* hießen) in die Geschichte der Musik, aber auch in die der Politik und Gesellschaft eingegangen, die er, oft recht bitter, zu persiflieren, zu verhöhnen, zu verspotten wußte.

2. Ein anderes, romantisches Opernwerk, das er 1864 für Wien komponierte, »Die Rheinnixen«, verschwand ohne Erfolg nach nur 8 Aufführungen von der Bühne der dortigen Hofoper.

3. »Hoffmanns Erzählungen« aber setzte sich durch und wurde im 20. Jahrhundert zum stehenden Repertoirestück aller großen und mittleren, ja sogar kleineren Opernhäuser; und eine Reihe von darin enthaltenen Melodien gehören zu den meistgespielten und meistgesungenen.

4. Offenbach erlebte diesen Triumph nicht mehr. Er starb am 5. Oktober 1880 und hinterließ dieses Werk *unvollendet.* Über den Stand der Vollendung oder Nichtvollendung zu streiten, wäre müßig, da strikte Beweise fehlen. Während die Erben daran festhielten, der Komponist habe den Klavierauszug – also die eigentliche Komposition – mit sehr genauen Instrumentationsangaben fertig hinterlassen, mehren sich seitdem die Ansichten, dies sei nicht so gewesen, und sowohl das Ende des 4. Aktes (Giulietta-Bild) wie der 5. (Epilog in Lutters Weinkeller) hätten noch mehrfacher Arbeiten bedurft.

5. Diese Arbeiten wurden, so weit man vermuten kann, nebst der Verfertigung der an die Stelle der Prosadialoge tretenden Rezitative von Offenbachs Freund, dem Musiker *Ernest Guiraud* (1837–1892), ausgeführt, dem gleichen, der schon, wenige Jahre vorher, die Rezitative zur »Carmen« des jungverstorbenen *Georges Bizet* komponiert hatte.

6. Die Grundlage der Oper bildete ein gleichnamiges Theaterstück der Pariser Autoren *Jules Barbier* und *Michel Carré,* das 1851 uraufgeführt wurde und das Offenbach damals wahrscheinlich sah. Es vertiefte seine Neigung und Affinität zu den auch in Frankreich sehr bekannten Werken des deutschen Dichters *Ernst Theodor Wilhelm Hoffmann* (1776–1822), der seinen dritten Vornamen aus Mozartbegeisterung in »Amadeus« umwandelte und sich abgekürzt *E. T. A. Hoffmann* nannte. Das Theaterstück verwendete eine Fülle von Gestalten und Szenen aus dessen Werken und ließ den Dichter selbst auftreten, um drei seiner Liebesabenteuer zu erzählen.

7. Als Offenbach ein Vierteljahrhundert später, auf der Suche nach einem Opernstoff, dieses Stückes gedachte, mußte er die Vertonungsrechte von einem Komponisten namens *Hector Salomon* freibekommen. Dieser hatte sie erworben, war aber bereit, auf sie zugunsten Offenbachs zu verzichten. 1870 war übrigens eines der Motive – der Olympiastoff, also der Gedanke einer kunstvoll verfertigten, menschenähnlichen Puppe – von *Léo Delibes* zum Ballett »Coppelia« verarbeitet worden. Offenbach gewann einen der ursprünglichen Autoren, *Jules Barbier* (1825–1901), zum Librettisten seiner Oper, nahm aber selbst äußerst aktiv an der Gestaltung des Textbuches teil.

8. »Hoffmanns Erzählungen« wurden, in getreuer Anlehnung an die fantastische, spukhafte, gespenstische Welt des Dichters *E. T. A. Hoffmann,* eine Oper voll übersinnlicher Erscheinungen, Spuk, okkulter Begebenheit, Zauber, magischer Geheimnisse, also ein echt romantisches Kunstwerk, dessen Symbole zu tieferem Nachdenken einladen und bühnenmäßigen Darstellungen ein nahezu unbegrenztes Feld von fantasievollen Gestaltungen bieten.

9. Musikalisch muß diese Oper als eine der größten Überraschungen der Musikgeschichte bezeichnet werden: Wohl kaum jemand hätte Offenbach, dem unbestrittenen Meister der kleinen Formen, den Riesenbau einer so weitgeschwungenen Großform zugetraut (deren

ganze Weite in vielerlei Bearbeitungen folgender Jahrzehnte teilweise verloren gegangen zu sein scheint).

10. Thematisch könnte man von einem *Variationen-Werk*
sprechen. Hoffmanns Zusammenprall mit den finste-
ren, feindlichen Mächten vollzieht sich in jedem Bild,
aber in immer anderen Abwandlungen. Um dieses
Grundschema klar zu machen, scheint selbst Offenbach den Gedanken ausgesprochen zu haben, daß
jeweils mehrere seiner Figuren von dem gleichen Interpreten darzustellen seien.

11. Zweifellos ist dies bei dem »teuflischen Gegenspieler«
der Fall: *Lindorf, Coppelius, Mirakel, Dapertutto* sind im
Grunde nur Erscheinungsformen des gleichen, bösen
Prinzips. Sie sollen vom selben Sänger gesungen werden, der allerdings über einen sehr wandlungsfähigen,
umfangreichen Bariton verfügen muß, sowie über ein
ungewöhnliches darstellerisches, charakterisierendes
Vermögen.
Schwieriger liegt die Entscheidung bei den Frauenrollen: Sind *Olympia, Antonia, Giulietta* und *Stella* so
sehr auf den einheitlichen Nenner »Frau« zu bringen,
um sie einer einzigen Sängerin anzuvertrauen? Die
Probleme beginnen im stimmlichen Bereich: Wer
Olympias virtuose Koloraturen meistert, muß noch
lange nicht die dunklen, sinnlichen Töne Giuliettas
besitzen, nicht den seelenvollen Jungmädchengesang
Antonias. Aber es sei zugegeben, daß hier eine echte,
faszinierende Herausforderung an jede bedeutende
Sopranistin vorliegt und daß es geniale Darstellerinnen
reizen muß, die ganze Weite des Begriffes »Frau«
lebensecht darzustellen.
Weniger wichtig ist wohl die Frage, ob die vier grotesken Figuren des Werkes *(Andreas, Cochenille, Pitichinaccio, Franz)* vom gleichen Sänger – am ehesten
einem Tenorbuffo mit großem Spieltalent – gegeben
werden sollen, wofür (schon aus Gründen der Ökono-
mie) viel spricht, und die im übrigen dadurch eine
bedeutende Aufwertung erfahren.
Schließlich käme als Doppel- bzw. Mehrfachbesetzung
auch die Identifikation des *Niklaus* mit der *Muse* in

Betracht, wie sie oftmals von Theatern vorgenommen wurde; sie kann sinngemäß begründet werden (die Muse wird gewissermaßen zum Schutzengel), aber bei der Bedeutung der Muse, die aus den jüngsten Untersuchungen hervorzugehen scheint und die dieser Figur einen geradezu neuen Stellenwert im Drama zuzugestehen imstande ist, dürfte die Identifikation mit Niklaus weder notwendig noch sinngemäß sein.

12. »Hoffmanns Erzählungen« scheinen bereits 1877 im »Théâtre Lyrique« (Paris) zur Premiere bestimmt gewesen zu sein, doch verhinderte der Zusammenbruch dieser Bühne die Aufführung. War das Werk aber bei Offenbachs Tode im Herbst 1880 noch unvollendet –, was kann drei Jahre vorher vorhanden gewesen sein? Wollte *Offenbach* es so kurzfristig komponieren? Er tat es des öfteren bei kleinen und kleinsten Stücken, aber es klingt unglaubwürdig, ihm solches bei einer abendfüllenden großen Oper zuzumuten. Es dürfte sich um ein Projekt gehandelt haben, eines der vielen, die im Leben eines Künstlers auftauchen, aber nie zur Reife gelangen.

13. In den ersten Entwürfen war die Titelrolle des »deutschen Dichters Hoffmann« für einen Bariton angelegt. Erst bei den Vorbereitungen zur Premiere scheint der große Wechsel zum Tenor vorgenommen worden zu sein. So wurde das Werk dann vier Monate nach Offenbachs Tod, am 10. Februar 1881 in der Pariser Opéra Comique uraufgeführt. Die Frauenrollen (es waren ihrer an diesem Abend wegen Streichung des Venedig-Bildes nur drei: Olympia, Antonia, Stella) sang *Adele Isaac,* die Partien des dämonischen Widerparts (Lindorf, Coppelius, Mirakel) der Bariton *Taskin,* den Hoffmann der Tenor *Talazac,* den Niklaus (eine »Hosenrolle«, also weibliche Darstellerin in männlicher Rolle) *Frau Ugalde.* Als Dirigent ist ein Kapellmeister *J. Danbé* überliefert. Die Barcarole, deren Weglassung bei Streichung des Venedig-Bildes als unzumutbarer Verlust empfunden wurde, erschien als eine Art von Einlage im Antonia-Akt.

14. Wenige Monate später war das Werk ins Deutsche

Offenbachs Geburtshaus in Köln.

übersetzt und mit Rezitativen versehen; so kam es am
7. Dezember 1881 im Wiener »Ringtheater« zur Aufführung. Der katastrophale Brand dieses Theaters während der zweiten Vorstellung, am darauffolgenden
Abend, dem 8. Dezember 1881, verhinderte lange Zeit
hindurch eine Verbreitung im deutschen Sprachgebiet;

aberglaübische Furcht hielt die dortigen Theater von einer Aufführung ab. Erst die Berliner Aufführung von 1905 brachte einen Umschwung.

15. Seitdem sind »Hoffmanns Erzählungen« ungezählte Male auf die Bühne gebracht worden. Doch von kaum einem anderen Opernwerk sind so viele, stark voneinander *abweichende Fassungen* aufgeführt worden. Sie alle berufen sich auf Skizzen, Manuskripte, Entwürfe, und zu ihren Urhebern zählen bedeutende Theaterleute. Was *Offenbach* selbst gewollt hat, wird nie mehr einwandfrei festzustellen sein.

16. Wenige Komponisten standen zu Lebzeiten und noch lange nach ihrem Tode so sehr im Kreuzfeuer der Polemik wie *Offenbach*. Begeisterte Apologeten (unter denen im 20. Jahrhundert aus großer Zahl vor allem der Name des Wiener Kulturkritikers und Schriftstellers *Karl Kraus* herausgegriffen sei, der Offenbachs Werk nicht nur mustergültig übersetzte, sonder auch in Hunderten von meisterhaften Vorlesungen verbreitete) stehen bitteren Ablehnern gegenüber. Zumeist bemächtigten sich politische Argumente der Betrachtung seines Werkes; denn kaum ein anderer Schöpfer spiegelt den Zeitgeist so rein wie Offenbach. Die Anhänger nannten ihn »geistreich«, die Gegner »zersetzend«. Man warf ihm vor, er untergrübe die Moral, verspotte die Autorität, zerstöre die Ethik. In Wahrheit schilderte er wohl nur die Zustände seiner Zeit, seiner Pariser Umwelt, die von Spekulantentum, Größenwahn, Egoismus, hohlem Pathos, Karrieremacherei, Geldgier geprägt schien und deren zweifellos vorhandene tiefere Werte von lautem Großsprechertum übertönt wurden. Was *Balzac* mit unbestechlicher Sezierlust, *Zola* mit zorniger Empörung taten, das vollführte Offenbach mit Grazie und ironischem Lächeln. Er wollte sein Publikum gar nicht erziehen, ermahnen, ins Gewissen treffen (vielleicht weil er ahnte, wie unmöglich das war), er wollte es nur amüsieren. Daß er dabei zum – oft recht bösartigen – Gesellschaftskritiker wurde, wird niemand leugnen. Aber er übte diese Kritik nicht im Sinne einer politischen

Richtung oder Strömung. Oder sollte man als »Tendenz« empfinden, daß seine lächerlichen Gestalten zumeist der Oberschicht angehören, dem Parvenutum, den durch Macht, Geld oder Beziehungen Einflußreichen, und daß die meisten der gewinnenderen Figuren der sozialen Unterschicht zuzurechnen sind, dem »Volke« sozusagen, das zuletzt oft durch Schlauheit und Wendigkeit »siegt«? Kaum, denn auch diesen Typen aus der Masse haftet die gleiche Skrupellosigkeit an, wie denen »von oben«. Offenbach hat die Hohlheit seiner Zeit und ihrer Gesellschaft geschaut, erkannt. Er war kein Revolutionär und kein Apostel, ein Kämpfer nur mit seinen eigenen Waffen. Erinnerte er sich, unbewußt, stets seiner eigenen, mehr als bescheidenen und noch dazu durch das Stigma des Judentums gezeichneten Herkunft? Jedenfalls hat er gelernt, die Schwächen der anderen zu sehen und auszunützen. Er macht sich über eine Gesellschaft lustig, die das Amüsement über die eigenen Schwächen besonders lustig findet. Mildert das ihre »Dekadenz«, macht es sie sympathischer? Man hat ihm vorgeworfen, nichts sei ihm heilig. Das stimmt keineswegs: Er hat wohl die Götter, nie aber Gott verspottet, hat freie Erotik, Kokottentum, den Gunsthandel karikiert, nie aber die wahre Liebe. Er hat *Meyerbeer* parodiert, weil dessen »grande opéra« ihm voll falschen Pathos' zu sein schien, aber niemals *Mozart*. Daß sich hinter seinen Schöpfungen ein tiefer Kulturpessimismus verbirgt, ist nicht zu leugnen: Die meisten seiner Frauengestalten sind Dirnen, Kurtisanen, Puppen einer genußsüchtigen Männergesellschaft; der Götze dieser Männergesellschaft ist das Geld. Ist das Offenbachs Schuld? Hat er nicht nur porträtiert, was er sah und erlebte?
Was er selbst aber fühlte, hat er nie so wahr und gefühlvoll gezeigt wie in »Hoffmanns Erzählungen«. Hier ist er wohl ganz »er selbst«, – im Schatten des Todes.

17. Der Untertitel zu »Hoffmanns Erzählungen« lautet zumeist nur »Oper«. Manchmal, mit Recht, »Phantastische Oper«. Auch »Große romantische Oper« wäre

am Platze gewesen, wie *Offenbach* seine »Rheinnixen« genannt hatte. Alle anderen hundert Theaterstücke aus seiner Feder führen eine Fülle von Bezeichnungen, die erwähnt seien: Vaudeville, Opéra bouffe, Bouffonerie musicale, Bouffe, Opéra Féerie, Musiquette, sogar das seltene, in Spanien gebräuchliche Wort für kleine musikalische Szenen, Sainete oder Saynète. Eines seiner Werke (»Lieschen und Fritzchen«) nennt sich »Elässisches Gespräch«, »La vie parisienne« wird einfach als »Pièce« (Stück) bezeichnet; einmal kommt auch der Ausdruck »Folie« vor, was etwa »Unsinn«, »Narrheit« bedeutet (und im Pariser Vergnügungsleben im Namen der berühmten »Folies Bergères« erhalten ist). 1865 verwendet Offenbach zum ersten Male den Ausdruck »Operette«, der zum Genre-Begriff wird und in der Musikgeschichte in Hunderten, ja Tausenden von Werken der »leichten Muse« überlebt. Er bedeutet ursprünglich nichts anderes als »kleine Oper«, und so hat Offenbach ihn, wieder mit einem Schuß Parodie, auch gemeint.

18. Auch die innere Einteilung von »Hoffmanns Erzählungen« ist keineswegs einheitlich. Man kann sie als dreiaktige Oper mit Vor- und Nachspiel bezeichnen (was sie dramaturgisch wohl am klarsten gliedert). Sie wird aber auch oft als fünfaktige Oper bezeichnet; dadurch erscheint zwar die formelle Tatsache der »Rahmenhandlung« verwischt, aber Vor- und Nachspiel erhalten vielleicht eine größere, ihnen tatsächlich zukommende Bedeutung. Besonders wenn im Vor- und Nachspiel die lange Zeit hindurch vernachlässigte Gestalt der Muse und die sie begleitenden Geisterchöre in ihre vollen Rechte eingesetzt werden.

19. Immer wieder wurde – auch von uns – *Offenbach* als der vollendetste Schilderer Pariser Lebens bezeichnet (so lautet auch einer seiner typischsten Werktitel: »La vie parisienne«). Und doch: Es ist, genau genommen, nur ein Teil, ein ziffernmäßig vielleicht sogar kleiner Teil dieser Stadt, den er schildert. Wie sollte er auch alle ihre Aspekte und Facetten, ihre Menschen und Typen, ihre Lichter und Schatten, ihre Alltage und

Sonntage in Musik setzen? *Stefan Zweig* hat Paris »die stärkste, intensivste, die scheinbar offenbarste und dennoch unergründlichste Stadt Europas« genannt. *Offenbach* schildert die Gesellschaftsschicht, in der er lebt, die Menschen im zweiten Drittel des 19. Jahrhunderts, denen er auf den Straßen, im Café, in den Theatern begegnet, die Bürger, die sich nach Großbürgertum und Aristokratie sehnen und, um diese nachzuahmen, Anleihen jeder Art aufnehmen – materielle wie geistige –, die zu Wichtigtuern und Hochstaplern werden, um ihr Bild aufzupolieren vor ihresgleichen, denen es genau so geht. Es ist eine längst dekadente Schicht, die er malt: eine großtuerische, großsprecherische, effekt- und sensationssuchende, längst hohl gewordene, aber jedes Manko geschickt überspielende Klasse, die – ließe die Zeit es zu, viel lieber ein kleinbürgerliches Leben führte, in Pantoffeln, am häuslichen Herd, in Ruhe und Frieden und sonntags mit einem Huhn im Topf. Ihre Herrscher, besonders das Zweite Kaiserreich, erlauben es den Bürgern nicht, sie müssen repräsentieren, immer auf Draht sein, sich kostspielige Garderoben leisten, kostspieligen Geist vortäuschen, kostspielige Geliebte halten, von denen sie wohl in jeder Beziehung überfordert werden. Das und so sind die Menschen, die *Offenbach* auf die Bretter stellt. Wer von ihnen aus auf die Totalität jenes Paris schlösse, irrte sicherlich noch viel mehr, als derjenige, der aus *Johann Strauß'* Wiener Walzern auf »die Wiener« seiner Zeit schlösse. Nur eine Seite von Paris lebt in Offenbachs Werken, nur eine Menschenschicht, die allerdings vielleicht besonders charakteristisch ist. Oder hat er sie erst dazu gemacht?

20. Schon zu Lebzeiten Offenbachs hatte sich der Begriff *Offenbachiade* gebildet. So bezeichnete man die lebenssprühenden, unterhaltsamen, bissig-ironischen Musikwerke des lustspielhaften, oft frivolen Theaters, dessen eigentlicher Schöpfer er war. »Offenbachiade«, das war Amüsement, mit dem eine Gesellschaftsschicht sich selbst verspottete, ihre Schwächen zwar nicht kaschier-

te, aber ein klein wenig anziehender, liebenswerter zu machen suchte. Hier trat – in den Vaudevilles, den Operetten, den »bouffes« und unter vielerlei anderen Titeln – der seltene Fall ein, daß der Name eines schaffenden Künstlers zum Begriff für eine Kunstgattung wurde, und dies zu seinen Lebzeiten. *Schubertiaden* gab es –, es waren die geselligen Zusammenkünfte in Wiener Bürgerhäusern, bei denen der bescheidene Komponist seine Hörer einen Abend lang mit seinen Werken zu unterhalten trachtete und danach zum Tanze aufspielte. Von »Mozartiaden« oder »Beethoveniaden« ist uns nichts bekannt geworden. Aber *Offenbachiaden* gibt es, und wer ein klein wenig mit Theater und Musik zu tun hat, weiß, was das Wort bedeutet. Es paßt auf fast alles, was *Jacques Offenbach* in seinem Leben geschaffen hat. Nur auf eines paßt es nicht: auf »Hoffmanns Erzählungen«. Diese Oper ist nun wahrlich keine »Offenbachiade« geworden. Oder ist sie vielleicht das echteste von allen seine Werken? Offenbach war abgestempelt mit dem Begriff der *Offenbachiade*. Das wollte man von ihm, immer neu, immer wieder: diese Aufrufe zur Lebensfreude, diese übermütig tönenden Bilder einer tollen Zeit. Sie sind geblieben als Dokumente einer vergangenen Epoche. Aber sein wahres Meisterwerk – und das ist das unlösbare Paradoxon seines Leben – war keine Offenbachiade: die tiefromantische, von glühenden Empfindungen brennende Oper »Hoffmanns Erzählungen«.

»Hoffmanns Erzählungen« schwankt zwischen Historie und Fantasie. Historisch ist vor allem die Hauptgestalt, *Hoffmann* selbst, der deutsche Dichter, Maler, Musiker und Gespensterseher. Seine Erlebnisse aber, die uns in der Oper geschildert werden, sind es nicht; vielleicht wissen wir es nur nicht, daß manches von ihnen einen realen Kern haben könnte? Sie sind seinen Werken entnommen, und in denen überwiegt die Fantasie die Historie um ein Vielfaches. Und so sind auch drei der Schauplätze, die auf der Opernbühne erscheinen, nicht geschichtlich greifbar.

Das *Giulietta-Bild* spielt zwar »in Venedig«, in einem Palazzo am Canale Grande, aber dieser Schauplatz steht hier nur als Verkörperung eines typischen nördlichen Traumes von südlicher Sinnlichkeit. *Antonias* Geschichte spielt, ebenso wie die der Puppe *Olympia,* »irgendwo« und »irgendwann«, sie sind weder zeitlich noch räumlich festgelegt.

Der vierte Schauplatz aber, der des Vor- und Nachspiels, wäre zu orten. Da er den Ausgangspunkt von Hoffmanns nächtlichen Erzählungen bildet, knüpft er sozusagen noch an die Realität an. Da stand im alten Berlin zwischen Opernhaus und Schauspielhaus eine Weinstube, die nach ihren damaligen Besitzern Lutter und Wegener hieß und diesen Namen weit über deren Lebenszeit hinaus beibehielt. Hier verkehrten Künstler, Musiker, Schauspieler, Schriftsteller. Hier ging es abends hoch zu, hier war auch E. T. A. Hoffmann Stammgast. Es wird erzählt, daß er sich hier oft sinnlos betrank, bis er nichts mehr von sich wußte; oft genug mußte man ihn, da er nicht einmal mehr geführt werden konnte, seinen Rausch an Ort und Stelle ausschlafen lassen. Er flüchtete wohl bewußt aus diesem Leben, der Alkohol spiegelte, gaukelte ihm eine schönere Welt vor, die fantastische Welt seiner Werke, die Welt Olympias, Antonias, Giuliettas. Vielleicht auch *Stellas.* Oder hat diese Sängerin wirklich gelebt? War sie eine der großen Primadonnen aus Hoffmanns Zeit? Oder geht hier die Oper aus der realen Historie von Lutter und Wegeners Berliner Weinkeller schon in die Fantasie über? Als letztes Ufer der Wirklichkeit dient Hoffmanns Mozartliebe: Die Oper spielt in einer Pause des »Don Giovanni« im benachbarten Opernhaus...

21. Es mag den Literaturbeflissenen interessieren, auf welche Werke Hoffmanns sich *Carré* und *Barbier* bei ihrem Theaterstück (1851) stützten und danach *Barbier* allein, fast dreißig Jahre später, bei seinem Operntext zurückgriff. Die Rahmenhandlung in Lutters Weinstube ist von den französischen Autoren mit der eigentlichen Handlung verknüpft worden. Aber es gibt in ihr Anklänge an die Erzählung »Don Juan«, die in den

»Phantasiestücken« steht, sowie vielleicht auch etwas aus der Stimmung der »Serapionsbrüder«. Das Lied vom Klein-Zack kommt deutlich aus Hoffmanns Erzählung »Klein-Zaches genannt Zinnober«.

Das erste Bild der eigentlichen »Erzählungen« (im Schauspiel hießen sie noch »Phantastische Erzählungen«), die Szene der Puppe Olympia, stammt aus der Novelle »Der Sandmann«, die in den »Nachtstücken« steht.

Als Vorwurf zum Antonia-Akt diente die Erzählung »Rat Krespel« aus den »Serapionsbrüdern«.

Mehrere Erzählungen sind im Giulietta-Akt zur Einheit geworden: die »Geschichte vom verlorenen Spiegelbild« aus den »Abenteuern einer Silvesternacht«, die in den »Phantasiestücken in Callots Manier« stehen, verbindet sich mit »Signor Formica« (aus den »Serapionsbrüdern«), woher die Gestalt des Pitichinaccio genommen ist.

Man muß es *Carré* und *Barbier* lassen: Sie kannten ihren Hoffmann – sicherlich besser als so mancher deutsche Literat ihrer Zeit –, und sie wußten ihn für das Musiktheater so gut zu nutzen wie für die Prosabühne.

Kurze Biographie Jacques Offenbachs

1779 Der Vater des Komponisten, Isaac Juda Eberst, wird in Offenbach am Main als Sohn eines Tempelsängers und Jahrmarktmusikanten geboren.

1798 Isaac Eberst wandert aus und gelangt nach Deutz am Rhein, wo er sich in vielerlei Berufen betätigt, vor allem auf dem Gebiet der Musik. Er heiratet Marianne Rindskopf, Tochter einer alteingessenen jüdischen Familie. Die ersten fünf Kinder des Ehepaares kommen in rascher Folge zur Welt.

1816 Die Familie Eberst, zumeist »die Offenbacher« genannt, übersiedelt auf das andere Rheinufer und läßt sich in Köln nieder, wo sie den Namen »Offenbach« endgültig annimmt und der Vater sich zuerst als Musiklehrer, später als Herausgeber von Gebetbüchern, als Vorbeter der Synagoge, als Schriftsteller und Komponist betätigt.

1819 Im Hause Glockengasse Nr. 7 in Köln kommt am 20. Juni *Jakob Offenbach* zur Welt.

1825 Jakob erhält den ersten Geigenunterricht.

1827 Erste Kompositionsversuche des Knaben.

1828 Jakob entdeckt im Hause ein vergessenes Violoncello und beginnt, heimlich darauf zu üben.

1829 Als sein Cellospiel entdeckt wird, beherrscht er es bereits überraschend gut und wird zu einem früheren Virtuosen, dem betagten Joseph Alexander, in die Lehre gegeben. Bald stellt der Vater ein Klaviertrio (mit Geige und Cello) aus dreien seiner Kinder zusammen (Isabella, Julius, Jakob), das regelmäßig in einem Gasthaus auftritt. Der Cellist des Kölner Theaterorchesters Bernhard Breuer wird dann Jakobs neuer Cello- und Musiklehrer.

1833 Offenbachs erstes gedrucktes Werk erscheint: »Divertimento über Schweizerlieder für Violoncello mit Begleitung von 2 Violinen, Bratsche und Kontrabaß«. Die Brüder Julius und Jakob Offenbach geben ein »Abschiedskonzert« in Köln und reisen im November mit dem Vater, der seinen Kindern ein größeres

Eine französische Karikatur, die Jacques Offenbach mit den ihn
um Werke bedrängenden Theaterdirektoren zeigt.

Betätigungsfeld verschaffen will, nach Paris. Obwohl
die Statuten (Ausländerverbot!) es verbieten, nimmt
der berühmte Direktor des Konservatoriums, Luigi
Cherubini, den erst vierzehnjährigen Jakob in die
Celloklasse auf –, wie es in den Annalen unter dem
30. November 1833 erwähnt wird.

1834 Offenbach, der seinen deutschen Vornamen Jakob in
das französische *Jacques* umformt, verläßt, wenige
Monate nach der Heimkehr des Vaters nach Köln, das
Konservatorium und nimmt, fünfzehnjährig, einen

Posten als Cellist im Orchester der »Opéra Comique« in Paris an.

1836 In diesem und im darauffolgenden Jahr komponiert Offenbach mehrere Walzer-Suiten (»Les Vierges«, »Fleurs d'hiver«, »Les Amazones«, »Rebecca«, »Brunes et Blondes«), die zum Teil vom Unterhaltungsorchester unter Antoine Jullien im »Jardin Turc« gespielt werden.

1838 Offenbach lernt den deutschen, in Paris lebenden Komponisten Friedrich von Flotow kennen, der ihm zu einflußreichen Salons Zutritt verschafft und ihn dort, wie auch bei den ersten eigenen (Cello-)Konzerten am Flügel begleitet. Im übrigen lebt Offenbach von den Einnahmen aus dem Unterricht einiger Schüler, nachdem er die Tätigkeit im Orchester aufgegeben hat.

1839 Das »Palais-Royal-Theater« bestellt bei Offenbach einige Musiknummern als Einlagen in das Vaudeville »Pascal et Chambord«, das am 2. März Premiere hat.

1840 Zwei Kölner Aufenthalte Offenbachs: Der erste wird zu einem Konzert im Kasino-Saal ausgenützt, der zweite erfolgt anläßlich des Todes der Mutter, die ihrem jüngsten Sohn ins Grab folgt.

1843 Am 2. April gibt Offenbach ein »Concert dramatique bei dem er eine kleine Duo-Szene zur Uraufführung bringt (»Le Moine bourru«), gewissermaßen ein Vorläufer der späteren Parodien und Lustspieloperetten.

1844 Offenbach tritt zum Katholizismus über und heiratet Herminie d'Alcain. Von den Worten der »Gazette Musicale«, es handle sich um »eine junge, schöne, reiche Erbin« sind allerdings nur die beiden ersten Behauptungen richtig. Erfolgreiche Konzertreise Offenbachs nach England.

1847 Konzert Offenbachs mit Pariser Uraufführung der einaktigen komischen Oper »L'Alcôve«, die dann 1849 auch in Köln (hier als »Marielle«) erklingt.

1848 Vor den Revolutionswirren in Paris flüchtet Offenbach mit Frau und erstem Kind nach Köln, wo er zur Mitwirkung an einem Domkonzert am 14. August eingeladen wird. Der König von Preußen und der Reichsverweser Johann von Oesterreich sind anwesend. Offenbach erringt vor allem mit seiner vielgespielten Rossini-Phantasie stürmischen Beifall.

1849 Rückkehr der Familie nach Paris. Offenbach konzertiert im Elysée-Palast vor dem neugewählten Präsidenten Frankreichs, Prinz Louis-Napoléon, dem späteren Kaiser Napoléon III.

1850 Der Vater stirbt in Köln.
Offenbach wird Kapellmeister an der (Prosabühne) »Comédie Française«, wo er fünf Jahre lang Schauspielmusiken komponiert und dirigiert. Er komponiert »La Chanson de Fortunio« als Einlage zu einem Stück von Alfred de Musset.

1851 Zu den Kompositionen dieses Jahres gehört ein »Concertino für Violoncello«.

1852 Neben 6 Liedern schreibt Offenbach eine »Fantaisie« über Meyerbeers Oper »Robert le diable« für 7 Violoncelli, als Beginn einer Serie, die er im nächsten Jahr mit »Richard Cœur-de-Lion « (Grétry), Jean de Paris« (Boieldieu), »Il barbiere di Siviglia« (Rossini), »Le nozze di Figaro« (Mozart), »Norma« (Bellini) u. a. fortsetzt.

1853 Die komischen Opern »Le Trésor à Mathurin« (erste Fassung der »Mariage aux lanternes«, »Verlobung bei der Laterne«) und »Pépito« (»Das Mädchen von Elizondo«) werden in Paris, deutsche Lieder in Köln uraufgeführt.

1854 Offenbach denkt an eine Auswanderung nach Amerika. Dann aber macht er sich, von den offiziellen Theatern enttäuscht und in Nachahmung des Beispiels von Florimond Roger, genannt Hervé (»Mamzell Nitouche«), daran, ein eigenes Theater zur Aufführung seiner geplanten Operetten, Vaudevilles, Parodien usw. zu gründen.

1855 Offenbach eröffnet neben dem Gelände der Weltausstellung sein Kleintheater »Bouffes-Parisiens« am 5. Juli mit »Les deux aveugles«/»Die beiden Blinden«, die 400mal vor ausverkauftem (wenn auch sehr kleinem) Haus gespielt werden.

Noch im gleichen Jahr (in dem Offenbach eine Operette »Oyayaye« für Hervés Konkurrenzbühne geschrieben hat) schafft er nun Werk über Werk für seine eigenes Theater. Diese sollten als kurze Vorspiele für »Die beiden Blinden« dienen: »La nuit blanche«, »Arlequin Barbier«, »Le rêve d'une nuit d'été«, »Pierrot Clown«, »Le Violoneux«, »Polichinelle dans le monde«, »Madame Papillon«, »Paimpole et Périnette«, »Bata-clan«, die sich durchwegs an die Theaterkonzession halten, nicht mehr als 3 Schauspieler oder Tänzer zu verwenden. Zu den ersteren gehört Offenbachs »Entdeckung«, Hortense Schneider, die schnell zum Pariser Bühnenliebling aufsteigt.

1856 Offenbach erläßt ein Preisausschreiben, um kleine Werke für sein Theater zu bekommen. Er versammelt die größten Namen – wie die Komponisten Gounod und Halévy, den Dramatiker Scribe – in der Jury, Preisträger werden der noch gänzlich unbekannte Georges Bizet (der spätere »Carmen«-Komponist) und Lecocq (späterer Erfolgsautor der Operetten »Mademoiselle Angot«, »Giroflé-Giroflà« u. a.). Offenbach selbst steuert wieder eine Fülle eigener »Bouffes« oder »Mini-Operetten« (wie man sie nennen könnte) für sein Theater bei: »Trombal-cazar«, »La rose de Saint-Flour«, »Les Dragées de baptême«, »Le 66«, »Le Savetier et le Financier«, »La Bonne d'enfants«.

1857 Offenbach komponiert 8 kleine Werke für sein Theater (»Les trois Baisers du Diable«, »Croquefer«, »Dragonette«, »Vent du soir«, »Une demoiselle en loterie«, »Le Mariage aux lanternes«, »Les deux Pêcheurs«, »Les Petits Prodiges«. Erfolgreiches Ensemblegastspiel des Theaters in London.

1858 Die einschränkenden Vorschriften für das Theater »Bouffes-Parisiens« werden aufgehoben. Gastspiele in Berlin und Bad Ems. Nach den einaktigen Operetten »Mesdames de la Halle« und »La Chatte metamorphosée en femme« folgt am 21. Oktober Offenbachs bisher ausgedehntestes Bühnenwerk, »Orphée aux enfers«/»Orpheus in der Unterwelt«, das 228mal hintereinander gespielt wird.

1859   Offenbach komponiert wiederum 2 kurze Werke (»Un mari à la porte« und »Les Vivandières de la Grande«) sowie eine abendfüllende Buffo-Oper: »Geneviève de Brabant«, die später mehrfach umgearbeitet wird.

1860   Am 4. Januar wird Offenbach französischer Staatsbürger. Er baut in Etretat (Normandie) eine Sommervilla. In der Pariser »Grande Opéra« wird sein Ballett »Le papillon«/»Der Schmetterling«, in der »Opéra Comique« »Barkouf« gespielt. In seinen »Bouffes« führt er »Le Carnaval des Revues« und »Daphnis et Chloé« erstmals auf.

1861   Offenbach wird mit der »Ehrenlegion« ausgezeichnet.
Unter den Premieren dieses Jahres finden sich bekannte Werke wie »La Chanson de Fortunio«/»Fortunios Lied« (als Ausweitung des 10 Jahre früher aufgeführten Liedes), »Le pont des soupirs«/»Die Seufzerbrücke«, »Mr. Choufleury restera chez lui le…«/»Salon Pitzelberger«; ferner »Apothicaire et Perruquier« und »Le Roman comique«. Das Theater gerät durch zu hohe Ausgaben in Schwierigkeiten.

1862   Am 26. Januar muß Offenbach die Leitung der »Bouffes Parisiens« niederlegen. Hier kommt noch die einaktige Operette »Jacqueline«/»Dorothea« zur Uraufführung, die nächsten Premieren finden im Kurtheater des deutschen Bad Ems statt: »Les Bavards«/»Die Schwätzerin von Saragossa«, »Lieschen und Fritzchen« (1863), »Il Signor Fagotto« (1863), werden dann allerdings in den »Bouffes« sehr bald nachgespielt, obwohl sie nun nicht mehr unter Offenbachs Leitung stehen.

1864   In Paris stirbt Giacomo Meyerbeer, der ein Offenbach sehr ähnliches Schicksal erlebt hatte: den Weg vom deutschen Musiker jüdischer Abstammung zum »echtesten« Franzosen, der seinem Adoptivvater-

land nicht nur Meisterwerke, sondern ein dessen Geist besonders angemessenes Bühnengenre schaffen konnte: die »grande opéra« der eine, die »opérette«, das absolute Gegenstück zu jener, der andere. Offenbach dirigiert am 8. Februar seine Oper »Die Rheinnixen« in der Wiener Hofoper; in dieser kommt schon die Melodie vor, die später als »Barcarole« das populärst gewordene Musikstück von »Hoffmanns Erzählungen« bildet. Von kleinen Werken sind zu erwähnen: »Le Brésilien« (1863), »L'Amour chanteur«, »Les Géorgiennes«, »Jeanne qui pleure et Jean qui rit«, »Le Fifre enchanté«.
Den Abschluß des Jahres bildet der große Operetten-Welterfolg: »La Belle Hélène«/»Die schöne Helena«, am 17. Dezember.

1865 Drei Premieren, von denen keine von längerem Erfolg gekrönt ist: »Les Refrains des Bouffes«, »Les Bergers« in Paris, und »Coscoletto« in Bad Ems.

1866 Jahr zweier Meisterwerke: »Barbe-bleu«/»Blaubart« (Théâtre des Variétés) und »La vie parisienne«/»Pariser Leben« (Palais-Royal).

1867 Großerfolg mit »La Grande-Duchesse de Gerolstein«/»Die Großherzogin von Gerolstein« (Variétés); weitere Premieren: »La Permission de dix heures«/»Urlaub nach dem Zapfenstreich«, »La Leçon de Chant«, »Robinson Crusoe«.

1868 Drei Uraufführungen: nach »Le Château à Toto« zwei Werke bleibenden Wertes: »L'île de Tulipatan«/ »Die Insel Tulipatan« und »La Périchole«.
Das Theater Bouffes-Parisiens, das einst Offenbach gehörte, wird von seinem Schwiegersohn Charles Comte übernommen.

1869 Das Jahr bringt 5 Offenbach-Neuheiten: »Vert-Vert« (Opéra Comique), »La Diva« (Bouffes), »La princesse de Trébizonde«/»Die Prinzessin von Trapezunt« (Kurtheater Baden-Baden), »Les brigands«/ »Die Banditen« (Variétés), »La Romance de la Rose« (Bouffes Parisiens).

1870 Beim Ausbruch des Deutsch-Französischen Krieges und wegen vieler Anfeindungen von beiden Seiten

Aufnahme von Jacques Offenbach, um 1868.
(L. Angerer, Wien).

Jacques Offenbach in seinem Arbeitszimmer in Paris am Boulevard des Capucines, in dem er »Hoffmanns Erzählungen« schrieb.
Zu seinen Füßen der Windhund »Klein-Zack«.

reist Familie Offenbach nach Spanien, Italien und Österreich. Es ist das einzige Jahr ohne Offenbach-Premiere.

1871 Offenbach führt, nach Paris zurückgekehrt, »Boule de Neige«, eine Umarbeitung von »Barkouf« in den Bouffes Parisiens auf.
Der Sturz des Kaiserreichs scheint eine Bedrohung von Offenbachs Stellung anzukündigen.

1872 Es gibt, wie in alten Zeiten, vier Offenbach-Premieren, allerdings zwei davon in Wien: »Le Roi Carotte« (im Pariser Gaîté), »Fantasio« (in der Pariser Opéra Comique), »Fleurette«/»Näherin und Trompeter« (Carl-Theater, Wien) und »Der schwarze Korsar« (Theater an der Wien, Wien).

1873 Vier Premieren: »Les Braconniers« (Variétés, Paris), »Le Gascon« (Gaîté, Paris), »Pommes d'Api« (Renaissance, Paris), »La jolie parfumeuse« (Renaissance, Paris). Offenbach übernimmt die Leitung des »Théâtre de la Gaîté« in Paris.

1874 Triumphale Wiederaufnahme des »Orpheus in der Unterwelt«, der allabendlich volle Häuser bringt; Offenbach dirigiert die 100. Aufführung selbst. Damit scheint »die Gaîté« gesichert; aber die Kosten erweisen sich, trotz glänzender Einnahmen, als zu hoch.

1875 Zusammenbruch der Direktion Offenbach, Verkauf des Theaters, Verlust des Vermögens, starke Verschuldung. Trotzdem bringt dieses Jahr – nach 3 Premieren im Vorjahr (»Bagatelle«, »Madame l'Archiduc«, »La Haine«) – nicht weniger als 6 Offenbach-Uraufführungen: »Wittington et son chat« (Alhambra, London), »Les Hannetons« (Bouffes Parisiens), »La Boulangère a des écus« (Variétés), »La Créole« (Bouffes), »Le Voyage dans la lune« (Gaîté), »Tarte à la crème« (Bouffes).

1876 Gastspielreise nach Nordamerika, große Erfolge in New York und Philadelphia (Weltausstellung). Die Einnahmen decken die Schulden der »Gaîté« und sichern Offenbachs Leben. Die Uraufführungen dieses Jahres: »Pierette et Jacquot« (Bouffes), »La Boîte au lait« (Bouffes), »Le Docteur Ox« (Variétés).

1877 Wahrscheinlicher Arbeitsbeginn an »Les Contes d'Hoffmann«. Uraufführung: »La Foire Saint-Laurent« (Folies-Dramatiques).

1878 Keine Offenbach-Premiere bei der Pariser Weltausstellung, doch immerhin eine Reprise von »Orpheus in der Unterwelt« unter darstellerischer Mitwirkung des »Konkurrenten« Florimond Hervé und mit Offenbach am Pult, der aber wegen Erkrankung nur Teile des Werkes selbst leiten kann. Zwei Premieren: »Maître Peronilla« und die abendfüllende Operette »Madame Favart« in den »Folies-Dramatiques«, Paris.

1879 Am 18. Mai werden in Offenbachs Wohnung am Boulevard des Capucines vor wichtigen geladenen Gästen und Presse Stücke aus »Les Contes d'Hoffmann« vorgeführt. Zwei Uraufführungen: »La Marocaine« (Bouffes), »La Fille du Tambour-Major« (Folies-Dramatiques), von denen das letztere die *Nummer 100* der Bühnenwerke Offenbachs trägt.

1880 Im August erwähnt Offenbach in einem Brief an seine Tochter Pepita, er müsse »innerhalb eines Monats« das Finale des 4. und den ganzen 5. Akt von »Hoffmanns Erzählungen« komponieren. Wahrscheinlich hat er Todesahnungen, die ihn zur Fertigstellung dieses seines bedeutendsten Werkes treiben. Es läßt sich nicht mehr nachweisen, wie weit er mit der Komposition gelangte. Die Familie legte Wert auf die Feststellung, Offenbach habe die Komposition im Klavierauszug mit Instrumentationsangaben vollständig fertiggestellt hinterlassen, aber neuere Forschungen bezweifeln das. Auf jeden Fall beendete Offenbach vor seinem Tode noch 2 kleinere Operetten. Er starb im Morgengrauen des 5. Oktober. Die Familie beauftragte bald danach Ernest Guiraud, Rezitative zu komponieren – wahrscheinlich auch (was nicht bekanntgegeben wurde), aus wohl vorhandenen Skizzen die Oper zu vollenden. Zwei Wochen nach Offenbachs Tod führt das Renaissance-Theater, Paris, die Operette »La belle Lurette« zum ersten Male auf.

Zeitgenössische Zeichnung des katastrophalen Ringtheater-
brandes, der sich am 8. Dezember 1881 während der Vorstellung
von »Hoffmanns Erzählungen« ereignete.

1881 Uraufführung der Oper »Les Contes d'Hoffmann«/
»Hoffmanns Erzählungen« an der Pariser »Opéra
Comique am 10. Februar. Drei Monate später Pre-
miere der Operette »Mam'zelle Moucheron« im
Renaissance-Theater. Am 7. Dezember deutschspra-
chige Premiere von »Hoffmanns Erzählungen« am
Ringtheater in Wien. Am nächsten Abend, während
der 2. Vorstellung, katastrophaler Brand mit vielen
Hunderten von Todesopfern.

Tempobezeichnungen

Grave: Schwer, lastend, äußerst langsam
Largo: Äußerst langsam
Larghetto: Etwas fließender, aber immer noch sehr langsam
Adagio: Sehr ruhig und langsam
Adagietto: Etwas weniger langsam
Moderato: Mäßig, eher langsam
Andante: Gehendes Zeitmaß, fließend, nicht zu langsam,
    aber ruhig
Andantino: Etwas bewegter als Andante
Allegretto: Flüssigeres Zeitmaß
Allegro: Lebhaftes, ziemlich schnelles Zeitmaß
Vivace: Sehr lebhaft, eher etwas bewegter als Allegro
Presto: Sehr schnell und bewegt
Prestissimo: Äußerst geschwind.

Diese Grundbegriffe können durch Beiworte noch weiter abgestuft werden. Das Wort *molto* (sehr) steigert die Grundtendenz: *Allegro molto* ist schneller als *Allegro*, *Adagio molto* ruhevoller als *Adagio*. *Con moto* ist ein Zusatz, der etwa »mit Bewegung« verlangt, *Andante con moto* bedeutet also ein ruhiges, aber doch (vor allem innerlich) bewegtes Zeitmaß. *Con fuoco* bedeutet »mit Feuer«, »mit Temperament«, *appassionato* »leidenschaftlich« (*Allegro appassionato* also ein schnelles, vor allem leidenschaftlich erregtes Zeitmaß), *non troppo* heißt »nicht zu sehr«, schwächt also den Hauptbegriff ein wenig ab: *Allegro ma non troppo* verlangt ein zwar schnelles, aber nicht überhetztes Zeitmaß. *Con brio* wäre am ehesten mit »schwungvoll« zu übersetzen: *Allegro con brio* bedeutet ein schwungvolles, rasches Zeitmaß. Die Übergänge von einem langsameren zu einem schnelleren Tempo werden durch das Wort *accelerando; acc,* (beschleunigend) oder auch *stringendo* (schneller werdend), die umgekehrten durch *ritardando,* auch *ritenuto* oder *allargando* (langsamer werdend) verlangt.

DYNAMISCHE BEZEICHNUNGEN (Stärkegrade)

ppp (eventuell sogar pppp): So leise wie möglich, extrem leise

pp, pianissimo: Sehr leise

p, piano: Leise

mp, mezzopiano: Mittelstark, eher leise

mf, mezzoforte: Mittelstark, eher stark

f, forte: Stark

ff, fortissimo: Sehr stark

fff (eventuell sogar ffff): So stark wie möglich, extrem laut

Auch diese Begriffe können durch Zusatzbezeichnungen differenziert werden. *Assai* bedeutet ungefähr »ziemlich«, *molto* »sehr«. Für alle diese (italienischen) Ausdrücke haben sich im 19. Jahrhundert auch deutsche Bezeichnungen eingebürgert. International aber gelten nur die italienischen.

Erläuterung musikalischer Fachausdrücke

arios: liedmäßig melodiös, gesanglich, der Arie ähnlich, aber weniger formbewußt als diese.

Arpeggio, Mehrzahl: Arpeggien: Zerlegung eines Akkords in eine schnelle Tonfolge beim Anschlagen auf dem Instrument. Von »arpa« ital. = Harfe abgeleitet, da die Akkorde auf den meisten Saiteninstrumenten, vor allem auf der Harfe, kein gleichzeitiges Anschlagen der Töne erlauben, sondern lediglich ein rasches Nacheinander: ein Arpeggio.

Bouffe(s): Bouffe ist das französische Wort für das italienische »Buffo«-Theater, also das heitere, lustige im Gegensatz zum Drama, zur »Opera seria«. Offenbach nannte das erste Theater, das er in Paris leitete »Bouffes parisiennes«, da in ihm ausschließlich komische Werke zur Vorführung gelangen sollten.

Bouffonnerie musicale: Ein (vor allem für Offenbachs Werke gebrauchtes) Wort für musikalischen Schwank, musikalisches Lustspiel.

Buffo-Oper: Lustspielartiges Musiktheater der Italiener. Gegensatz: *Opera seria,* die ernste Oper. Begriffe aus dem 17. und 18. Jahrhundert, später seltener gebraucht.

Chromatik: Halbtonweise Fortschreitung einer Melodie, also in kleinsten, engen → Intervallen; auch bei Harmonien anwendbar. *Chromatische* I. entstehen durch Versetzung eines Tons, also g–gis–a usw., eine *chromatische Tonleiter* ist z. B. jene, die alle zwölf Töne unseres Systems umfaßt (während eine Dur- oder Molltonleiter nur sieben aus diesen ausgewählten aufnimmt).

Couplet: Kleines Lied; Kabarett-, Operetten-, Schlager-Lied.

en suite: ununterbrochen (hintereinander).

Finale: Schlußteil eines Werkes oder, wie im Falle der Oper, auch ihrer Akte. Zumeist erfolgt in den Finales eine Ballung und Verstärkung der dramatischen und musikalischen Elemente (die von den Italienern in bestimmten Fällen als »Stretta« bezeichnet wird).

Fugato: Die »Fuge« ist eine Kompositionsform, bei der ein Thema der Reihe nach in allen »Stimmen« eintritt; das ist auch beim Kanon der Fall, aber die Eintritte in die Fuge erfolgen nicht immer auf dem gleichen Ton, sondern abwechselnd in der Grundtonart des Stückes und auf der 5. Stufe. Eine nicht ganz streng durchgeführte Fuge, etwa ein Stück, bei dem nur das Auftauchen des Themas fugenartig gestaltet ist, nennt man »Fugato«.

Grande opéra: Eine große Oper, als deren Schöpfer man Giacomo Meyerbeer in Paris bezeichnen kann. Ein – damals – neuer Typus des Musiktheaters mit theaterwirksamen Massenszenen, Balletteinlagen und viel Prunk. (Nicht zu verwechseln mit der »Grande Opéra«, dem Pariser Opernhaus.)

Intervall: Abstand zweier Töne. Jedes trägt einen (aus dem Lateinischen stammenden) Namen: Prime, Sekunde, Terz, Quarte, Quinte, Sexte, Septime, Oktave. Von C zu E beträgt also z. B. der Abstand oder das »Intervall« eine Terz, von C zu A eine Sexte usw.

Koloratursopran: Die höchste der menschlichen Stimmgattungen; seine Hauptaufgabe besteht in der Geläufigkeit, vor allem in den höchsten Stimmlagen.

Maestoso: Aus dem Italienischen mit der Bedeutung »festlich«, »erhaben«.

Musiquette: Kleines, leichtes Musikstück, von Offenbach; etwa gleichbedeutend mit → Vaudeville und »kleiner Operette« angewendet.

Opéra bouffe Féerie: Fantasievolle Lustspieloper.

Opéra; grande –: vergl. »Grande opéra«.

Rezitativ: Bestandteil älterer italienischer Opern, Verbindung zwischen den vollkomponierten Musiknummern, die vom Orchester begleitet werden. Eine Art Sprechgesang, ziemlich frei in Takt und Rhythmus. Die ältere italienische Oper unterschied zwei Arten von Rezitativen: »recitativo secco« oder eventuell als »Secco-Rezitativ« eingedeutscht, bei dem die musikalische Begleitung lediglich aus einem Cembalo, eventuell noch einem beigefügten Violoncello besteht, und das »recitativo accompagnato«, das »begleitete Rezitativ«, das vom ganzen Orchester untermalt und begleitet wird. In der Dramaturgie der italienischen Oper des 17. und 18. Jahrhunderts ist der Unterschied zwischen »geschlossenen« Nummern und Rezitativen sehr deutlich, z. B. auch bei Mozarts italienischen Opern. Die Rezitative mit ihren beweglichen raschen Dialogen dienen der dramatischen Entwicklung, dem aktiven »Spiel«, während die »Nummern«, wie Arien, Duette usw. zumeist (notgedrungen) eher als lyrische, melodische Ruhepunkte anzusprechen wären.

Saynète, Sainete: spanisch-französisch: »Schwank«, kurzes schwankartiges Lustspiel, zumeist mit musikalischen Einlagen.

Septett: Gesang von sieben Stimmen, Vereinigung von 7 Musikern (als größere Form der Kammermusik) bzw. Komposition für 7 Instrumente.

Tenorbuffo: Bühnenmäßige Begriffsbezeichnung für den »leichten« oder »Spieltenor«, von dem vor allem körperliche wie stimmliche Beweglichkeit erwartet wird (im Gegensatz zu den beiden anderen Tenorarten, dem lyrischen und dem dramatischen (Helden-)Tenor.

Terzett: Gesang dreier Stimmen, während das Spiel dreier Instrumente als Trio bezeichnet wird.

Vaudeville: Bühnenstück mit musikalischen Einlagen von leicht faßlicher, populärer, manchmal sogar gassenhauerischer Melodie. In Paris aufgekommen, verwandt der »ballad opera« Englands, der »zarzuela« Spaniens. Der Name könnte von »voix de ville« (also: Stimme der Stadt) stammen – so erklärt ihn Ronsard um 1570 – oder von »Vau de Vire«, dem Heimatort eines Dichters, dessen satirische Werke um 1450 den Anstoß zu diesem Genre gegeben haben sollen.

Discographie

Zusammengestellt von Albert Thalmann, Bern/Schweiz
Stand: Februar 1980
*Falls nichts anderes angegeben, sind die Aufnahmen in
französischer Sprache gesungen*

H: Hoffmann, O: Olympia, G: Giulietta, A: Antonia,
N: Niklaus, L: Lindorf, C: Coppélius, D: Dapertutto,
M: Docteur Miracle (Mirakel), *Dir:* Dirigent, Or: Orchester,
CH: Chor

1937 H: René Maison, O, G, A: Vina Bovy, N: Ira Petina,
      L, C, D, M: Lawrence Tibbett, *Dir: Maurice de
      Abravanel,* Or & Ch: Metropolitan Opera, New York
      Unique Opera Records Corporation.

1946 H: Peter Anders, O: Rita Streich, G: Irmgard Lang-
      hammer-Klein, A: Erna Berger, N: Annelies Müller,
      L, C, D, M: Jaro Prohaska, *Dir: Arthur Rother,* Or &
      Ch: Berliner Rundfunk.
      Bellaphon-Klassik (in deutsch) (etwas gekürzt)

1949 H: Raoul Jobin, O: Renée Doria, G: Vina Bovy,
      A: Géori Boué, N: F. Revoil, L: Louis Musy, C:
      André Pernet, D: Charles Soix, M: Roger Bourdin,
      Dir: André Cluytens, Or & Ch: Opéra comique, Paris.
      Columbia

1950 H: Robert Rounseville, O: Dorothy Bond, G: Mar-
      gherita Grandi, A: Ann Ayars, N: Monica Sinclair,
      C, D, M: Bruce Dargavel, *Dir: Sir Thomas Beecham,*
      Or: Royal Philharmonic, Ch: Sadler's Wells Co.
      Decca (in englisch)

1955 H: Richard Tucker, O: Roberta Peters, G: Rise
      Stevens, A: Lucine Amara, N: Mildred Miller, L, C,
      D, M: Martial Singher, *Dir: Pierre Monteux,* Or &
      Ch: Metropolitan Opera, New York.
      Cetra – Opera live

1958 H: Léopold Simoneau, O, A: Mattiwilda Dobbs, G:
      Uta Graf, N: N. Tuescher, L, C, D, M: Heinz Reh-

fuss, *Dir: Pierre-Michel Le Conte,* Or & Ch: Concerts de Paris.

Guilde Internationale du Disque

1965 H: Nicolai Gedda, O: Gianna d'Angelo, G: Elisabeth Schwarzkopf, A: Victoria de los Angeles, N: Jean-Christophe Benoit, L: Nicolai Guiselev, C: George London, D: Ernest Blanc, M: George London, *Dir: André Cluytens,* Or: Société des Concerts du Conservatoire, Ch: René Duclos.
EMI – Electrola*

1972 H: Placido Domingo, O, G, A: Joan Sutherland, N: Huguette Tourangeau, L, C, D, M: Gabriel Bacquier, *Dir: Richard Bonynge,* Or: Suisse Romande, Ch: Radio Suisse Romande & Pro Arte de Lausanne.
Decca*

1973 H: Stuart Burrows, O, G, A: Beverly Sills, N: Susanne Marsee, L, C, D, M: Norman Treigle, *Dir: Julius Rudel,* Or: London Symphony, Ch: John Alldis.
HMV

1979 H: Siegfried Jerusalem, O: Jeanette Scovotti, G: Norma Sharp, A: Julia Varady, N: Ilse Gramatzki, L, C, D, M: Dietrich Fischer-Dieskau, *Dir: Heinz Wallberg,* Or: Münchner Rundfunk, Ch: Bayerischer Rundfunk.
EMI – Electrola (in deutsch)

Nur als Querschnitt erschienen:
H: Rudolf Schock, O: Ruth-Margret Pütz, G: Hildegard' Hillebrecht, A: Pilar Lorengar, N: Sieglinde Wagner, C, D, M: Marcel Cordes, *Dir: Berislav Klobucar,* Or: Berliner Symphoniker, Ch: Deutsche Oper Berlin.
EMI – Electrola (in deutsch)
H: Rudolf Schock, O, A, G: Rita Streich, D, M: Josef Metternich, N: Sieglinde Wagner, *Dir: Wilhelm Schüchter.*
EMI – Electrola (in deutsch)
H: Tony Poncet, O: Gisela Vivarelli, G, A: Colette

---

* auch als Querschnitt erschienen.

Lorand, C, D, M: René Bianco, N: E. Rehfuss, *Dir: Rudolf Wagner.*
Philips
H: Ernst Kozub, O: Gisela Vivarelli, G, A: Colette Lorand, C, D, M: René Bianco, N: E. Rehfuss, *Dir: Rudolf Wagner.*
Philips (in deutsch)
H: William McAlpine, O: Rita Streich, G: Christa Ludwig, A: Hedi Klug, C, D, M: Randolph Symonette, *Dir: Richard Kraus.*
Deutsche Grammophon (in deutsch)
H: Sandor Konya, O: Mattiwilda Dobbs, G: Gladys Kuchta, A: Hedi Klug, C, D, M: Thomas Stewart, N: Cvetka Ahlin, *Dir: Richard Kraus,* Or: Deutsche Oper Berlin, Ch: RIAS Kammerchor Berlin.
Deutsche Grammophon (in deutsch)
H: Jon Crain, O: Laurel Hurley, G: Rosalind Elias, A: Lucine Amara, C, D, M: Martial Singher, N: Helen Vanni, *Dir: Jean Morel,* Or & Ch: Metropolitan Opera New York.
RCA – Victor (in englisch)
H: Albert Lance, O: Mady Mesplé, G: Suzanne Sarroca, A: Andrée Guiot, C: Julien Giovanetti, D: Robert Massard, M: Gabriel Bacquier, N: Yves Bisson, *Dir: Jésus Etcheverry.*
Mondiophonie
H: Waldemar Kmentt, O: Wilfriede Lüttgen, G: Erika Zimmermann, A: Christiane Sorell, C, D, M: Walter Berry, N: Sonja Draksler, *Dir: Franz Bauer-Theussl,* Or & Ch: Wiener Volksoper.
Eurodisc (in deutsch)

Diese Discographie erhebt keinen Anspruch auf Vollständigkeit – Hinweise betreffend Aufnahmen, die nicht erwähnt sind, werden dankbar entgegengenommen.

Bildquellennachweis:

Archiv für Kunst und Geschichte, Berlin: S. 6, 214, 233,
    248/49, 269, 275
Ilse Buhs, Berlin: S. 251, 253
Archiv Kurt Pahlen: S. 205, 211, 260, 276, 279
Hildegard Steinmetz: S. 238/39, 241, 243

KURT PAHLEN

wurde in Wien geboren. Sein Vater, Richard Pahlen, war dort in der Zeit vor dem Ersten Weltkrieg der berühmteste Liedbegleiter, ja möglicherweise der Begründer der auf höchster Stufe stehenden Kunst der Liedbegleitung. Nach Schulzeiten in Berlin und Wien bezog Kurt Pahlen in Wien gleichzeitig die Universität und das Konservatorium. Er erwarb das Doktorat der Philosophie mit dem Hauptfach Musikwissenschaften. Sehr früh begann er die Laufbahn des praktischen Musikers. Er dirigierte in den dreißiger Jahren in der Wiener Volksoper, sowie Sinfoniekonzerte in Radio Wien und vielen europäischen Städten (Paris, Amsterdam, Mailand, Madrid, Genf, Bern, Zürich, Budapest, Prag, Warschau, Riga usw.), leitete Chöre und Kinderchöre, war Dozent an den Wiener Volkshochschulen, wo er auch ein vielbeachtetes Opernstudio ins Leben rief.

Nach einem einjährigen Aufenthalt in der Schweiz wurde Pahlen 1938 nach Argentinien eingeladen, wo er im März 1939 eintraf, um nach einigen Gastkonzerten ständiger Chef der Filarmonica Metropolitana von Buenos Aires zu werden. Um dem Mangel an Literatur über musikalische Themen in spanischer Sprache abzuhelfen, begann er gleichzeitig mit der Publikation von Artikeln und bald auch Büchern, die im lateinamerikanischen Raum stärkste Verbreitung fanden.

Im Jahre 1949 berief die Universität Montevideo (Uruguay) Pahlen zur Organisation einer musikwissenschaftlichen Abteilung, deren Ordinarius er wurde. Gleichzeitig gründete er in diesem Lande eine ausgedehnte Chorbewegung, leitete persönlich die Städtischen Chöre von Montevideo, die zum Modell für ähnliche Bestrebungen in vielen Ländern Südamerikas wurden.

Von der bolivianischen Regierung berufen, richtete Pahlen während mehrerer Monate in diesem Lande musikalische Institutionen ein und hielt Vorlesungen, Kurse und Vorträge. Allmählich trat dieser Aspekt seiner Tätigkeit immer stärker in den Vordergrund und führte ihn als Gast von Universitäten und Kulturvereinigungen oftmals quer durch den ganzen amerikanischen Kontinent. Im Juli 1957 wurde Pahlen zum Direktor des Teatro Colon (Opernhaus von Buenos Aires) ernannt. Seit dem Ende des Zweiten Weltkriegs unternahm er alljährliche Reisen nach Europa, wo er u. a. als Dirigent der Wiener Sinfoniker, der Wiener Staatsoper, mehrerer deutscher Opernhäuser, vieler Orchester gastweise wirkte, sowie in steigendem Maße Vorträge über Themen der Musikgeschichte, der lateinamerikansichen Musik sowie des aktuellen Musiklebens hielt.

Neben vielen anderen Auszeichnungen erhielt Pahlen das Große Ehrenzeichen, das Ehrenkreuz für Kunst und Wissenschaften 1. Klasse der Österreichischen Bundesregierung und eine der höchsten Auszeichnungen des Landes Salzburg, den »Ehrenbecher«. Pahlen ließ sich, inmitten zahlreicher Tourneen um die Welt, Anfang der siebziger Jahre in Männedorf (Kanton Zürich) nieder. Er leitet die »Feierabendkonzerte« (der Schweiz. Bankgesellschaft) in mehreren Schweizer Städten, das »Forum für Musik und Bewegung« sowie die Sommerakademie in Lenk (Berner Oberland), ist Professor am Internationalen Opernstudio des Opernhauses Zürich mit einem Meisterkurs für Operngeschichte und Stilkunde, hält die einführenden Vorträge der Salzburger Festspiele, der Osterfestspiele Salzburg, der Bregenzer Festspiele, der Schubertiade Hohenems, sowie an zahlreichen Opernhäusern Europas. Er ist ständiger Mitarbeiter im Fernsehen und Rundfunk mehrerer Länder. Seine Bücher gehören, in viele Sprachen übersetzt, zu den meistgelesenen ihres Fachs auf der Welt. In alljährlichen Tourneen durch verschiedene Länder

Lateinamerikas hält Pahlen seine alten und engen Kontakte mit deren Kulturleben aufrecht, dirigiert Konzerte, hält Kurse und Vorträge in zahlreichen Städten.

Leseprobe

Band 33003

Ein ausgezeichnetes Lehrbuch der Musiktheorie, das dem Lernenden den reichhaltigen Stoff in übersichtlicher, knapper Form – methodisch geordnet und aufbereitet – nahebringt und dem Fortgeschrittenen zur Wiederholung und zum Nachschlagen dient.

Fragen und Aufgaben am Ende jeden Kapitels regen zur Selbstkontrolle und aktiven Beschäftigung an.

Der Inhalt umfaßt die allgemeine Musiklehre und schließt Erklärungen und Erläuterungen wichtiger Fachausdrücke ein.

Aus dem Inhalt:

Vorwort

Neben dem Singen, Musizieren und bewußten Musikhören trägt das Beherrschen der Elementarlehre, die Kenntnis wesentlicher melodischer, harmonischer und rhythmischer Zusammenhänge, zum Verstehen der vielgestaltigen musikalischen Erscheinungen bei. »Allgemeine Musiklehre« führt in diese Grundlagen ein und möchte den Lernenden beim Aneignen des notwendigen Wissens unterstützen, darüber hinaus dem Fortgeschrittenen zur Wiederholung und zum Nachschlagen dienen. Deshalb stand im Vordergrund das Bemühen, den reichhaltigen Stoff in knapper, übersichtlicher Form methodisch geordnet und aufbereitet darzulegen. Bewußt wurden viele Notenbeispiele herangezogen, um immer wieder die Verbindung zur Musikpraxis herzustellen.

Fragen und Aufgaben am Ende jedes Kapitels ermöglichen gezielte Selbstkontrolle und sollen zur weiteren aktiven Beschäftigung anregen. Kennziffern am Rande jeder Seite gliedern das Material und gestatten zahlreiche Verweise im Text. Das Register enthält zum raschen Aufsuchen und Informieren sowohl die Kennziffer des Besprochenen als auch kurze Erläuterungen weiterer wichtiger Begriffe und Fachwörter.

Wieland Ziegenrücker

Von den Musikinstrumenten

Allgemeines

383 Von einfachsten Rasseln und Klappern bis zu modernen komplizierten technischen Apparaturen, wie z. B. dem Synthesizer, zeigt sich uns heute ein vielgestaltiges, in engster Beziehung mit der Entwicklung der menschlichen Gesellschaft entstandenes Instrumentarium (instrumentum, lat. = Werkzeug). Als Ordnungsprinzip für die Systematik unserer Musikinstrumente gilt die Art der Tonerzeugung, die zu 5 Hauptgruppen führt. Weiterhin finden bauspezifische und spielpraktische Eigenheiten Beachtung.

384 Alle Instrumente, deren Töne auf schwingende Saiten zurückzuführen sind, bilden die Gruppe der *Chordophone* (»Saitenklinger«). Dazu zählen die Streich- und Zupfinstrumente (z. B. Violine und Violoncello bzw. Gitarre und Harfe), aber auch Klavier und Cembalo.

385 Eine weitere große Abteilung ergibt sich aus jenen Instrumenten, in denen das Klangmaterial durch eine in Schwingungen versetzte Luftsäule entsteht. Wir nennen sie *Aerophone* (»Luftklinger«). Das sind die Holz- und Blechblasinstrumente, die Orgel und die sogenannten Harmonikainstrumente (Akkordeon, Mundharmonika usw.)

386 Wird der Körper selbst zum tonerzeugenden Medium (z. B. die Holzplatten des Xylophons oder die gegengeschlagenen Becken), so spricht man von *Idiophonen* (»Selbstklingern«). Hierzu rechnen weiterhin Triangel, Gong, Vibraphon, Schüttelrohr, Glocke u. a.

387 Bei Trommeln und Pauken schwingt das Fell, deshalb trägt diese Gruppe die Bezeichnung *Membranophone* (»Fellklinger«). In der Praxis faßt man Idiophone und Membranophone als Schlaginstrumente zusammen, die in Instrumente mit bestimmter (Pauken, Glockenspiel, Xylophon usw.) und unbestimmter (Trommel, Becken, Triangel usw.) Tonhöhe unterteilt werden können.

388 Der technische Fortschritt der letzten Jahrzehnte ließ die *Elektrophone* (»Elektroklinger«), auch Ätherophone, entstehen, wobei zwischen Instrumenten mit elektrischer Verstärkung (z. B. Plektrumgitarre) und Instrumenten mit elektronischer Tonerzeugung durch Generatoren (z. B. Elektronenorgel, Synthesizer) unterschieden werden muß.

389 Die folgenden Seiten enthalten in gedrängter Form Hinweise zu Bau, Stimmung und Tonumfang der gebräuchlichen Musikinstrumente, wobei auf die Beschreibung der komplizierten Struktur von Klavier, Orgel und elektronischen Instrumenten aus räumlichen Gründen verzichtet werden mußte. Die Zusammenfassung in Gruppen folgt praktischen Erwägungen.
Beachte: Alle angegebenen Tonumfänge sind »Normalwerte«. Sie hängen selbstverständlich vom Typ des Instruments und vom Können des Musikers (besonders in den extremen Grenzlagen) ab.

Streichinstrumente

390 *Violine*, Geige (ital. = violino)
Bau: Korpus mit gewölbtem Ahornboden und Fichtenholzdecke, die durch Zargenkranz verbunden sind, nach außen gerundetem Ober- und Unterbügel und nach innen gerundetem Mittelbügel, Decke mit 2 f-förmigen Schallöchern, weiterhin Stimmstock und Baßbalken im Innern; Länge des Korpus ca. 35,5 cm, Hals mit Griffbrett (Ebenholz) und Obersattel (oberes Ende) als Saitenauflage, Wirbelkasten (seitenständige Wirbel), Schnecke; 4 Saiten verlaufen von Wirbel über Obersattel, Steg (auf Korpus gestellt) zum Saitenhalter; Saiten aus Stahl, Aluminium, Silber, Darm u. a. (umsponnen); Bogen: Stange mit Spitze, Griff (Frosch) mit Spannvorrichtung, Bezug (weiße Roßhaare)
Stimmung der Saiten: g d^1 a^1 e^2
Tonumfang und Notierung: g–a^4 (d^5, Flageolett)

391 *Viola*, Bratsche (franz. = alto)
Bau: der Violine ähnlich, veränderte Proportionen, Länge des Korpus bis 42 cm; Altinstrument zur Violine
Stimmung der Saiten: c g d^1 a^1
Tonumfang und Notierung: c–a^3 (e^4, Flageolett), Altschlüssel

392 *Violoncello*, Cello
Bau: der Violine ähnlich, veränderte Proportionen, Länge des Korpus 75 cm, Stachel (Stahl) zum Aufsetzen auf den Boden; Tenorinstrument zur Violine
Stimmung der Saiten: C G d a
Tonumfang und Notierung: C–a^2 (a^4, Flageolett), Baß- und Tenorschlüssel

393 *Kontrabaß* (ital. = contrabbasso)
Bau: flacher Boden (zum Hals leicht abgewinkelt), Oberbügel nicht abgerundet, sondern spitz verlaufend, hohe Zargen, hinterständige Wirbel mit Zahnradmechanismus, 4- und 5saitig; Länge des Korpus etwa 105 cm
Stimmung der Saiten: (C_1) E_1 A_1 D G
Tonumfang: (C_1) E_1–g^1 (g^3, Flageolett) (oktavtransponierend)
Notierung: eine Oktave höher, Baß-, Tenor- und Violinschlüssel

Zupfinstrumente

394 *Gitarre*
Bau: Korpus 8förmig geschwungen, Decke und Boden gerade, mittelhohe Zargen, rundes Schalloch, Länge des Korpus zwischen 45 und 51 cm; Griffbrett mit eingelassener metallener Bundeinteilung, Wirbelbrett abgewinkelt mit hinterständigen Schraubwirbeln, 6 Saiten; vielfältige Modelle
Stimmung der Saiten: E A d g h e^1
Tonumfang: E–h^2 (oktavtransponierend)
Notierung: eine Oktave höher, Violinschlüssel
verwandte Formen: 1. *Elektro-Gitarre*, Plektrumgitarre (Schlaggitarre), oft ohne Resonanzkörper (Holzbrett), Ton wird elektrisch verstärkt und vielfältig verändert, Anschlag mit Plektrum (Schildpatt- oder Kunststoffplättchen), Tonumfang s. o. / 2. *Baßgitarre*, Gitarrbaß, 4 Saiten (wie Kontrabaß), Stimmung E_1 A_1 D G (Notierung eine Oktave höher, Tonumfang: E_1–f^1)

395 *Mandoline*
Bau (neapolitanisches Modell): halb-birnenförmiges, aus Holzspänen gefügtes Korpus ohne Zargen mit gerader Decke, rundes oder ovales Schalloch; kurzer Hals mit Metallbünden, Wirbelbrett gitarrenähnlich, 4 Doppelsaiten
Stimmung der Saiten (wie Violine): g d^1 a^1 e^2

Tonumfang und Notierung: g–a^3

verwandte Form: *Mandola*, gleiche Notierung, klingt jedoch eine Oktave tiefer

396 *Tenorbanjo*
Bau: rundes Korpus, Oberseite mit Resonanzfell, unten offen (deutsches Modell) oder mit Holzboden (englisches Modell), Metallzargen (mit Spannschrauben); langer Hals, Griffbrett mit Bünden, Metallsaiten
Stimmung der Saiten (wie Viola): c g d^1 a^1
Tonumfang: c–g^2 (Notierung eine Oktave höher)
verwandte Formen: 1. *Gitarrbanjo*, Stimmung wie Gitarre (6 Saiten) / 2. *Mandolinbanjo*, Stimmung wie Mandoline (4 Doppelsaiten)

397 *Balalaika*
Bau: halbkugeliges Korpus in Dreiecksform; langer Hals, Griffbrett mit Bünden, 3 Doppelsaiten; in verschiedenen Stimmlagen gebaut

398 *Zither*
Bau (Konzertzither): Resonanzkörper mit schmalen Zargen; Griffbrett mit 5 Melodiesaiten (Bünde), bis zu 42 Begleit- und Baßsaiten über dem Resonanzkörper; Instrument liegt auf einem Spieltisch, Anschlag mit Metallring; verschiedene Stimmungen; einfacher Typ: Akkordzither

399 *Harfe* (ital. = arpa)
Bau: 45–47 Saiten unterschiedlicher Länge (7–150 cm) in diatonischer Anordnung auf Dreiecksrahmen gespannt; Rahmen: Vorderstange (Säule), Kopf, Hals (Mechanikbogen mit Wirbeln) und Korpus (Resonanzkasten) mit Aufhängeleiste für die Saiten, Fuß mit 7 Pedalen (zur halb- bzw. ganztönigen Erhöhung gleichbenannter Saiten)
Stimmung: Ces-Dur (nicht transponierend!)
Tonumfang und Notierung: Ces$_1$–gis^4, Violin- und Baßschlüssel

Holzblasinstrumente

400 *Flöte*, Große Flöte, Querflöte (ital. = flauto traverso)
Bau: gerades Rohr aus Holz oder Metall (Silber, Neusilber) von etwa 67,5 cm Länge; 3 Teile: Kopfstück mit Mundloch und Ansatzplatte sowie Stimmkork (oberer Verschluß des Rohres, ermöglicht geringe Regulierung der Grundstimmung), Mittel- und Fußstück mit Klappensystem (nach Theobald Boehm); Bohrung des Rohres zylindrisch, ausgenommen das konische Kopfstück

Stimmung: in C (nicht transponierend)
Tonumfang und Notierung: (h) c^1–d^4 (f^4)
verwandte Formen: 1. *Kleine* oder *Pikkoloflöte*, Rohrlänge um 26 cm,
Tonumfang von d^2 bis b^4 (oktavtransponierend, Notierung: d^1–b^3) /
2. *Altflöte* in G, Rohrlänge etwa 86 cm, Tonumfang von g–g^3 (transponierend, auch in F oder Es, Notierung: c^1–c^4)

401 *Blockflöte* (ital. = flauto dolce; engl. = recorder)
Bau: konisches Rohr aus Holz (auch Kunststoff), größte Weite am Kopfstück, Länge zwischen 21 und 88 cm; zwei- oder dreiteilig: schnabelför-
miges Mundstück mit Kern (»Block«), Kernspalte und Labium (Auf-
schnitt), Mittelstück mit 6 Grifflöchern und Überblasloch auf der Rück-
seite, Fußstück mit einem Griffloch und Schallbecher; Mittel- und Fuß-
stück können auch in einem Teil zusammengefaßt werden
Blockflöten baut man in verschiedenen Größen (im Stimmwerk, als
»Familie«)
Sopranino in F: f^2–g^4 (oktavtransponierend, Notierung: f^1–g^3)
Sopranblockflöte in C: c^2–d^4 (oktavtransponierend, Notierung: c^1–d^3)
Altblockflöte in F: f^1–g^3 (nicht transponierend)
Tenorblockflöte in C: c^1–d^3 (nicht transponierend)
Baßblockflöte in F: f–g^2 (nicht transponierend)
In Notenausgaben für Blockflöten-Ensemble werden häufig alle Instru-
mente eine Oktave tiefer notiert.

402 *Oboe* (franz. = hautbois)
Bau: schwach konisches, gerades Rohr aus Holz (Grenadill) von etwa
64,5 cm Länge; 4 Teile: Kopfstück mit Metallröhrchen und aufgebunde-
nem Doppelrohrblatt, Ober- und Unterstück mit Klappensystem, gering
erweitertes Schallstück
Stimmung: in C (nicht transponierend)
Tonumfang und Notierung: (b) h–f^3 (a^3)
verwandte Formen: 1. *Oboe d'amore* in A, Altoboe, kugel- oder birnen-
förmiger Schallbecher (»Liebesfuß«), Tonumfang von gis bis cis^3 (transponierend, Notierung: h–e^3) / 2. *Englisch Horn* in F, gebogenes Metallröhrchen, Schallbecher wie Oboe d'amore; Tonumfang von e–a^2 (transponierend, Notierung: h–e^3)

403 *Klarinette* (ital. = clarinetto)
Bau: zylindrisch gebohrtes Holzrohr (Grenadill) von etwa 67 cm Länge;
5 Teile: Mundstück mit einfachem Rohrblatt (»Schnabel«), Birne, Ober-
und Unterstück mit Klappensystem, Schallstück (»Becher«)
Stimmung: in B, auch A (transponierend) und C

Tonumfang: d–b^3 (B-Klarinette) bzw. cis–a^3 (A-Klarinette)

Notierung: e–c^4

verwandte Formen: 1. *Kleine Klarinette* in Es, Tonumfang von g–b^3 (transponierend, auch in D; Notierung: e–g^3) / 2. *Baßklarinette* in B, Mundstück befindet sich auf einem s-förmigen Metallrohr und steht rechtwinklig zum Hauptrohr, weiter nach oben gebogener Schalltrichter aus Metall; Tonumfang von (B$_1$) C bis f^2 (transponierend, Notierung: c bzw. d–g^3, im Violinschlüssel)

404 *Fagott* (ital. = fagotto; franz. = basson)

Bau: schwach konisches Holzrohr (Ahorn) von etwa 259 cm Länge (daher geknickt, d. h. in 2 parallel verlaufende Rohre unterschiedlicher Länge geteilt, durch »Stiefel« verbunden); 5 Teile: s-förmig gebogenes Metallröhrchen mit aufgestecktem Doppelrohrblatt, Flügel, Stiefel, Baßröhre, Schallstürze; Klappensystem verteilt

Stimmung: in C (nicht transponierend)

Tonumfang und Notierung: (A$_1$) B$_1$–es^2 (f^2), im Baß- oder Tenorschlüssel

verwandte Form: *Kontrafagott*, Rohrlänge um 593 cm, daher in 4 nebeneinanderliegende Rohre unterteilt, anstelle des Stiefels mit u-förmigem Metallrohr verbunden, Schallstürze nach unten gebogen; Tonumfang von (A$_2$) C$_1$ bis g (a) (oktavtransponierend, Notierung: A$_1$ bzw. C–g^1 bzw. a^1)

405 *Saxophon* (ital. = sassofono)

Bau: weit mensuriertes und stark konisches Rohr aus Messing (versilbert, vergoldet, lackiert) von 64 cm bis 293 cm Länge, äußere Form nach Stimmlage unterschiedlich; breites Mundstück mit einfachem Rohrblatt wie Klarinette, Klappensystem wie Oboe

Saxophone baut man (wie Blockflöten) in verschiedenen Stimmlagen.

Sopransaxophon in B: as–des^3 (transponierend, Notierung: b–es^3)

Altsaxophon in Es: des–as^2 (transponierend, Notierung: b–f^3)

Tenorsaxophon in B: As–es^2 (transponierend, Notierung: b–f^3)

Baritonsaxophon in Es: Des–as^1 (transponierend, Notierung: b–f^3)

Baßsaxophon in B: As$_1$–des^1 (transponierend, Notierung: b–es^3)

Blechblasinstrumente

406 *Horn*, Waldhorn (ital. = corno)

Bau: mehrfach kreisförmig gewundenes Rohr aus Gold-Messing von etwa 370 cm (in F) Länge, überwiegend zylindrisch, breiter Schalltrichter (Durchmesser um 30,5 cm); 3 Ventile, Trichtermundstück; sogenanntes Doppelhorn vereint beide Stimmungen (F/B)

Stimmung: in F und B (transponierend), auch in Es (Blasmusik)
Tonumfang: B_1–f^2 (in F) bzw. Es–b^2 (in B)
Notierung: F–c^3 (einheitlich)

407 *Jagdhorn*, Signalhorn
Bau: kreisförmig gewundenes Messingrohr, ohne Ventile; Stimmung in B oder C, Tonmaterial ergibt sich aus Naturtönen; heute oft auch mit Ventilen (Jagdhorngruppen); kleinere Form auch unter der Bezeichnung *Pless-Horn* bekannt; *Parforce-Horn*: Instrument mit großen Rohrwindungen und weiter Stürze

408 *Trompete* (ital. = tromba)
Bau: einfach, in Bügelform gewundenes Messingrohr von etwa 130 cm Länge; anfangs zylindrischer, dann konischer Verlauf, relativ gering erweitertes Schallstück; 3 Ventile, Kesselmundstück
Stimmung: in B (transponierend) und C (nicht transponierend)
Tonumfang: e–c^3 (in B) bzw. fis–d^3 (in C)
Notierung: fis–d^3 (einheitlich)
verwandte Formen: 1. *Kleine Trompete* (Bachtrompete) in D, auch in F bzw. hoch B, Tonumfang von gis bis e^3 (in D, transponierend, Notierung: fis–d^3) / 2. *Trompete in Es* (tief), nur in Blasmusik verwendet, Tonumfang von A bis es^2 (transponierend, Notierung: fis–c^3) / 3. *Baßtrompete* in B, 4 Ventile, Tonumfang von B_1 bis d^2 (transponierend, Notierung: c–e^3, Violinschlüssel)

409 *Fanfare*
Bau: meist langgestreckte Trompetenform ohne Ventile, Grundstimmung in Es, Tonmaterial ergibt sich aus den Naturtönen; heute oft auch mit Ventilen (wie Trompete) und in verschiedenen Stimmlagen gebaut (Fanfarenzug)

410 *Posaune* (Tenorposaune) (ital. = trombone)
Bau: zylindrisches Messingrohr mit kegelförmigem Schallstück; 2 ineinander verschiebbare Teile: u-förmig gebogenes Hauptrohr mit Schallstück, u-förmig gebogener »Zug«; keine Ventile (Ausnahme: Ventilposaune), Kesselmundstück
Stimmung: in B (nicht transponierend!)
Tonumfang und Notierung: E_1–B_1, dann Lücke, E–b^1 (f^2), Baß- und Tenorschlüssel
verwandte Formen: 1. *Tenorbaßposaune*, analog Tenorposaune, mit Quartventil zum Umstimmen von B nach F; Tonumfang: Des_1–B_1 und C bis b^1 (f^2) / 2. *Alt-* und *Kontrabaßposaune*

411 *Kornett*, Piston (franz. = cornet à pistons)
Bau: entwickelt aus Posthorn, konisches Messingrohr, 3 Pumpventile,
trompetenähnliche Form (meist kürzer und gedrungener)
Stimmung und Tonumfang: wie Trompete

412 *Flügelhorn* (ital. = flicorno soprano)
Bau: wie Trompete, jedoch weiter mensuriert und konischer Rohrverlauf,
Bechermundstück
Stimmung und Tonumfang: wie Trompete

413 *Althorn* (ital. = flicorno contralto)
Bau: konisches Messingrohr von etwa 200 cm Länge, Form wie Trompete
oder Tenorhorn; 3 Ventile, Bechermundstück
Stimmung: in Es (transponierend), auch F
Tonumfang: $A–es^2$
Notierung: $fis–c^3$, Violinschlüssel

414 *Tenorhorn* (ital. = flicorno tenore)
Bau: konisches Messingrohr von etwa 266 cm Länge, meist in oval gewun-
dener Form (auch trompetenähnlich); 3 Ventile (auch 4), Bechermund-
stück
Stimmung: in B (transponierend)
Tonumfang: $E–b^1$
Notierung: $fis–c^3$, Violinschlüssel

415 *Bariton*, Baryton (ital. = eufonio)
Bau: konisches Messingrohr von etwa 262 cm Länge, weite Mensur, ovale
oder tubaähnliche Form; 3 oder 4 Ventile, Bechermundstück
Stimmung: in B (nicht transponierend!)
Tonumfang und Notierung: $E_1–B_1$ und $E–b^1$, Baßschlüssel

416 *Tuba*
Bau: zum Teil stark konisches Messingrohr von etwa 398 cm (Baßtuba)
bzw. 541 cm (Kontrabaßtuba) Länge, nach oben gerichtetes Schallstück;
4 bis 6 Ventile, zusätzliches Umschaltventil bei »Doppeltuba« (Kombination beider Stimmungen), Bechermundstück
Stimmung: in Es/F bzw. B/C (nicht transponierend!)
Tonumfang und Notierung: $B_2–f^1$, Baßschlüssel
verwandte Formen: 1. *Helikon*, fast kreisförmig gewundenes Rohr (Blä-
ser kann Instrument »umhängen«) / 2. *Sousaphon*, wie Helikon, jedoch
Schallstück nach vorn gerichtet

Harmonikainstrumente

417 *Akkordeon*, Handharmonika
Bau: Diskantteil (Melodieseite) mit Klaviatur oder Knöpfen, Diskant-
register mit Einstelltasten, bis zu 6 Stimmstöcke mit Stimmplatten und
Zungen (Kanzellen); Balg; Baßteil (Begleitseite) mit Knöpfen, Baßregi-
stern und Luftklappe; Tonerzeugung durch Luftstrom (Zug und Druck),
der die Zungen zum Schwingen bringt; Anzahl der Tasten und Knöpfe je
nach Größe des Instruments, Baßknöpfe in charakteristischer
Anordnung für Akkordspiel, aber auch Einzeltonspiel (Baritonbässe)

418 *Bandonion*
Bau: ähnlich wie Akkordeon, Gehäuse jedoch meist quadratisch,
Diskant- und Baßteil mit Knöpfen (nur Einzeltöne); andere Spielhaltung:
Instrument wird auf den Knien gehalten (nicht wie Akkordeon umge-
hängt); diatonische und chromatische Instrumente

419 *Mundharmonika*
Bau: Holzstück mit eingelassenen Windkanälen unterschiedlicher Länge,
an den Seiten die metallenen Stimmplatten mit den Stimmschlitzen und
durchschlagenden Zungen, äußerlicher Schutz und Klangveredlung
durch beiderseitige Metalldecken; pro Windkanal 2 Zungen, die durch
Hineinblasen der Atemluft bzw. Ziehen zum Schwingen kommen; mehrere Formen: diatonische und chromatische Mundharmonika, Begleit-
und Baßinstrumente

**Das renommierte,
große deutschsprachige Musiklexikon
mit 30.000 Stichwörtern auf 5.000 Seiten**

RIEMANN MUSIKLEXIKON

In fünf Bänden

Aktualisiert durch zwei Ergänzungsbände zum Personenteil

**Personenteil
Band I A-K · Band II L-Z
(zus. 12 000 Stichwörter)**

**Ergänzungsbände
zum Personenteil
(zus. 15 000 Stichwörter)**

**Sachteil
1 Band A-Z
(3 400 Stichwörter)**

Preis pro Band

**in Ganzleinen   DM 168,-
in Halbleder   DM 183,-   Die Bände sind einzeln beziehbar.**

**Weitere Informationen im Buchkatalog, der durch jede
gute Buch- oder Musikalienhandlung oder direkt vom Verlag
kostenlos erhältlich ist.**

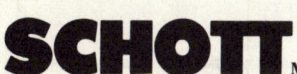

SCHOTT   Musikverlag B. Schott's Söhne · Postfach 3640 · D-6500 Mainz 1

OPERN DER WELT

Verfaßt und herausgegeben
von Prof. Dr. Kurt Pahlen.

**Ludwig van Beethoven
Fidelio**
(33002)

**Georges Bizet
Carmen**
(33007)

**Giuseppe Verdi
Der Troubadour**
(33012)

**Wolfgang Amadeus Mozart
Die Zauberflöte**
(33001)

**Giuseppe Verdi
Rigoletto**
(33020)

**Wolfgang Amadeus Mozart
Figaros Hochzeit**
(33004)

**Giuseppe Verdi
Aida**
(33022)

**Giacomo Puccini
La Bohème**
(33024)

**Richard Wagner
Der Fliegende Holländer**
(33014)